广东、广西、海南三省（自治区）
港口的发展演变

—— 郑泽民　著 ——

中国出版集团

研究出版社

图书在版编目 (CIP) 数据

广东、广西、海南三省（自治区）港口的发展演变 /
郑泽民著 . —— 北京：研究出版社，2022.1
ISBN 978-7-5199-1099-0

Ⅰ . ① 广⋯ Ⅱ . ① 郑⋯ Ⅲ . ① 港口经济 – 经济发展 –
研究 – 广东、广西、海南 Ⅳ . ① F552.3

中国版本图书馆 CIP 数据核字 (2021) 第 258115 号

出 品 人：赵卜慧
责任编辑：陈侠仁

广东、广西、海南三省（自治区）港口的发展演变
GUANGDONG GUANGXI HAINAN SANSHENG (ZIZHIQU) GANGKOU DE FAZHAN YANBIAN

郑泽民　著

研究出版社 出版发行
（100011　北京市朝阳区安华里 504 号 A 座）

三河市祥宏印务有限公司　新华书店经销

2022 年 1 月第 1 版　2022 年 1 月第 1 次印刷
开本：710 毫米 × 1000 毫米　1/16　印张：15.25
字数：226 千字

ISBN 978 – 7 – 5199 – 1099 – 0　定价：78.00 元

邮购地址 100011　北京市朝阳区安华里 504 号 A 座
电话（010）64217619　64217612（发行中心）

CONTENTS | 目录

第二章　广西钦州北海区域古代港口的历史发展

第三章　海南省古代港口的历史发展

第四章 中华人民共和国成立以来三省（自治区）主要港口的发展

第一章
CHAPTER 01

广东省古代港口的
历史发展

第一节 广州区域

一、自然环境与条件

广州区域主要是指珠江三角洲区域。珠江三角洲有狭义和广义之分，狭义的珠江三角洲范围东边到东莞市的石龙镇，西边到三水市，南边到东莞市的虎门镇，广州市位于该区域的北部顶端，总面积约一万一千平方公里，广义的珠江三角洲东到惠州，西到肇庆，北到清远，总面积约二万六千七百平方公里。①

珠江三角洲区域自然环境和地理位置优越，是广东省政治、经济核心区域。珠江三角洲区域为西江、北江、东江三大水系交汇之处，地肥水丰，腹地宽广，更有沿海地利，经济发展较快。陈正祥在其《广东地志》中指出，古代的珠江口水域面积较现在为大，古代珠江流经广州市区的河幅要比现在宽阔得多，广州和中山等地当时都是岛屿。东江、西江、北江等河流进入珠江三角洲后，经东四口门（虎门、蕉门、洪奇沥、横门）和南四口门（磨刀门、鸡啼门、虎跳门、崖门）分流出海。②

广州位于亚洲大陆东南端，面临热带海洋，天气和气候受亚洲季风支配，每年3月到8月受海洋气流控制，盛吹夏季风，9月到第二年2月受大陆气流控制，盛吹冬季风，风向特点有利于来往于广州的海上丝绸之路上船只的航行。③另一方面，广州地处珠江三角洲北缘，东江、西江、北江由此汇合入海，珠江穿城而过，面临南海，江海相通，兼具河港和海港之利，是中国远洋和国内航运的重要港口城市。④

---

① 黄启臣主编：《广东海上丝绸之路史》，广东经济出版社2003年版，第8页。
② 广东省地方史志编纂委员会编：《广东省志·地理志》，广东人民出版社1999年版。
③ 黄启臣：《广州海上丝绸之路的兴起与发展》，广东省人民政府外事办公室、广东省社会科学院编：《广州与海上丝绸之路》，广东省社会科学院，1991年1月，第53页。
④ 广州市地方志编纂委员会编纂：《广州市志·卷十三：军事卷》，广州出版社1995年版，第1、第11页。

二、古代建置发展沿革

（一）广州

广州市地方志编纂委员会编纂的《广州市志·卷二：自然地理卷》记载，广州历史悠久，相传古有五位仙人衣各一色，所骑羊亦各一色，各持"一茎六出"谷穗降临楚庭，故又名羊城、五羊城、仙城、穗城，简称穗。陈正祥指出，广州的发展，比一般认为的要早，据《通历》记载，远在周夷王八年（前878年），广州就形成聚落，可能只是一个小渔村，面临珠江漏斗湾，其后逐渐发展为邻近地区的土产品集散中心。"广州"最早出现于三国东吴时期，先秦时期广州的建制情况无法考证，传说有楚庭（或作楚亭）和南武城等，在越秀山上，有清人所立的"古之楚庭"牌坊。[①]

《光绪广州府志（一）》记载，春秋时期，广州属百越之地，秦一统天下，秦始皇三十三年（前214年）以后在百越地设置南海郡，广州为南海郡治和番禺县治，汉初为南越都城。汉武帝元鼎六年（前111年）重新设置南海郡，广州时隶属交州，元封五年（前106年）交州治移到苍梧广信县，汉献帝建安十五年（210年），州治又从苍梧广信移到番禺县。三国时期吴国黄武五年（226年），交州一分为二，划出交州的南海、苍梧、郁林、高凉等地设置广州，这是广州的得名之始，不久撤销，吴国永安七年（264年）又复置，仍是从交州划出一部设置广州，下辖番禺、四会、增城、博罗、平夷、龙川。[②]东晋恭帝元熙二年（420年）分南海郡设立广州，[③]南北朝时期沿袭。隋朝文帝废除南海郡，设置广州总管府，仁寿元年（601年）另设置番州，大业初年又废除番州，其地并入广州总管府，下辖十五个县，隋朝还废除在增城旧置的东官郡，又废除在宝安和清远的清远郡，设置清远县，废除在新会的新会郡，并入盆允、永昌，还新建熙潭、化召、怀集等六个县，称为封州，后

---

① 《"番禺""南海"曾分治广州城》，《广州日报》，2012年12月1日。
② 李光廷、史澄、苏佩训、戴肇辰纂修：《光绪广州府志（一）》，中国地方志集成广东府县志辑，上海书店出版社2003年版，第104页。
③ 李光廷、史澄、苏佩训、戴肇辰纂修：《光绪广州府志（一）》，中国地方志集成广东府县志辑，上海书店出版社2003年版，第105页。

改为允州，随即又改为冈州，大业初年废冈州并入广州，还废除封平县并入广州。[1] 唐武德四年（621年）复置广州，初为总管府，后改都督府，唐太宗贞观元年（627年）置岭南道，治所广州，唐玄宗天宝元年（742年），广州改为南海郡，唐肃宗乾元元年（758年）又改回广州，唐懿宗咸通三年（862年）岭南道分东、西两道，广州为岭南东道治所。五代十国时期，南汉高祖乾亨元年（917年）改广州为兴王府，下辖十三个县，并废南海县，改设咸宁、常康二县。[2] 宋太宗开宝四年（971年）平定南汉，废兴王府及咸宁、常康二县，统称广州，下辖南海、番禺、增城、清远、怀集、信安、新会、东莞八县，属岭南道。宋太祖至道三年（997年）设广南东路，广州隶属于广南东路并成为其治所。元朝时期，设置广东道宣慰使司都元帅府，元世祖至元十五年（1278年）设广东道宣慰司，置总管府，治所广州。[3] 明朝时期，明太祖洪武二年（1369年）四月，改元代的广东道为广东等处行中书省，十一月设置广东都卫与行中书省，明孝宗弘治八年（1495年）十月，又改都卫为广东都指挥使司，第二年六月改行中书省为承宣布政使司，下辖十个府和一个直隶州。[4] 清朝时期，设置广州府布政使司，下辖十四个县，包括南海、番禺、顺德、东莞、从化、龙门、增城、新会、香山、三水、新宁、清远、新安、花县。[5] 近代以来，广州市地方志编纂委员会编纂的《广州市志·卷二：自然地理卷》记载，广州为广东省会、广州州府及番禺与南海县治，1921年成立市政厅，为广州建市之始，仍为省会。1930年改设特别市，同年改省辖市，1947年改国民政府行政院院辖市。

---

① 李光廷、史澄、苏佩训、戴肇辰纂修：《光绪广州府志（一）》，中国地方志集成广东府县志辑，上海书店出版社2003年版，第106页。

② 李光廷、史澄、苏佩训、戴肇辰纂修：《光绪广州府志（一）》，中国地方志集成广东府县志辑，上海书店出版社2003年版，第107页。

③ 李光廷、史澄、苏佩训、戴肇辰纂修：《光绪广州府志（一）》，中国地方志集成广东府县志辑，上海书店出版社2003年版，第107页。

④ 李光廷、史澄、苏佩训、戴肇辰纂修：《光绪广州府志（一）》，中国地方志集成广东府县志辑，上海书店出版社2003年版，第108页。

⑤ 李光廷、史澄、苏佩训、戴肇辰纂修：《光绪广州府志（一）》，中国地方志集成广东府县志辑，上海书店出版社2003年版，第108页。

（二）深圳

深圳，古为宝安县、东莞县、新安县地，东莞县由古代宝安县分出，后来又从东莞县分出新安县，新安县范围大致为今天深圳大部及香港的全部。① 宝安县名称的来历，因为境内有宝山，山有宝，"得宝而安"而得名。宝山，在今天东莞市樟木头镇铁路以西，宋朝《舆地纪胜》记载："山有宝，置场煮银，名石瓮场。"②

宝安在唐虞时期属南交之地，夏商周三代属扬州百越地，秦朝时期属南海郡番禺地，两汉三国属博罗县地，晋代属东官郡，郡治宝安，东晋咸和六年（331年），从南海郡划出东官郡，下辖六个县（宝安、兴宁、怀安、海安、海丰、欣乐），其中包括宝安县，是宝安建县的开始，县境范围包括今天的深圳、东莞、中山部分地区、珠海及香港、澳门地区，郡治、县治都设在今天的深圳南头。南朝宋齐梁陈时期设置宝安县，属东官郡，南朝齐将东官郡郡治迁到怀安，即今天的惠州，梁天监六年（507年），改东官郡为东莞郡，陈桢明二年（588年），又改回原来名称东官郡。隋开皇九年（589年），废除东官郡，宝安县转属广州总管府，隋大业三年（607年）又恢复郡，宝安属南海郡。唐朝时期，宝安县改称东莞县，县治迁到东莞莞城，唐肃宗至德二年（757年），东莞县属广州都督府。五代时期，广州属南汉国都，改称兴王府，东莞县属兴王府，宋代东莞又转属广州都督府，北宋太祖开宝五年（972年），东莞并入增城县，第二年又恢复东莞县。元代东莞县属广州路，明万历元年（1573年）从东莞县分出新安县，隶属广州府。清朝康熙五年（1666年）新安县并入东莞县，康熙八年（1669年）重又设置新安县。1912年，新安县归广东省直辖。1914年，新安县因为与河南省新安县同名，又改为宝安县。此后宝安县先后隶属于粤海道，广东省，广州行政委员公署，中区善后管理委员会，中区绥靖公署，第一、第四、第二区行政督察专员公署。③

---

① 张一兵：《嘉庆新安县志校注》，中国大百科全书出版社2006年版，第157页。
② 张一兵：《嘉庆新安县志校注》，中国大百科全书出版社2006年版，第79页。
③ 张一兵：《嘉庆新安县志校注》，中国大百科全书出版社2006年版，第158页；宝安县地方志编纂委员会编：《宝安县志》，广东人民出版社1997年版，第3、第55—56页。

（三）珠海

珠海地区古代建置沿革的发展演化在宋朝之前与东莞县的建置沿革演化相同，从南宋起到民国时期珠海市大部分地区属中山县（原名香山县）辖地，因此在南宋设置香山县以后，珠海的建置沿革发展与香山县的建置沿革也基本一样。[①]

战国时期，珠海属百越之地。秦始皇三十三年在岭南设南海郡，珠海属南海郡辖地，到汉初属南越国。两汉时期，珠海属番禺县。三国时期，珠海属吴国。东晋到南北朝时期，珠海属于从南海郡划分出来的东官郡属地，刘宋元熙二年（420年）东官郡改为东莞郡，珠海又属东莞郡辖地。隋开皇十年（590年）珠海属宝安县辖地。唐肃宗至德二年，宝安县改称东莞县，珠海属东莞县，北宋元丰五年（1082年），设香山寨，属东莞县，南宋绍兴二十二年（1152年），在香山寨及南海、新会、番禺、东莞四县的部分海滨地的基础上设置香山县，隶属广州府，此后一直到清代，香山县都属广州。1925年，香山县改名中山县。1949年后在中山县、东莞县及宝安县的部分地区基础上设置珠海县，后改名为珠海市。[②]

三、古代港口、城镇的历史演变

（一）沿海城镇

1. 广州

自秦汉以来，广州就是岭南的政治经济文化中心，广州市的城市建设已有二千二百多年的历史。[③] 公元前214年秦始皇统一岭南，任命任嚣为南海郡尉。为防外敌入侵，任嚣在古番山和禺山上建筑番禺城，俗称"任嚣城"。任嚣之后，赵佗扩建番禺城，把城区扩大到周长十里，并在建设中使用了砖块，俗称"越城""赵佗城"。东汉建安十五年，由于原来越城城墙倒塌，

---

① 李光廷、史澄、苏佩训、戴肇辰纂修：《光绪广州府志（一）》，中国地方志集成广东府县志辑，上海书店出版社2003年版，第113、第120页。
② 珠海市地方志编撰委员会：《珠海市志》建置沿革，2001年8月。
③ 广州市地方志编纂委员会编纂：《广州市志·卷三：城建卷》，广州出版社1995年版，第3页。

交州刺史步骘建立番禺城，把城区向北扩大发展，重修了番禺城的西半部，三国时期吴国黄武五年，交州治所从广信（今广西梧州）迁到番禺。[①] 唐天佑四年（907年）清海节度刘隐更筑，凿平禺山扩大番禺城。[②] 五代时期，南汉定都广州，有史以来第三次扩建番禺城，铲平禺山，向南扩展，称"新南城"。宋朝时期，由于经济的发展，原有的城区已经不能满足需要，宋朝一代，广州城的扩建和修缮达十余次。[③] 其中规模最大的一次也是历史上第四次番禺城的扩建是在北宋庆历四年（1045年），以南汉建设为基础扩建中城（子城），以"越城"为基础扩建东城，特别是经略使程师孟增建西城，周长十三里余，绍兴二十二年，经略使方滋修中城及东西二城，三城之名始于此时。明朝时期广州开始第五次大规模城建，明代洪武十三年（1380年），因旧城低隘，永嘉侯朱亮祖等，改筑府城连三城为一，东北山麓拓展，把宋朝中城、东城、西城三城合一，城市周长达到21里，称"内城""老城"。嘉靖十三年（1535年）增筑定海门月城，嘉靖四十二年（1563年），为加强防御，总督都御史吴桂芳建筑外城，周长六里多，称"新城"。万历二十七年（1599年）在正南门以东开门，称为文明。[④] 清代又多次对广州城进行了修复与扩建。顺治四年（1647年），在新城的基础上南增修东、西两翼城，清末将广州城分为内城、外城，内城城垣周长三千七百九十六丈，城墙高二点八丈，城门八个，城楼十座，角楼四座，等等，外城即新城，城垣周长三千七百八十六丈，东西长一千一百二十四丈，城墙高二点八丈，城门八个，东、西两翼城长各二十丈，城墙高各二丈，城门各一个，此后，广州城垣无大的变化，只是民国初年拆除了大部分古城垣、城楼、城基，改

---

① 广州市地方志编纂委员会编纂：《广州市志·卷三：城建卷》，广州出版社1995年版，第4页。

② 李光廷、史澄、苏佩训、戴肇辰纂修：《光绪广州府志（二）》，中国地方志集成广东府县志辑，上海书店出版社2003年版，第83页。

③ 广州市地方志编纂委员会编纂：《广州市志·卷三：城建卷》，广州出版社1995年版，第4页。

④ 广州市地方志编纂委员会编纂：《广州市志·卷三：城建卷》，广州出版社1995年版，第3、第4、第5、第35、第261页；李光廷、史澄、苏佩训、戴肇辰纂修：《光绪广州府志（二）》，中国地方志集成广东府县志辑，上海书店出版社2003年版，第83页。

建马路。[①]

广州城的建设与发展有以下几个特征。

一是选址较为科学。相传任嚣十分重视城址的选择，当时咸潮可涌至番禺城下，任嚣依山傍水筑城，既可防御外敌入侵，免受水患，也方便获得甘溪淡水，此后的两千多年，广州城区一直在原城址的基础上逐步扩展。[②]

二是宋朝是广州城大发展时期。从北宋景祐三年（1036年）到南宋景定元年（1260年），是广州城垣的大发展时期，前后扩建和修葺达十四次，广州逐步发展为城防设施完善的中、东、西三城，史称"宋代广州三城"。[③]

三是广州、番禺、南海三名称的区别与联系。广州古时称番禺，三国时才出现"广州"称谓，后又出现"南海"，但随着时代的发展，"广州""南海""番禺"的地域含义一直在发生变化，直到宋代确立南海县管广州城西，番禺县管广州城东的格局，[④]一直延续到清朝末年。《光绪广州府志》记载，广州府城是由南海和番禺两城分别治理的。[⑤]辛亥革命后，广东军政府成立广东警察厅，兼负公安和市政职能，南海、番禺仅形式上保留对广州行政上的统辖，1921年广州建市，直接隶属于省政府，不入县行政范围，[⑥]南海、番禺两县对于省会的管辖权从此完全消失，广州划为市行政区域归广州市市政公所管辖。[⑦]因此在不同的时期里"广州""南海""番禺"有不同的含义。[⑧]

四是现存广州城建筑基本都是明代以后的。虽然广州城历史上经历过多

---

① 广州市地方志编纂委员会编纂：《广州市志·卷十三：军事卷》，广州出版社1995年版，第20页。

② 广州市地方志编纂委员会编纂：《广州市志·卷三：城建卷》，广州出版社1995年版，第35页。

③ 广州市地方志编纂委员会编纂：《广州市志·卷十三：军事卷》，广州出版社1995年版，第20页。

④ 《"番禺""南海"曾分治广州城》，《广州日报》2012年12月1日。

⑤ 李光廷、史澄、苏佩训、戴肇辰纂修：《光绪广州府志（二）》，中国地方志集成广东府县志辑，上海书店出版社2003年版，第87页。

⑥ 《"番禺""南海"曾分治广州城》，《广州日报》，2012年12月1日。

⑦ 广州市地方志编纂委员会编纂：《广州市志·卷三：城建卷》，广州出版社1995年版，第399页。

⑧ 《"番禺""南海"曾分治广州城》，《广州日报》，2012年12月1日。

次扩建和修葺，但明朝之前的建筑基本没有留存下来，尤其是元代统治者为维护统治，曾经大毁天下城垣，广州城墙也被拆毁。[①] 按照记载，广州自建城以来经历代扩建与修复，之前的建筑到明代已经大多没有留存下来，因而现在广州城建筑差不多都是明代以后的建筑，宋代以前的城址都成为古迹。[②]

2. 番禺县

番禺县在秦代就已经设置，西汉武帝元鼎六年属交州，三国到唐代时期番禺属广州南海郡，南汉时期属兴王府，宋代属广南东路广州南海郡，元朝属广东道广州路，明清时期属广东广州府。[③]

3. 南海县

南海县在隋代之前是番禺县之地，隋朝开皇十年从番禺县划出一块设置南海县，属广州，唐代属岭南道广州南海郡，南汉时期乾亨元年又从南海县分出咸宁、常康二县及永丰。宋代南海县属广南东路广州南海郡，元代属广东道广东路，并且成为广东路治所所在地，明清属广东广州府，南海县还是明代广州府治所所在地。[④]

4. 东莞县

唐之前东莞县地域为宝安县。秦朝属南海郡，汉代到西晋属南海郡博罗县，东晋属东官郡宝安县，宝安县是东官郡郡治所在地，此后一直到南朝陈时期都是如此。隋代东莞县属南海郡宝安县，唐朝至德二年宝安县改名为东莞县，属岭南道广州南海郡，南汉属兴王府东莞县，宋代属广南东路广州南海郡东莞县，元朝属广州路东莞县，明朝属广东广州府东莞县。[⑤]

---

① 广州市地方志编纂委员会编纂：《广州市志·卷十三：军事卷》，广州出版社1995年版，第20页。

② 李光廷、史澄、苏佩训、戴肇辰纂修：《光绪广州府志（二）》，中国地方志集成广东府县志辑，上海书店出版社2003年版，第87页。

③ 李光廷、史澄、苏佩训、戴肇辰纂修：《光绪广州府志（一）》，中国地方志集成广东府县志辑，上海书店出版社2003年版，第111、第112页。

④ 李光廷、史澄、苏佩训、戴肇辰纂修：《光绪广州府志（一）》，中国地方志集成广东府县志辑，上海书店出版社2003年版，第108、第109页。

⑤ 李光廷、史澄、苏佩训、戴肇辰纂修：《光绪广州府志（一）》，中国地方志集成广东府县志辑，上海书店出版社2003年版，第113页。

东莞县城旧为砖城，明代洪武十七年（1384年），指挥常懿筑城，甃石为之。高二丈五尺，周长二千二百九十九丈，开四门，东门和阳，西门迎恩，南门崇德，北门镇海，嘉靖四十二年增筑月城，后被水冲毁百余丈。清代后，因城墙老旧，又遇水患、飓风，多次毁坏修复。[1]

5. 香山县

宋朝之前香山县属东莞县。香山县地秦代属南海郡，西汉到西晋属番禺县，东晋和宋齐梁陈时期属东官郡，隋代属宝安县，唐代、南汉时期属东莞县，宋绍兴二十二年以东莞县香山镇设置香山县，属广州，元代香山县属广州路，明清属广州府。[2] 香山县疆域东西距二百里，南北距二百一十二里，香山县治东至新安县的靖康、归德一百里，西至新会县治一百五十里，北至番禺县二百二十里，南至海岸九十二里，东南到新安县界一百四十里，东北至新安县治三百里，西北至归德县治一百二十里，西南至新宁县潮居都一百八十里。[3]

香山县在广州府南百五十里。东至东莞县三百里。唐为东莞县之香山镇。宋因之，绍兴二十二年，升为香山县，仍割南海、番禺、新会三县滨海地益之。旧有土垣，号曰铁城。明洪武二十八年（1395年），始营砖城。周长六百三十六丈，高一点七丈，弘治年间，知县刘信于砖城外扩地二丈左右筑子城，此后到清代陆续修筑四方城门。[4]

6. 新会县

新会县秦代属南海郡，西汉东汉为四会县地，三国、西晋时期属广州南海郡。东晋设立新会郡，新会郡治在盆允县。隋代开皇十年废除新会郡，设置新会县，盆允县、封乐县并入新会县。唐代新会县属岭南道广州南海郡，南汉时期新会县属兴王府，宋代新会县属广南东路广州南海郡，元代属广东

① 李光廷、史澄、苏佩训、戴肇辰纂修：《光绪广州府志（二）》，中国地方志集成广东府县志辑，上海书店出版社2003年版，第87页。
② 李光廷、史澄、苏佩训、戴肇辰纂修：《光绪广州府志（一）》，中国地方志集成广东府县志辑，上海书店出版社2003年版，第120页。
③ 田明曜修：《光绪香山县志》，上海书店、巴蜀书社、江苏古籍出版社2003年版，第24页。
④ 李光廷、史澄、苏佩训、戴肇辰纂修：《光绪广州府志（二）》，中国地方志集成广东府县志辑，上海书店出版社2003年版，第90页。

道广州路，明清朝新会县属广东广州府。①

7. 新安县（详见深圳）

在明朝之前新安县属东莞县，新安县本来为东莞守御千户治所，在明代洪武十四年（1381年）八月设置，万历元年改为新安县，新安县地即是晋代宝安县故地。②

（二）港口

广州所在的粤中区域港口众多，主要有黄埔港、沙角港、大虎港、沙田港、交椅湾港、妈湾港、赤湾港、蛇口港、厓门港、高栏港、铜鼓港、盐田港、澳头港、江门港、容奇港、九洲港、太平港、东觉头港、莲花山港、九江港、中山港、鹤山港、新会港、鲨鱼涌港、澳门港等；还具有众多的港湾，包括大鹏澳、白泥涌、盐田、蛇口、赤湾、桂山、万山、荷包、庙湾、上川、担杆等。③

1. 广州港

广州是广东省省会，政治经济和文化中心，华南地区最重要的工商业城市，广州港位于珠江三角洲北边边缘，西江、北江、东江三江交汇之地，是岭南水道网、珠江三角洲的联结点，兼具河港、海港功能，珠江口外岛屿众多，水道交织，有虎门、横门、磨刀门、崖门等出海水道，是南海航线的起点。

据记载，距今大约7000—5000年前，广州溺谷湾开始形成，为东西走向，广州港就在溺谷湾的湾头河口区。在秦汉之交，广州港市开始形成，因为在这一时期，广州港水上交通不断发展，对外贸易开始出现，广州作为一个港市的条件也逐渐成熟。④随着经济的发展，广州日益成为岭南地区的政

---

① 李光廷、史澄、苏佩训、戴肇辰纂修：《光绪广州府志（一）》，中国地方志集成广东府县志辑，上海书店出版社2003年版，第121、第124页。
② 李光廷、史澄、苏佩训、戴肇辰纂修：《光绪广州府志（一）》，中国地方志集成广东府县志辑，上海书店出版社2003年版，第115页。
③ 黄启臣主编：《广东海上丝绸之路史》，广东经济出版社2003年版，第8页。
④ 邓端本编著：《广州港史（古代部分）》，海洋出版社1986年版，第21页。

治经济文化中心，广州港的重要性日益增加，尤其是封建统治者在水运发达的基础上十分重视航海事业，三国时期的吴国就是一个显著的例子，广州港成为吴国当时一个重要的港口。随着东西方海上交通的发展以及航海技术和造船技术的进步，船舶远航距离日益增加，海上丝绸之路逐渐发展起来，而且，随着中国南方经济的进一步发展，对进口商品的需求扩大，欧洲、中东、非洲往来于中国的商人和船只日益增多，大大促进了广州港的海外贸易。隋唐时期，广州港就已经成为进出东南亚，航行于印度洋、波斯湾的主要港口，远洋航线进一步发展，直航航线增多，甚至出现跨洋直航，航行时间缩短。此后直到清朝，广州港虽然有时被泉州港等港口超越，但一直是中国对外贸易的主要港口。

由于地理变迁、演化，珠江及其支流从上游向下游冲开许多缺口，形成许多个"冲缺三角洲"，这些"冲缺三角洲"又逐渐复合，使珠江三角洲不断向海推进，促使珠江三角洲不断发育[①]，再加上经济、社会发展的原因，广州港码头位置发展也几经变化。

有关学者研究，两晋到隋朝时期广州的主要码头区有两个：一是坡山，又名坡山古渡，所在方位即今天广州的坡山；二是西来初地，该地是广州港较早见于历史记载的码头区，是广州古代远洋航线的起始点，公元526年，印度僧人达摩坐船到中国就是从这个港口登陆的。[②]

到了唐朝，广州港有了更大的发展，已经有了内港、外港之分。外港主要有二：一是屯门港，位置在今天香港新界的青山湾，大屿山是该港口屏障，是天然的避风良港，屯门港是古代来广州贸易的外国船舶的首要集中之地，然后再进入广州，返航时也是如此，先集中在屯门港然后出海；二是菠萝庙，即是扶胥港，在溺谷湾的北缘，具体地点在今天黄埔港老港区与新港区之间的黄埔南岗庙头村西，古代称为扶胥港，既是河口港，又是海口港。当时的扶胥港距离广州城约三十公里，地理条件优越，历经隋唐宋元四个朝

---

① 广东省地方史志编纂委员会：《广东省志·地理志》，广东人民出版社1999年版。
② 邓端本编著：《广州港史（古代部分）》，海洋出版社1986年版，第42页。

代而不衰落。① 关于扶胥港形成于何时没有明确的历史记载，但到唐代后，扶胥港已经颇为繁荣。② 南海神庙是广州扶胥港的标志，相传南海神庙在535年由董昙创建，594年隋文帝又下诏修建南海神庙。限于技术水平，古代出海航行几乎是一种冒险性活动，船员出海唯有希望神灵庇佑出入平安，南海神庙的建立刚好满足了他们出海祈求保佑的需求，希望一帆风顺和贸易兴旺，因而扶胥港吸引了越来越多的船舶出入，成为广州的主要外港，宋元时期也是如此，③ 对海上丝绸之路的形成、发展起到了巨大的作用。唐代广州港内港也有二：一是光塔码头，是唐代广州港主要的码头区和对外贸易中心，位于今天广州光塔街一带；二是兰湖码头，在今天广州流花湖公园一带，从佛山、北江、西江到广州的商旅多在兰湖码头上岸，是当时的交通要道，宋朝及之后重要性逐渐消退。④

宋朝时期，广州港的位置又有了新的演化，仍然有内港、外港之分。外港有三：一是大通港，在今天广州花地附近，当时大通港实际上担负着对内对外两种职能，当时从西江、北江到广州的内河船舶必经大通港，然后在奥口、兰湖登陆，同时也是海外船只的停靠之所；⑤ 二是琵琶洲码头，过去是一个小岛，形状像琵琶，故名，在广州城东南三十余里，位于珠江南岸；三是扶胥港，由于南海神庙的原因，满足出海人员求神保佑的需要，此时扶胥港仍然是主要外港。⑥ 内港：一是西澳，在现今广州南濠街一带，船只很多，但到明朝的时候被淤泥阻塞；二是东澳，在今天广州清水濠街一带，古文溪曾经过这里，盐船集中，为盐运码头。⑦

到清朝的时候，由于地理变迁，根据出土文物以及史料记载推断，整个珠江三角洲滨线的伸展速度，唐代以前小于10米/年，唐宋期间约15米/年，

① 吴家诗主编：《黄埔港史（古、近代部分）》，人民交通出版社1989年版，第4页。
② 吴家诗主编：《黄埔港史（古、近代部分）》，人民交通出版社1989年版，第11页。
③ 吴家诗主编：《黄埔港史（古、近代部分）》，人民交通出版社1989年版，第309页；邓端本编著：《广州港史（古代部分）》，海洋出版社1986年版，第63页。
④ 邓端本编著：《广州港史（古代部分）》，海洋出版社1986年版，第64页。
⑤ 邓端本编著：《广州港史（古代部分）》，海洋出版社1986年版，第112页。
⑥ 邓端本编著：《广州港史（古代部分）》，海洋出版社1986年版，第113页。
⑦ 邓端本编著：《广州港史（古代部分）》，海洋出版社1986年版，第113-114页。

明代以后约20米/年，[①] 在此情况下，广州港有的码头被淤塞废弃，有的码头干脆逐渐变成了陆地，如前面提到的光塔码头、西奥码头，大多数已经不堪使用甚至完全消失。即便是扶胥港，虽然在唐、宋、元、明历朝盛极一时，但由于东江三角洲的发育，上游淤泥过多，到明清之际，扶胥港逐渐淤塞，航道浅狭，船只很难靠岸，港口已经不堪使用，在此情况下，黄埔港逐渐兴起，且政治上清政府指令外商船只必须停靠该地，不得停靠其他地方，更催生了黄埔港的发展，使黄埔港成为清政府的主要对外贸易港口。据有关统计，广东全省的进口总额中的大部分都是通过黄埔港进口的。[②] 因此外港逐渐从扶胥港转移到黄埔洲、琵琶洲一带水域，即从东江口黄埔深水湾的东边向内转移到黄埔深水湾的西边，扶胥港的衰落和黄埔港的兴起，除了社会经济因素之外，主要是东江三角洲发育淤积所引起。[③] 在古代和近代，黄埔地区一直是番禺县地界，黄埔港进出口航道有几处浅沙，妨碍船只航行，近代以来，由于船只载重量越来越大，5000吨以下的船只能够自由航行，5000吨到8000吨的船只需要乘潮进出，8000吨以上的船只必须在虎门口外卸载一部分货物后才能够进入黄埔港。[④]

总体来说，由于珠江经常水位丰满，大大有利于广州的航运，石灰岩地质使潜流得到过滤的特点和温暖的气候，各种植物生长茂盛，土地裸露时间短，植被率高，江河的含沙量小，为广州港及其航道提供了水量足、水位高、淤浅少的优越条件，在广州港到南海的八十海里航道上，一般水深七米，经过疏浚整治，吃水三十英尺的货轮可以乘潮驶入黄埔港，2000多年来从未发生过淤港或航线改道的现象，这就是广州海上丝绸之路兴起和发展的自然物质条件。[⑤]

---

① 广东省地方史志编纂委员会：《广东省志·地理志》，广东人民出版社1999年版。
② 邓端本编著：《广州港史（古代部分）》，海洋出版社1986年版，第195页。
③ 吴家诗主编：《黄埔港史（古、近代部分）》，人民交通出版社1989年版，第64页。
④ 吴家诗主编：《黄埔港史（古、近代部分）》，人民交通出版社1989年版，第1页。
⑤ 黄启臣：《广州海上丝绸之路的兴起与发展》，广东省人民政府外事办公室、广东省社会科学院编：《广州与海上丝绸之路》，广东省社会科学院，1991年1月，第52页。

2. 澳门港

澳门古属于广东省香山县，本是一渔岛，居民稀少，主要以捕鱼为生，是香山县海港和珠江口船只停靠点之一，本不突出，当时除澳门外，珠江口其他船只停靠点还有新宁（今台山）的广海、望桐、奇潭，香山县的浪白、十字门，东莞的虎头门、屯门、鸡栖等。①

澳门是澳门半岛以及凼仔、路环两个离岛的总称，地处珠江入海口的西南端，史籍记载，澳门早期称濠镜，由于半岛两侧的两个海湾形如圆镜，海波不兴，便于船只停泊，故被称为镜海、镜湖，加之澳门盛产鲜蚝（古代"蚝"与"濠"相通），故名，②同时，澳门还被称香山澳、亚妈澳、濠江、濠海等名称，据推测，澳门直到南宋王朝倾覆时才有人定居，仅仅为一个小渔村。③

澳门港在明代才兴起，直接原因是葡萄牙人东来，与东西方贸易有关。④由于中国明清两代封建专制政权实行海禁政策，以致澳门港成为西方殖民者葡萄牙人最早在中国领土上经营了长达四百多年之久的一个重要的国际港口。⑤1535年，地方官吏黄庆纳贿，请于上官，移泊口于濠镜，明政府把管理对外贸易的机构迁往澳门，澳门才正式开埠并成为对外贸易的重要港口。⑥

同时，澳门成为明清重要对外贸易港口的另一背景因素是葡萄牙人的东来，对中国进行欺骗和侵略。葡萄牙人占据满剌加（马来西亚的马六甲）后，将此作为向中国前进的基地，1514年抵达广州外港屯门港，1517年葡萄牙人冒充满剌加使臣进入广州，被驱逐出境，与清廷几经冲突后，1553年葡萄牙人通过欺骗和行贿的手段租居澳门，且拥有港口使用权和经营权，1578年，明代对各国贡舶重新开放广州港，澳门港成为各国贡舶到广州的必经港

---

① 黄鸿钊：《澳门港的开放与中西文化交流》，《东南文化》，1997年第4期。

② 周世秀：《澳门港的由来和发展》，《武汉交通管理干部学院学报》，1999年第3期，第1—4页。

③ 陈小锦：《明清时期澳门在中西贸易中的地位》，《广西师院学报》，2001年第2期，第114—118页。

④ 周世秀：《澳门港的由来和发展》，《武汉交通管理干部学院学报》，1999年第3期，第1—4页。

⑤ 陈炎：《16—18世纪澳门港在海上丝绸之路中的特殊地位和影响》，中外关系史论丛（第四辑），中国中外关系史学会会议论文集，天津古籍出版社1994年版。

⑥ 陈蕴茜：《澳门港的历史变迁与发展前景》，《江苏社会科学》，1999年第4期，第14—20页。

口，澳门港得此便利，迅速崛起。又由于明朝的海禁政策，进而垄断了广州甚至中国的进出口贸易，从而迅速发展起来，贸易对象包括日本、马尼拉、暹罗、马六甲、印度的果阿和欧洲。[①]

澳门港能迅速发展，也得益于该港地理位置优越和交通便利。澳门港地处珠江口西岸，东邻伶仃洋，扼珠江口的咽喉，西与香山拱北相连，港口海岸线较长，分内港外港，港口宽阔，内港风平浪静，适合船只停泊。[②] 然而，由于地理变迁，澳门港长期受西江泥沙冲积，海港水深日浅，内港航道只有三米深，外港航道深也只有四五米，随着沿岸泥沙日积月累，河道变浅变窄，落潮时常常发生商船搁浅的现象，一千多吨的帆船出入困难。[③] 近代以后，由于国际形势的发展，葡萄牙国力日渐衰落，与英国、西班牙、日本交恶，又面临香港等其他港口的竞争，澳门港逐渐失去往日辉煌。

四、港口和沿海城镇对社会经济发展的影响

广州区域港口群以广州港（番禺）为中心，包括以珠江口为主的周边一系列港口，按现代港口概念，古代广州港周边系列港口也可以看作古代广州港的不同港区，与广州港一起共同构成古代海上丝绸之路的始发港，发挥了贸易、安全功能，对古代广州区域、华南地区的经济和社会发展产生了重要影响。

（一）广州港口群的功能

1. 规范贸易，营造较为公平的贸易环境，吸引外商来华贸易

历朝设置的市舶司或类似管理机构，主要职能为管理港口贸易。由于海外贸易的发展，封建统治者开始设置专门机构进行管理，隋代在京城设置有管理对外贸易的机构，唐代已经开始在广州设置市舶使。宋时，广州港是设市舶司最早的港口，其时中国东南沿海港口贸易都受其管辖，出港和回航都

[①] 陈炎：《16—18世纪澳门港在海上丝绸之路中的特殊地位和影响》，中外关系史论丛（第四辑），中国中外关系史学会会议论文集，天津古籍出版社1994年版。
[②] 陈蕴茜：《澳门港的历史变迁与发展前景》，《江苏社会科学》，1999年第4期，第14—20页。
[③] 黄启臣：《清代前期澳门对外贸易的衰微》，《广西社会科学》，1988年第2期，第74—97页。

要到广州办理手续，当时市舶司的主要功能包括：负责船舶出入港的管理，为出入港船只和舶货贩卖签发证明文件；防止偷税漏税和违禁品的进出口，履行检查手续；征收关税；负责一切对外贸易事宜，承担专卖权利，对禁榷物资负责管理和博买、保管、解送之责；负责外事活动，接待各国使节和商人。[①] 元代市舶管理比宋严格，制定了市舶司管理规定，禁止偷税漏税，打击利用权势拘占商船或勒令商船捎带钱物下番买卖，打击出国使臣以进呈宝物为名逃避抽解，规定一切官吏、权贵、僧道、基督教传教士和伊斯兰传教士等，凡是经营海外贸易者，一律按规定抽解，不得隐匿，如果违反，财务没官，严禁出国使臣经商。[②] 元代正是因为严格管理，制定了整治市舶司的规章，严格手续，才一改元初官吏对外商盘剥、破坏海外贸易之风，促进了海外贸易的兴盛。

由于来华贸易的外商日益增多，唐朝以后在广州港口附近出现专门供外国人居住的"蕃坊"，对于"蕃坊"的管理，唐代法律规定，外商同其本国人发生纠纷，按照该国法律处理，不同国家的外国人发生纠纷，则按中国法律处理。[③] 唐对"蕃坊"的治理，按现代的说法是既维护了主权，又照顾了外商的利益，有利于营造一个公平的贸易环境。

2. 安全需求

港口作为对外交往的节点，人员、货物流通的起始点和终点以及财富的集结地，必然遭到多方觊觎，安全防卫必不可少，小到治安管理，大到海盗袭击甚至外敌入侵，不可不防，古代的海盗袭击，近代的西方列强入侵都是活生生的现实例子，对港口的人员和财产的安全构成严重威胁。如东晋时期，短期内有海盗率大批船只经过扶胥港两次（404年和410年）攻占广州城，而守城军士事先并未察觉，致使损失惨重。唐朝时期还有大食、波斯商人围攻广州城，进行抢劫和杀人放火。近代西方列强对我国沿海港口的侵略更是数不胜数，因而港口具有安全职能是理所当然的事情。安全的含义不但

---

① 邓端本编著：《广州港史（古代部分）》，海洋出版社1986年版，第93页。
② 邓端本编著：《广州港史（古代部分）》，海洋出版社1986年版，第125-126页；吴家诗主编：《黄埔港史（古、近代部分）》，人民交通出版社1989年版，第51页。
③ 吴家诗主编：《黄埔港史（古、近代部分）》，人民交通出版社1989年版，第28页。

指防务安全，还指经济安全，从广义来说，偷税漏税、紧缺物资和危险物资如武器的输出输入也属于安全的范畴。如清朝实行"海禁"，规定港口禁运的主要物资就是武器、铁器和粮食，以防止走私及被海盗和抗清武装获得。对于维护统治地位的清廷统治者来说，此无疑属于其安全需求。需要指出的是，限于科技水平，由于风浪、海盗袭击等天灾人祸，古近代出洋远航的人们的安全具有很大的不确定性，因此，古代、近代进出港口的商旅具有很大的安全需求，需要心理上的安慰，在出洋之前拜祭神灵祈求保佑出入平安也属于当时人们对于安全需求的范畴。

隋唐时期，广州对外贸易主要是在内港进行，扶胥港作为外港，更主要的是作为船只进出广州的一个船舶检查点，中外商船前来广州或者从广州出海，按照规定必须在此停靠接受检查，而且扶胥港南海神庙的存在满足了船员的心理需要，①此虽然有经济上的考虑，但安全也是重要因素。到明朝的时候，黄埔港成为广州外港，是保护广州安全的最后一道屏障，防御倭寇和西方殖民者的侵扰，②作为明朝一项基本国策的"海禁"在外部安全方面主要体现于此。近代由于西方列强的入侵，港口常常成为侵略者攻击、入侵的直接目标，清廷在以广州港为中心的港口群周围设置诸如炮台等防御设施，更是出于安全需要。

3. 古代海上丝绸之路主要始发港

《新唐书·地理志》卷四十三中对以广州为起点的海上丝绸之路"广州通海夷道"的航线有具体记载：商船从广州出发到屯门山（深圳南投），向西经过海南岛东北角到九州石（海南岛东北海域七洲列岛），象石（海南岛东南海域独珠山），向西南航行到占不劳山（越南岘港东南占婆岛）、陵山（越南燕子岬）、门毒国（越南归仁）、古笪国（越南芽庄）、奔陀浪洲（越南潘朗）、军突弄山（越南昆仑山），经过新加坡海峡到马来半岛南端，或往南经过苏门答腊岛、爪哇岛，或往西经过马六甲海峡、尼科巴群岛、斯里兰卡，到婆罗门（印度半岛）南部，在印度南部航线分为两支：一

---

① 吴家诗主编：《黄埔港史（古、近代部分）》，人民交通出版社1989年版，第17页。
② 吴家诗主编：《黄埔港史（古、近代部分）》，人民交通出版社1989年版，第64、第67页。

路经过拔颺国（印度孟买附近）、提颺国（巴基斯坦的卡拉奇），再经过霍
尔木兹海峡进入波斯湾，沿东岸到达伊朗阿巴丹、伊拉克巴士拉；另一路由
印度半岛向西横渡印度洋到达非洲东部的桑兰国（坦桑尼亚桑给巴尔），然
后北上经过十多个小国到也门的席赫尔，再经过阿曼和巴林岛也到达阿巴丹
和巴士拉。① 这条航线经历的地区名称有110个左右，除了屯门山（九龙半
岛西南部）、九州石（海南岛东北角附近）、象石（海南岛东南独珠山）在
中国境内，其他一百多个地名都属外国，航线全长一万公里，航行时间为89
天，需要大约两年才能往返，这就是闻名中外的"广州通海夷道"。② 特别
是唐朝时期广州还出现了定期到海外各地航行的海上丝路航线，一是广州、
南海、斯里兰卡、阿拉伯、波斯之间航线；二是广州、南海、斯里兰卡、伊
拉克之间航线；三是波斯、斯里兰卡、南海、广州之间航线；四是阿拉伯、
斯里兰卡、南海、广州之间航线；五是斯里兰卡、爪哇、越南、广州之间航
线；六是广州、南海航线。③ 到宋元时期，由于造船和航海技术的发展，广
州对外交往的国家和地区增多，宋时与广州通商的国家和地区有130多个，元
朝时达到了145个。④

　　还有学者研究认为，东晋时期广州已经取代徐闻、合浦等地成为海上丝
绸之路的起点和终点，其依据是东晋高僧法显前往印度洋取经并且返航的
记录。⑤ 海上丝绸之路从开始出现及其演变发展，是一个动态的过程，其
起始港是随着港口的地理变迁、地区经济发展的特点与兴衰和封建王朝政
治发展形势的变化而演变，并非固定不变，广州港虽然发展成为古代海上丝
绸之路的启航港，但后来其重要性已在一定的历史时期内被其他港口超越。
虽然如此，广州港是古代海上丝绸之路的节点，甚至最重要的节点是不言而
喻的。

　　① 黄启臣主编：《广东海上丝绸之路历史》，广东经济出版社2003年版，第126—128页；曾昭
璇、曾新、陈权英：《广州：古代海上丝绸之路的起点城市》，广东省人民政府外事办公室、广东省
社会科学院编：《广州与海上丝绸之路》，广东省社会科学院，1991年1月，第39—40页。
　　② 吴家诗主编：《黄埔港史（古、近代部分）》，人民交通出版社1989年版，第23页。
　　③ 邓端本编著：《广州港史（古代部分）》，海洋出版社1986年版，第49页。
　　④ 吴家诗主编：《黄埔港史（古、近代部分）》，人民交通出版社1989年版，第41页。
　　⑤ 黄启臣主编：《广东海上丝绸之路历史》，广东经济出版社2003年版，第80—81页。

（二）港口对社会经济的影响

1. 推动中外货物流通、人文交流

自古以来，中国对外贸易发达，中国古代与亚洲、欧洲、非洲三大洲各国和地区的通商之路，被学术界尊为丝绸之路，包括陆上和海上的商品运输之路，以出口大宗丝绸、茶叶、瓷器闻名于世界，其中以输出丝织品的历史最为悠久，故为丝绸之路，其中陆上丝绸之路往往由于沿途政治、经济形势的变化，不时出现人为梗阻，因而推动了海上丝绸之路的发展、繁盛。

封建统治者最初推动海外交往，进行海外贸易的首要目的是满足自己的私欲，通过发展海外贸易，输入来自南洋、印度洋、西亚乃至欧洲国家的奢侈品甚至奇珍异品，满足自身的好奇心理和享乐需要。《汉书·地理志》记载，南海航道是统治者遣使带着黄金、丝绸去换取沿途国家和地区的明珠、璧流离、奇石、异物等而开辟出来的。[①] 随着海上丝绸之路的发展，参与海上丝绸之路队伍扩大，参与人员不再局限于官方使者，大量商贾、平民以各种方式参与其中，必然导致贸易内容的变化，后来交易的商品慢慢扩展到与普通老百姓息息相关的生活物品。从现有资料及考古发掘来看，较早通过海外贸易输入的商品是南越国时期从海外输入的银盒、金花泡饰、象牙、犀角、珠饰、乳香等，到汉朝时输入的商品更多，有象齿、玳瑁、琉璃、珊瑚、琥珀、玛瑙、水晶、香料等。[②] 晋代宗室贵族中有人为了蓄聚珍宝，专门派人到广州、交州采购海商运来的舶货，当时"广州包山带海，珍异所出，一箧之宝，可资数世"。[③] 隋炀帝大力发展海外贸易，其目的之一也是"志求珍异"。

唐代是海上丝绸之路的大发展时期。随着海上丝绸之路参与者的增多与扩大，交易商品的数量更多，类别涵盖范围更广。唐朝的海外贸易商品种类

---

① 曾昭璇、曾新、陈权英：《广州：古代海上丝绸之路的起点城市》，广东省人民政府外事办公室、广东省社会科学院编：《广州与海上丝绸之路》，广东省社会科学院，1991年1月，第36页。
② 广州文物管理委员会：《西汉南越王墓》，文物出版社1991年版，第344页，转引自：黄启臣主编：《广东海上丝绸之路历史》，广东经济出版社2003年版，第54、第55、第57页。
③ 杜瑜：《海上丝路史话》，中国大百科全书出版社2000年版，第23页。

从以满足统治者奢侈享乐为主，发展到日常用品等民生物品。唐朝时期，广州与海外贸易往来地域空间广阔，规模宏大，为中国商品外销开辟了广阔的国际市场，促进了广州外贸商品发生结构性转变。如前所述，唐朝之前，广州进出口商品结构比较简单，一般是以珍贵轻便的奢侈品为主，唐朝在前代基础上进出口商品结构发生了巨大的变化，日用品和原材料成为贸易的大宗，瓷器是新崛起的大宗出口商品。① 进口方面，除了原有的奇珍异宝外，药物、矿物、植物等日用品原材料成为大宗，品种多，数量大。② 当时输入广州的物资有珠贝、象牙、犀角、紫檀木、香药、植物，香药和植物包括天竺国和波斯等国输入的乳香，爪哇输入的苏方木、苏合香，婆利国输入的龙脑香，昆仑输入的青木香，爪哇、柬埔寨、暹罗输入的白豆蔻，波斯国输入的无石子、胡椒、没药、无花果、茉莉、安息香等。③

宋元明清时代，随着海上丝绸之路的发展，其影响更加重大，与国家政治、经济生活息息相关。宋朝海外贸易商品比之前代日用品占比更大，由广州出口的商品中，各色丝织品、精粗陶瓷器、漆器、酒、糖、茶、米等构成了出口物品的主要部分，进口方面，宋朝从海外进口的货物在400种以上，其中大多数都是从广州进口，这些货物主要有香药、象牙、犀角、珊瑚、琉璃、珠钏、宾铁、鳖皮、玳瑁、玛瑙、砗磲、水晶、蕃布、乌樠、苏木等。④ 元朝进口商品有八大类七十多种，包括宝物、布匹、香货、药物、诸木、皮货、牛蹄角、杂物等，⑤ 除宝物外其余基本上都是与百姓生活相关的日用品。虽然有学者统计明朝进口商品主要是统治阶级享用的奢侈品和高级消费品，但民生物品进口也占有相当比重，而且出口商品基本上是民生用品，包括手工业品、农副产品、矿产品、动物、乳制品、干鲜果品、中草药品和文化用品

① 李庆新：《唐代广州的对外贸易》，广东省人民政府外事办公室、广东省社会科学院编：《广州与海上丝绸之路》，广东省社会科学院，1991年1月，第132页。
② 李庆新：《唐代广州的对外贸易》，广东省人民政府外事办公室、广东省社会科学院编：《广州与海上丝绸之路》，广东省社会科学院，1991年1月，第133页。
③ 邓端本编著：《广州港史（古代部分）》，海洋出版社1986年版，第57页。
④ 黄启臣主编：《广东海上丝绸之路史》，广东经济出版社2003年版，第301-302页。
⑤ 黄启臣主编：《广东海上丝绸之路史》，广东经济出版社2003年版，第344页。

八大类，其中手工业品共一百二十七种，占了一半以上。[①] 尤其需要注意的是，明朝时期，从广州海上丝绸之路出发的航线除了继续发展原有的航线，又新增了从广州港到拉丁美洲的航线和延长"广州通海夷道"至葡萄牙里斯本的航线。[②] 这反映了随着明代资本主义生产方式的萌芽，商品需要更大的市场，开辟新的航线无疑是这需求的反映。从这些不同时期输入的商品来看，早期输入的商品无疑与统治者的私欲、享受紧密相关，后来逐渐拓展到与百姓生活相关的商品。

到清朝的时候，尤其是19世纪初，广州出口货物除了传统的丝绸、瓷器等产品之外，还增加了茶叶、生丝、南京土布、大黄、桂子、冰糖、白铜、生锌、白矾等，其中以茶叶、生丝、南京土布为最大宗，出口量逐年增加，茶叶是出口的第一大宗产品，已经成为当时西方国家从宫廷贵族到庶民百姓生活中必不可少的物品，出口量直线上升，福建、江西、江苏、浙江、四川、贵州等地的茶叶源源不断地运到广州，从黄埔港出口。经黄埔港出口的第二大宗商品是生丝，因为欧美国家和日本在国内发展自己的丝织业，所以中国生丝的出口量日益增加，丝绸为出口的第三大宗产品。[③]

有学者认为，唐代以前海上丝路虽不断发展，但只是为统治者提供一些海外珍奇物品而已，与国计民生关系不是太大，社会影响也小，不太为人们所重视，但到唐代及以后，陆上丝绸之路的梗阻促使封建统治者更积极推动海上丝绸之路，而且对海上贸易的税收增加了封建王朝的财政收入，且该税收在财政收入中所占比例越来越大，中外经济文化交流越来越频繁，与国家、与社会、与普通老百姓生活的联系越来越密切。[④] 这些都说明海上丝绸之路从单纯为统治者奢靡享乐服务发展到影响国家政治、经济、社会文化生活的一部分。

在人员交流方面，虽然"志求珍异"是封建统治者推动海外交往、拓展

---

① 黄启臣主编：《广东海上丝绸之路史》，广东经济出版社2003年版，第413页。
② 黄启臣：《广州海上丝绸之路的兴起与发展》，广东省人民政府外事办公室、广东省社会科学院编：《广州与海上丝绸之路》，广东省社会科学院，1991年1月，第62页。
③ 吴家诗主编：《黄埔港史（古、近代部分）》，人民交通出版社1989年版，第85页。
④ 杜瑜：《海上丝路史话》，中国大百科全书出版社2000年版，第40页。

海外贸易的目的，但宣威异域也是封建统治者的重要考量，这不可避免地要促进人员交流，首先是派使臣出使海外。古代港口既有促进通商贸易的意义，也有方便使臣往来的内涵。秦汉时期，南向的海上通道多限于带有贸易性质的使臣往来，民间的贸易还是偶发性的。[①] 较早派遣使臣出使海外是在西汉时期，汉武帝派遣使臣从日南（今越南广治附近）、雷州半岛的徐闻（今广东徐闻县境内）、合浦（今广西合浦县东北）等地出海，到达都元国（今马来半岛）、邑卢没国（今缅甸）、谌离国（今缅甸）、夫甘都卢国（今缅甸）、黄支国（今印度半岛东岸）、巳程不国（今斯里兰卡）。[②] 此次出使后，西汉及东汉王朝又多次遣使前往海上丝绸之路沿途各国、各地区，基本建立了联系，并得到回应，大秦王安敦遣使向东汉进献象牙、犀角、玳瑁等奇异物品，通过一系列互动，中西方最终真正建立了"海上丝绸之路"航线，疏通了东西方海上交通大动脉。[③] 而在当时的商品交换中，罗马人用宝石和珍珠与中国商船交换丝绸，中国商人甚至在斯里兰卡建立了货栈。[④] 可见，这条古海上丝绸之路推动了当时贸易的大发展。之后三国时期吴国孙权遣使出使南洋，足迹遍及今天东南亚，前后历时十余年。[⑤] 隋炀帝派使臣出使马来半岛的赤土国，前后三年，受到热情接待，赤土国还派遣王子回访隋朝。此后，隋炀帝还派使臣出使南亚、西亚等地。

人员交流不只是单方面的，海上丝绸之路沿线国家和地区也在积极了解中国，并且也派遣使臣出使中国。公元1世纪末，一位居住在埃及亚历山大港的无名氏商人撰写《红海回航记》，记述了中国，称中国为"丝国"，印度洋沿岸的天竺、狮子国等国多次遣使到中国，东南亚地区的掸国（今缅

---

① 张难生、叶显恩：《海上丝绸之路与广州》，广东省人民政府外事办公室、广东省社会科学院编：《广州与海上丝绸之路》，广东省社会科学院，1991年1月，第4页。
② 杜瑜：《海上丝路史话》，中国大百科全书出版社2000年版，第16页。
③ 杜瑜：《海上丝路史话》，中国大百科全书出版社2000年版，第19页。
④ 黄启臣：《广州海上丝绸之路的兴起与发展》，广东省人民政府外事办公室、广东省社会科学院编：《广州与海上丝绸之路》，广东省社会科学院，1991年1月，第58页。
⑤ 张难生、叶显恩：《海上丝绸之路与广州》，广东省人民政府外事办公室、广东省社会科学院编：《广州与海上丝绸之路》，广东省社会科学院，1991年1月，第4页。

甸）、扶南（今柬埔寨）、呵罗单（今印尼爪哇）等许多国家同中国来往密切，使臣来往频繁。[1] 隋朝时期印尼、马来的一些岛屿上的国家遣使朝贡。唐朝时期，波斯帝国和阿拉伯人建立的大食帝国与唐朝联系非常密切，两大帝国在7世纪后半期到8世纪的100多年间都遣使来华数十次，可见联系之紧密。宋元时期，中国封建王朝与南洋国家关系十分密切，真腊（今柬埔寨）、罗斛（今泰国南部）、缅甸、真里富（今马来西亚）、三佛齐（今马来西亚、印尼部分地区）、阇婆国（爪哇）等国多次遣使中国，到达广州。此外，中国封建王朝与印度洋、波斯、西亚、非洲地区往来更加密切，使臣来往不断。如位于印度半岛东海岸的注辇国在1015年、1020年、1033年、1077年遣使进贡。[2]

不仅仅是官方交流，民间交流亦较为密切，除了商人贸易之外，较为活跃的是宗教文化交流。其中表现比较突出的是印度等国的僧人到广州传播佛教，大约在公元270年，外国沙门强梁娄至（真喜）来到广州，翻译了佛经《十二游经》一卷，公元281年，西天竺（印度）梵僧迦摩罗到了广州建立三归、王仁二寺传授佛教，从东晋到唐朝更有一批高僧来广州传播佛教，比较有名的是今克什米尔的昙摩耶舍，他于公元401年到广州传教，翻译佛经《差摩经》一卷等和创立光孝寺；公元420年，印度僧人求那罗跋陀到广州，翻译佛经《五百本经》和《伽毗利律》，在光孝寺内建毗卢殿和戒坛；526年菩提达摩到广州结草庵、光孝寺传教，梁武帝天监元年（502年）智药三藏到广州，在光孝寺戒坛前种植菩提树；南朝陈永定元年（557年），印度高僧拘那陀罗（真谛）到广州，在华23年，翻译佛教经典五十余部。[3]

除了佛教的传播与交流，广州港对伊斯兰教在华传播所起到的作用也不容忽视。伊斯兰教传入中国的具体年代学界尚有争议，但公元7世纪初伊斯兰教创立以后，随着海上丝绸之路的兴盛，广州作为海上丝绸之路的起始港，

---

① 杜瑜：《海上丝路史话》，中国大百科全书出版社2000年版，第18、第19、第22、第23页。

② 杜瑜：《海上丝路史话》，中国大百科全书出版社2000年版，第93页。

③ 杨鹤书：《从公元3—7世纪佛教在广州的传播看中外文化交流》，广东省人民政府外事办公室、广东省社会科学院编：《广州与海上丝绸之路》，广东省社会科学院，1991年1月，第108-111页。

阿拉伯商人源源不断前往中国，带来伊斯兰教是理所当然的事情，广州清真寺的建立是伊斯兰教传入广州的标志性事件。公元628年，穆罕默德遣使到广州，后见到唐太宗，宣扬伊斯兰教，唐太宗同意在广州建立清真寺，有学者认为广州怀圣寺或其前身是广州清真第一寺。[①] 后又有先贤古墓、蕃坊、光塔的出现，说明伊斯兰教影响在广州的扩大和深入，怀圣寺、先贤古墓、蕃坊、光塔成为伊斯兰教在广州的标志。

中国亦有人赴海上丝绸之路沿岸国及地区游历和求学，东晋高僧法显高龄前往天竺取经，从出发到返回前后长达15年，翻译和著述多本佛教经典和著作，唐代有法师义净赴印度取经，达溪弘通第一个到达阿拉伯半岛，杜环第一个到达非洲等。

2. 促进造船技术、航海技术的发展

海上丝绸之路的发展、兴盛与我国古代造船和航海技术互相促进，没有造船、航海技术的进步，就难以有海上丝绸之路的大发展，没有海上丝绸之路大发展的需求，造船、航海技术就缺乏发展的驱动力。考古证明，秦代造船与航海技术就已经领先于同时代水平。20世纪70年代中期，在广州市中山四路市文化局大院考古发现的目前我国时间最早、规模较大的秦汉时期的造船工场遗址，有三个并列的造船台，可建五到八米宽、二十到三十米长、载重二十到三十吨的木船，其中舵、橹和水密舱的发明是我国对世界造船和航海技术的重大贡献。[②] 也有学者认为，上述考古发现秦汉时期造船工场一号船台可建造载重五十吨到六十吨的木船。[③]

汉朝时期我国船舶制造业技术又有了进一步的发展，达到了比较成熟的木帆船阶段，能够制造上有重楼、有十桨一橹的楼船，出现了第一次造船业

---

① 姜永兴：《广州：早期伊斯兰教的东方圣地——海上丝绸之路的结晶和见证》，广东省人民政府外事办公室、广东省社会科学院编：《广州与海上丝绸之路》，广东省社会科学院，1991年1月，第161页。

② 邓炳权：《海上丝绸之路的东方发祥地》，广东省人民政府外事办公室、广东省社会科学院编：《广州与海上丝绸之路》，广东省社会科学院，1991年1月，第75页。

③ 杨鹤书：《从公元3—7世纪佛教在广州的传播看中外文化交流》，广东省人民政府外事办公室、广东省社会科学院编：《广州与海上丝绸之路》，广东省社会科学院，1991年1月，第107页。

高潮。[1]1954年，广州东汉墓出土的陶船模型，船体有前、中、后三个船舱室，尾部有望楼，后窗有厕所等生活设施，船前有锚，船后有舵，还采取措施加强船体骨干的坚固程度和加深吃水线，这些都说明我国汉朝时期广州已经掌握了建造近海航船的技术。[2]此造船技术水平与当时海上丝绸之路上的船只沿着北部湾和中南半岛近岸或近海航行是相对应的，而且也便于从沿岸港口补给粮食、淡水等生活必需品。同时，航海技术也有明显的进步，甚至出现了总结航海技术的专著，且数量上达到136卷之多，[3]但在实际操作方面，航海技术仍然相对落后，船只在行驶当中白天只能以沿岸标志来确定方位，夜晚则以天体星宿帮助导航。[4]

三国时期造船技术又有了提高。三国时期吴国孙权遣使出使南洋，船只不再沿岸航行，而是由广州出发，直接跨越南海，通过海南岛东部和西沙群岛海面到东南亚，穿过马六甲海峡到达波斯湾和红海地区，[5]说明当时所造船只抗风能力加强，能够装载更多的粮食、淡水，而不用中途补给。

隋唐在造船技术方面有了新的发展。隋朝建造的"五牙"战舰，船上起楼五层，高百余尺，可装载士兵八百。到唐朝时期，我国造船技术已居世界领先地位，已能造出当时世界上最大的海船，广泛采用钉榫接合技术，建有多道水密隔舱，抗风浪、抗水沉能力提升，有利于保障远洋航行的安全。[6]唐朝时期广州已经是著名的船舶制造基地，能够制造一种名为"埤苍"的大船，长二十丈，可装载六七百人，反映了造船技术的提高。[7]

---

① 张难生、叶显恩：《海上丝绸之路与广州》，广东省人民政府外事办公室、广东省社会科学院编：《广州与海上丝绸之路》，广东省社会科学院，1991年1月，第2页。
② 杨鹤书：《从公元3—7世纪佛教在广州的传播看中外文化交流》，广东省人民政府外事办公室、广东省社会科学院编：《广州与海上丝绸之路》，广东省社会科学院，1991年1月，第107页。
③ 张难生、叶显恩：《海上丝绸之路与广州》，广东省人民政府外事办公室、广东省社会科学院编：《广州与海上丝绸之路》，广东省社会科学院，1991年1月，第2页。
④ 张难生、叶显恩：《海上丝绸之路与广州》，广东省人民政府外事办公室、广东省社会科学院编：《广州与海上丝绸之路》，广东省社会科学院，1991年1月，第3页。
⑤ 张难生、叶显恩：《海上丝绸之路与广州》，广东省人民政府外事办公室、广东省社会科学院编：《广州与海上丝绸之路》，广东省社会科学院，1991年1月，第4—5页。
⑥ 杜瑜：《海上丝路史话》，中国大百科全书出版社2000年版，第38页。
⑦ 张难生、叶显恩：《海上丝绸之路与广州》，广东省人民政府外事办公室、广东省社会科学院编：《广州与海上丝绸之路》，广东省社会科学院，1991年1月，第6页。

宋朝时期，广州是重要的造船中心，其造船水准的提升体现在造船材质的选择上。《岭外代答》记载："钦州海山，有奇材二种：一曰紫荆木，坚类铁石，色比燕脂，易直，合抱。以为栋梁，可数百年。一曰乌婪木，用以为大船之柂，极天下之妙也。蕃舶大如广厦，深涉南海，径数万里，千百人之命，直寄于一柂。唯钦产缜理坚密，长几五丈。虽有恶风怒涛，截然不动，如以一丝引千钧于山岳震颓之地，真凌波之至宝也。此柂一双，在钦直钱数百缗，至番禺、温陵，价十倍矣。然得至其地者，亦十之一二，以材长，甚难海运故耳"，而"他产之柂，长不过三丈，以之持万斛之舟，犹可胜其任，以之持数万斛之蕃舶，卒遇大风于深海，未有不中折者"。[1] 从造船选材说明宋朝造船水平处于世界领先。正因为如此，宋朝广州的商船已经有能力横跨印度洋，即由南洋群岛行至阿拉伯和东非，不用停靠印度或者斯里兰卡，之所以如此，一是因为船体更大，装载船员和补给更多。船只"浮南海而南，舟如巨石，帆若重天云，拖长数大，一舟数百人，只积一年粮，豢豕酿酒其中"，"舟大载重，不忧巨浪而忧浅水也"，在装载人数方面，竟然还有"一舟容千人，舟上有机杼市井"。[2] 这些都说明船体巨大。二是宋朝广州商船航海技术水平高，拥有巨大的海船以及海航海图，使用牵星术和罗盘仪，即使用量天尺测定日月星辰高度来确定船只的位置，以指南针作为导航工具。[3] 元代广州商船更大，船只在结构上设计合理，吃水较深，便于破浪而行，阻力较小，速度较快，有较为齐全的动力、导航、安全、通信和生活设备，在航海技术上已经普遍使用指南针、针经、海图、计程仪和测深仪等工具导航，船尾有可以升降的舵，以便于端正航向，在摩洛哥旅行家伊本·白图泰的记载中，将中国船只分为大中小三大类，大船有十帆，装载人数上千，其中海员六百人，战士四百人，包括弓箭射手和持盾战士以及发射石油弹的战士等。[4] 明代广州所造船只结构更为复杂，船舱内分为许多小

① 周去非：《岭外代答》107柂。

② 周去非：《岭外代答》104木兰舟。

③ 曾昭璇、曾新、陈权英：《广州：古代海上丝绸之路的起点城市》，广东省人民政府外事办公室、广东省社会科学院编：《广州与海上丝绸之路》，广东省社会科学院，1991年1月，第43页。

④ 吴家诗主编：《黄埔港史（古、近代部分）》，人民交通出版社1989年版，第47、第49页。

房间，每个房间属于一个或几个商人堆放货物，最大的帆船可装载两千人，船上可骑马往来。① 最能体现明朝造船技术水准的无疑是历时28年的郑和七下西洋历史。史书记载，1405年郑和第一次下西洋，航海船队宝船共有六十二艘，船只长四十四丈，宽十八丈，船员有二万七千八百多人，远航到印度，② 若不是造船技术进步，难以有如此大规模远航。

3. 推动古代海上丝绸之路繁荣和周边地区乃至全国的经济发展

海上丝绸之路的形成发展，是东西方政治、经济形势共同推动的结果。两汉时期政治稳定，经济发展，当时海上丝绸之路另一端的罗马帝国也处于稳定时期。为获得中国丝绸，罗马帝国更积极开辟从海上通往中国的航线。公元166年，罗马商船从印度洋进入南海，沿北部湾经合浦、徐闻到达番禺（广州），一条从番禺出发到达罗马帝国的海上丝绸之路最终形成，③ 广州港口的作用功不可没。

广州港口推动海上丝绸之路的发展、兴盛，一个重要原因是得到了历代封建王朝统治阶级的支持、鼓励，以达到满足自己享乐、发展社会经济、发挥国际影响力、巩固自身政治地位的目的。因而从总体上来说，历代封建统治者支持海外贸易，是广州港口为海上丝绸之路的繁荣、兴盛做出贡献的前提和基础。除了前面提到的西汉武帝主动派遣使臣出使海上丝绸之路沿途各国和地区外，在隋唐宋时期表现尤为明显。如隋炀帝下令都城对来华贸易商人优待，所到之处令其酒足饭饱④，大业三年，隋炀帝派官吏携带厚礼出使马来半岛、印度、波斯等国，引导西亚、南亚、东南亚数十个国家商人前来广州贸易。⑤ 唐朝则设立专门负责海外贸易的管理机构，派专人管理、监督，维护来华外商的利益，政府关怀其在华的生活、贸易状况，在税收上让利，只征收十分之一的税，除了舶脚、收市、进奉外，不得再行增加税收，

---

① 黄启臣主编：《广东海上丝绸之路史》，广东经济出版社2003年版，第391页。
② 黄启臣主编：《广东海上丝绸之路史》，广东经济出版社2003年版，第368页。
③ 黄启臣：《广州海上丝绸之路的兴起与发展》，广东省人民政府外事办公室、广东省社会科学院编：《广州与海上丝绸之路》，广东省社会科学院，1991年1月，第59页。
④ 杜瑜：《海上丝绸史话》，中国大百科全书出版社2000年版，第39页；吴家诗主编：《黄埔港史（古、近代部分）》，人民交通出版社1989年版，第18页。
⑤ 吴家诗主编：《黄埔港史（古、近代部分）》，人民交通出版社1989年版，第18页。

然后任由其在中国境内自由贸易。^①834年，唐王朝宣布对来华外商的政策，任其交往通流，自为贸易，不得重加率税，常加存问，以示绥怀。^②宋元时期，一改过去等待外商前来贸易的被动局面，采取走出去，以力操南海、印度洋贸易的主动权。^③按照现代的说法，封建统治者直接派遣使臣出使海上丝绸之路各国和地区进行招商，鼓励来华贸易。北宋初年，宋太祖派遣官吏朝廷颁发的贸易证明书和财礼，分成多组分别前往东南亚、南亚各国，邀请外国商人前来贸易，当某一时期外国商人来华贸易较少时，宋朝统治者便要求广州官吏想办法招徕外商，元朝统治者实行开放政策，鼓励商船出海，元代建立之初即派负责官吏赴印度半岛招徕商人进行贸易，元世祖忽必烈也称位居东南岛屿的蕃国商人如能来华，必以礼相待，若希望进行贸易也可以遂其心愿。^④元朝一开始就设立盐课市舶提举司，英宗至治三年（1323年）规定，"听海商贸易，归征其税"，"舶商、梢水人等，皆是办课程之人，落后家小，合示优恤，所在州县，并与除免差役"，鼓励发展对外贸易。^⑤

在统治者的推动和鼓励下，唐朝时期广州港口出口商品种类繁多，主要有丝织品、瓷器、铁器、铜钱、纸张、金、银等，其中以丝织品为最大宗，进口食品主要有珠贝、象牙、犀角、紫檀木、香药等，其中以香药为最大宗。^⑥宋朝时期瓷器输出大量增加，从而促使了宋代瓷器业的发展，品种繁多，名窑辈出，瓷器大小相套，体现包装运输的高超水平，远销东南亚、印

① 杜瑜：《海上丝路史话》，中国大百科全书出版社2000年版，第40页；吴家诗主编：《黄埔港史（古、近代部分）》，人民交通出版社1989年版，第19页。

② 张难生、叶显恩：《海上丝绸之路与广州》，广东省人民政府外事办公室、广东省社会科学院编：《广州与海上丝绸之路》，广东省社会科学院，1991年1月，第7页。

③ 张难生、叶显恩：《海上丝绸之路与广州》，广东省人民政府外事办公室、广东省社会科学院编：《广州与海上丝绸之路》，广东省社会科学院，1991年1月，第10页。

④ 吴家诗主编：《黄埔港史（古、近代部分）》，人民交通出版社1989年版，第34页。

⑤ 谭棣华：《南海神庙与海上丝绸之路》，广东省人民政府外事办公室、广东省社会科学院编：《广州与海上丝绸之路》，广东省社会科学院，1991年1月，第152页。

⑥ 黄启臣：《广州海上丝绸之路的兴起与发展》，广东省人民政府外事办公室、广东省社会科学院编：《广州与海上丝绸之路》，广东省社会科学院，1991年1月，第61页。

度半岛和西亚非洲。① 不但瓷器出口增加，其他种类货物出口也呈现繁荣景象。宋元时期，广州进出口的货物与唐代相比，品种与数量都有很大的增加，畅销东南亚、南亚、西亚、北非、东非等地，主要货物有丝织品、瓷器、金属品、日用品、农副产品、药品、杂项用品七大类，丝织品主要有锦、缎、绸、绢、帛等，是广州扶胥港出口的最大宗货物、最受外国人欢迎的产品。② 进口商品也大幅度增加，不再是只进口满足封建统治者好奇、享乐的奇异物品，而是与百姓生活息息相关，据统计，宋元时期由广州进口的外国商品共有二百多种，其中政府规定应该运往京城的有金、银、珍珠、玉、乳香、牛皮筋角、象牙、麝香、沉香、朱砂，以及其他各种香料、药物、布匹、皮革等一百三十多种，可在当地港市交易的有蔷薇水、御露香、芦荟、荜拨、史君子，豆蔻花，肉桂、桂花，丁香母，以及各种香料、药物九十多种，元朝时期，进口货物的类别主要有宝物、布匹、香货、药物，诸木、皮货、牛蹄脚、杂物共八大类，③ 与广州有贸易往来的国家和地区达到一百四十多个。④

广州港口群发展成为古海上丝绸之路的起始港，另一个重要因素是拥有优越的地理位置、广大的经济腹地，这相应地促进了广州周边地区乃至全国的经济发展。有学者把广州港的经济腹地分为三个层次，分别是珠江三角洲的内层经济腹地；西江、北江、东江三江流域地区的中层经济腹地；珠江上游的云南、贵州、四川、湖南、江西等地的外层经济腹地。其中内层经济腹地河网密集、沟渠交错、水源丰富、灌溉方便、气候温和、雨量充沛，极为有利于农业生产，而且复种指数高，为海上丝绸之路提供了充足的货源；广州沿西江而上进入广西、贵州、云南、四川，又通过北江、东江延伸到华东、华中地区，唐朝开通的大庾岭道又成为湖南、湖北、江西、浙江、江

① 张难生、叶显恩：《海上丝绸之路与广州》，广东省人民政府外事办公室、广东省社会科学院编：《广州与海上丝绸之路》，广东省社会科学院，1991年1月，第10页。

② 吴家诗主编：《黄埔港史（古、近代部分）》，人民交通出版社1989年版，第39页。

③ 吴家诗主编：《黄埔港史（古、近代部分）》，人民交通出版社1989年版，第40页。

④ 谭棣华：《南海神庙与海上丝绸之路》，广东省人民政府外事办公室、广东省社会科学院编：《广州与海上丝绸之路》，广东省社会科学院，1991年1月，第152页。

苏、安徽等省货物南运广州出口的通道，同样为广州海上丝绸之路的发展提供了更为充足的货源。[①]进入清代，由于1757年清政府关闭漳州、宁波、云台山三个港口，仅留广州港对外通商，几乎全中国都成为广州港的经济腹地。全国对外贸易的商品都要运到广州出口，广州作为商品集散地的辐射范围延伸至华东、华北、西南、西北各地，福建、浙江、河北、山西、陕西、甘肃、四川、广西、贵州、湖南、湖北、江西、河南等运到广州的货物达到八十多种，以茶叶、丝绸、瓷器、二布、药材占比重最大，进口商品主要是呢绒、棉花、棉布、钟表、洋米等，经由广州进口转销全国各地。[②]其中所称的中层经济腹地更多的意义应该是在于联结内层和外层经济腹地，为二者货物、人员流通提供通道。

这种经济腹地的支持作用也可以通过广州地区的墟市发展表现出来。墟市即农村市场，广州地区的墟市在魏晋南北朝时期已经从"城郭"中游离出来，记载最早的墟市是明朝宣德年间建立的萝岗圩，嘉靖年间又新建了东圃、乌涌、麦边、新造等墟，明朝后期出现了按产品分类集中的专业性墟市，鱼市有番禺、茭塘等，荔枝市有增城、沙贝等，清朝时期新设墟市激增，乾隆年间番禺县墟市增加到82个，各墟的店铺"俱外商侨寓"，租予外地客商收购货物和临时售货之用，规模很大，少则有数十间，一般有百余间，最多的达到四百余间。[③]还借南海神庙的神诞举办庙会，形成集市，继而发展成贸易活动场所，其实就是地方每年一次的经济交易会，这种经济交易会时间一般延续半个月之久，最初很可能是与外商进行的贸易活动，但后来却演变成地域性的交易，最终形成了法定的交易日期，南海神庙也就变成了每年一度贸易活动的中心。[④]

海上丝绸之路的繁盛对历代封建王朝的稳固统治起到了巨大的作用。唐

---

① 黄启臣：《广州海上丝绸之路的兴起与发展》，广东省人民政府外事办公室、广东省社会科学院编：《广州与海上丝绸之路》，广东省社会科学院，1991年1月，第53~54页。

② 广州市地方志编纂委员会编纂：《广州市志·卷六：商业卷》，广州出版社1996年版，第3页。

③ 广州市地方志编纂委员会编纂：《广州市志·卷六：商业卷》，广州出版社1996年版，第26页。

④ 谭棣华：《南海神庙与海上丝绸之路》，广东省人民政府外事办公室、广东省社会科学院编：《广州与海上丝绸之路》，广东省社会科学院，1991年1月，第156页。

朝以前，广州对外贸易是以所谓贡赐贸易为主的官方贸易，贸易管理权也主要掌握在政府手中，来"朝贡"的国家的"贡品"多为奇珍异宝，如珠、贝、象牙、犀角等，社会经济价值不大，尤其是对提升普通老百姓生活水平来说更是如此，而统治者回赐"朝贡"国的物品多为丝织品、金银等，再加上出使与接待费用，需要巨大的国家财政支出，因此所谓的贡赐贸易是一种不等价的、得不偿失的以货易货的商品交换关系，[①]是不计经济利益的。统治阶级通过官方对外贸易，营造一派国家富强、万国来朝的景象，达到显示富有与强盛的政治目的。明朝海禁严厉，却保留和保护朝贡贸易，在广州设置怀远驿，招待各国朝贡使者和随行商人[②]

但是，随着封建统治的衰落，这种不计经济利益，只为宣示威仪的朝贡贸易难以持续进行下去，逐步让位于以获取经济利益为目的的正常贸易。一是因为参与海外贸易的主体扩大，除了以政府为主体的朝贡贸易外，包括官员在内的私人商贾大量参与其中，利益驱动自然是主要的。二是随着封建统治的衰落，财政困难，为维持统治，亟须新的财政来源，海上丝绸之路上巨大的财富流动及由此而产生的税赋收入，使封建统治者转向以获取财政收入为主要目的的市舶贸易，市舶贸易是在广州市舶使主管下进行的另一种官方贸易形式，以专卖制度为核心，以征收赋税、提高财政收入为目的，唐朝中后期这一形式的贸易在官方贸易中占主导地位，为国家带来越来越多的财政收入。[③]9世纪后半叶，市舶收入已经成为国家财政收入的一大支柱，关乎着朝廷的命运和政府的运转，提升市舶使的权位，加强市舶管理，使广州市舶之权利从地方转移到中央，成为确保国家财政收入的一大手段。[④]唐以后市舶贸易成为广州港对外贸易主要方式，即便元明清时期间或实行"海

① 李庆新：《唐代广州的对外贸易》，广东省人民政府外事办公室、广东省社会科学院编：《广州与海上丝绸之路》，广东省社会科学院，1991年1月，第125页。

② 谭棣华：《南海神庙与海上丝绸之路》，广东省人民政府外事办公室、广东省社会科学院编：《广州与海上丝绸之路》，广东省社会科学院，1991年1月，第153页。

③ 李庆新：《唐代广州的对外贸易》，广东省人民政府外事办公室、广东省社会科学院编：《广州与海上丝绸之路》，广东省社会科学院，1991年1月，第125页。

④ 李庆新：《唐代广州的对外贸易》，广东省人民政府外事办公室、广东省社会科学院编：《广州与海上丝绸之路》，广东省社会科学院，1991年1月，第124页。

禁"，只有朝贡贸易或贡舶贸易合法，市舶贸易被视为非法，但一旦"海禁"松弛或解除，市舶贸易便立即发展起来，成为主要贸易形式，对广州周边地区和全国经济发展的促进影响就随之体现出来。

广州海上丝绸之路的大发展相应促进了商业交通的发达，这在隋唐时期体现得尤为明显。隋朝开采大运河，湘江进入长江转入大运河南边可以到达余杭北边，可以到达北京，如果有大运河转入黄河，则可以直达洛阳长安，各地货物也可以由此运来广州向海外出口，扩大了广州的经济腹地。唐朝在隋朝的基础上进一步疏通广州到内地的陆路交通，唐中宗、唐玄宗时期开辟和扩建了大庾岭道，避免了货物走水道的曲折迂回的缺陷，由广州进口的外国商品沿着北江而上通过大庾岭驿道经北江、赣江进入长江，大大缩短了广州与内地联系的距离，同时，唐朝政府重视驿站交通，以京都为中心，通往各地大城市，水道驿道互相衔接，南北交通更加畅通无阻，使广州港口辐射范围达长江中下游和黄河流域，[①] 从而使广州港口对全国经济发展的作用凸显。

第二节　潮汕区域

一、自然环境与条件

潮州历史悠久，人文鼎盛，早在新石器时代，潮州先民就在祖国岭东边陲地域聚居生息，自从东晋建立海阳，隋朝设置潮州，经历唐、宋、元、明、清各个朝代，海阳县城均是郡州路府治所，是广东东部政治经济文化中心。[②] 潮州有着1600多年的历史，前身为潮安县、海阳县，素有"海滨邹鲁""岭海名邦"之称，直到中华人民共和国成立初期，潮州一直是潮汕地

---

① 吴家诗主编：《黄埔港史（古、近代部分）》，人民交通出版社1989年版，第19–20页；张难生、叶显恩：《海上丝绸之路与广州》，广东省人民政府外事办公室、广东省社会科学院编：《广州与海上丝绸之路》，广东省社会科学院，1991年1月，第6–7页。

② 潮州市地方志编纂委员会：《潮州市志》，广东人民出版社1995年版，序一。

区的政治文化中心。1986年12月8日，国务院批准潮州市为国家历史文化名城，在汕头市兴起以前，潮州还是潮汕地区至广东东部地区的经济中心。[①]

潮州区域范围历代史志虽有记载，但多有误差，原因可能是当时道路未经丈量，山川屈曲计算难度较大。[②]民国史志记载，潮阳面积原为1100.25平方公里，内124.5平方公里划置南山局，11.75平方公里划置汕头市，惠来面积原为2052平方公里，内246平方公里划置南山局，澄海面积原为427.25平方公里，内17.75平方公里划置汕头市，普宁面积原为1052.25平方公里，内132.75平方公里划置南山局，汕头市由澄海析出17.75平方公里，由潮阳析出11.75平方公里，另新增海坦1平方公里合置，南山局由潮阳析出124.5平方公里，由普宁析出132.75平方公里，由惠来析出246平方公里合置。[③]

地形地貌方面，潮州市位于我国新华夏构造第二复式隆起带的东南侧，境内广泛发育新华夏系构造，以北东向构造为主体，与北西向构造互为配套，构成"多"字形地质格局，构造带主要以断裂带和褶皱等形式出现。[④]潮州市的地势大体来说是北部高南部低，自北向南倾斜，有山地丘陵平原逐渐过渡，主干河流韩江自西北向东南斜贯全市，境内地形可以分为山地、丘陵、盆地和平原四个类型，山地面积约为560平方公里，丘陵面积约为262平方公里，平原面积约554平方公里，盆地面积约34平方公里。潮州市地貌，山脉多为北北西和北北东走向，最高山峰为凤凰山区的大髻，海拔1497.8米，全市超过1000米的山峰共有十二处以上，丘陵地貌较为破碎，分布也较为分散，潮州市中部为主要丘陵区，南部平原区还散布着一些孤丘，较大的盆地有凤凰盆地，作为本地区主要平原区的韩江三角洲平原以竹竿山为顶点向南作扇状扩散展开。[⑤]潮州市的土壤处于赤红壤带，由于地形的不同，植物的分布也有差异，再加上成土母质的不同以及人类生产活动等因素的影响，又形成不同的土壤类型，主要有黄壤、红壤、赤红壤、潮沙泥土、基水地、水

---

① 潮州市地方志编纂委员会：《潮州市志》，广东人民出版社1995年版，第3页。
② 饶宗颐总纂审订，分纂李明睿撰：《潮州志》卷二疆域志，潮州修志馆（汕头），1949年。
③ 饶宗颐总纂审订，分纂方达聪撰：《潮州志》卷二疆域志，潮州修志馆（汕头），1949年。
④ 潮州市地方志编纂委员会：《潮州市志》，广东人民出版社1995年版，第159页。
⑤ 参见潮州市地方志编纂委员会：《潮州市志》，广东人民出版社1995年版，第166页。

稻土等。[①]

潮州市地处低纬度，四季常绿，属亚热带季风气候，其特点一是夏长冬短，气候温暖，年平均气温21.4度。二是日照充足，夏天长春天短，年平均日照为1985.8小时。三是雨量充沛，分布不均，年平均雨量1585.9毫米。[②] 潮州气候状况与我国东南沿海各地一样，受海陆季风影响，一年中热季多雨，凉季干旱。但由于潮州境内山脉多是西南—东北走向，大致与海岸平行，莲花山脉自大鹏湾起东北走向，背海一面与向海一面雨量差异很大，向海一面年雨量达2000毫米，背海一面只有1500毫米。每年6月到9月多台风，且台风灾害频仍，伴随台风灾害而至的是水灾，但台风一般不会越过莲花山脉。[③]

二、古代建置发展沿革

潮州最古记载见于秦始皇三十三年，其时秦始皇设立南海郡，迁移百姓与岭南百越民族杂居，潮州属于南海郡，潮州开始出现在版图上。汉武帝元鼎六年平定南越，在南海郡潮州地设置揭阳县，县治在潮州以北，其管辖地域包括现今江西部分地区，滨海一带还是荒野，尚未开发。西汉设置但揭阳县范围较大，包括今潮州地区在内，江西大余县以东到大海都是揭阳县地域。王莽时期，潮州地域属于交州，东汉和三国时期吴国时期又划归南海郡，但东汉末年，因曾夏盘踞揭阳县抗吴十余年，吴国嘉禾五年（236年）在庐陵郡新设揭阳县，所以三国时期南海郡无揭阳县。

晋代义熙九年（413年），揭阳归属义安郡。晋成帝时设置的东官郡，所辖地域包括现今潮州、惠州，由于地域广大，晋安帝时分东官设立义安郡，下辖五个县，分别是海阳、绥安、海宁、潮阳、义招，义安郡所辖地域为今天潮州全境。南朝宋时期义安郡沿袭晋制，齐时期义安郡下辖六个县，增加程乡。梁陈时期沿袭。

① 潮州市地方志编纂委员会：《潮州市志》，广东人民出版社1995年版，第190页。
② 潮州市地方志编纂委员会：《潮州市志》，广东人民出版社1995年版，第168页。
③ 饶宗颐总纂，特约编纂罗开富撰，罗来兴撰：《潮州志》卷十二气候志，潮州修志馆（汕头），1949年。

隋朝开皇十年，义安郡改称循州，新设义安县，属循州管辖，开皇十一年（591年），在义安县设立潮州，意为潮水往复，潮州名称从此开始。隋大业三年，循州又改称义安郡。

唐武德四年，义安郡又改回潮州名称，下辖海阳、潮阳、程乡三个县。《旧唐书·地理志》记载，唐朝武德五年改龙川郡为循州总管府，下辖循州、潮州。贞观十年（636年），潮州隶属岭南道，唐朝景云二年（711年），设立福州都督府，潮州为其下辖地区，开元二十一年（733年），设置福建经略使，潮州转隶，开元二十二年，潮州又转归隶岭南道经略使。天宝元年，潮州回归福建经略使，并且改州为郡，潮州改为潮阳郡。

北宋开宝四年，潮州下辖两个县，分别是海阳、潮阳。熙宁六年（1073年），划程乡隶属潮州。元丰五年程乡又划归梅州。宣和三年（1121年），潮州新设置揭阳县，潮州下辖三个县，分别为海阳、潮阳、揭阳。绍兴二年（1132年），揭阳、潮阳都并入海阳县，因而潮州仅仅下辖海阳县。绍兴六年，程乡又从梅州划归潮州，由此潮州下辖海阳、程乡二县。绍兴八年，恢复潮阳、揭阳二县建制，潮州下辖四个县，即海阳、程乡、潮阳、揭阳。

元代至元十六年，潮州改为潮州路，下辖海阳、潮阳、揭阳三县，贞元元年（785年），梅州划归潮州路总管府，于是潮州下辖三县一州。

《明史·地理志》记载，明代洪武二年，潮州路改为潮州府，同时废梅州，下辖海阳、潮阳、揭阳、程乡。成化十三年（1477年），新设置饶平县，隶属潮州府。嘉靖三年（1524年），又设置惠来县，仍划归潮州府管辖。嘉靖五年，新设大埔县，也划归潮州府。嘉靖四十二年，又新设澄海、普宁二县，归潮州府管辖。嘉靖四十三年，设置平远县，归属潮州府。到此时为止，潮州府共统辖十个县，分别是海阳、潮阳、揭阳、程乡、饶平、惠来、大埔、澄海、普宁、平远。清朝沿袭明制，但康熙五年撤销澄海县，增设了镇平县，康熙八年又恢复澄海县，因而潮州府下辖十一个县，雍正十一年（1733年），潮州府下辖八个县，程乡、平远、镇平三县划到嘉应州下。

1911年，设立潮州安抚使，后改为潮州军务督办和潮梅镇守使。1914年，设置潮循道，设潮循道尹，驻汕头，下辖二十五个县，分别是潮安（海阳）、潮阳、揭阳、饶平、惠来、大埔、澄海、普宁、丰顺、南澳、惠阳、梅县、兴宁、陆丰、海丰、博罗、河源、五华、紫金、蕉岭、和平、连平、平远、龙川、新丰。1932年春设东江绥靖委员会公署，兼掌军事行政，初驻潮安，后迁汕头，下辖二十五个县和一个市，分别是潮安、潮阳、揭阳、饶平、惠来、大埔、澄海、普宁、丰顺、南澳、惠阳、梅县、兴宁、陆丰、海丰、博罗、河源、五华、紫金、蕉岭、和平、连平、平远、龙川、新丰和汕头市。1936年10月废东江绥靖委员会公署，又设第五区行政督察专员公署，驻潮安，下辖潮安、潮阳、揭阳、澄海、南澳、饶平、惠来、普宁、大埔、丰顺、南山管理局、东沙群岛，特别是汕头市改为省辖市。[①]

三、古代港口、城镇的历史演变

（一）沿海城镇

1. 潮州

潮州市最早的建制是海阳县，建于东晋咸和六年，隋朝开皇十年改名为义安县，隋朝大业三年，又改名为海阳县，一直到1914年，因为与山东省的海阳县同名而改为潮安县。中华人民共和国成立后仍然称为潮安县。1953年，从潮安县析出城区以及近郊设置潮州市，与潮安县分别建制，1953年7月1日政务院批准建立潮州市。1958年撤销潮州市并入潮安县，1980年恢复潮州市，1983年撤销潮安县并入潮州市，1989年1月定为省辖市，1990年定为副地级市，1991年底，经国务院批准，潮州市升格为地级市。[②]

由于海阳县一向是潮州郡治府治所在地，潮州郡州路府的发展与海阳县城有着非常密切的关系，[③]因此，海阳县城的发展演变是潮州发展演变的主要组成部分。《潮州市志》记载，东晋义熙九年，东晋王朝在海阳设置郡

① 饶宗颐总纂辑：《潮州志》卷一沿革志，潮州修志馆（汕头），1949年；潮州市地方志编纂委员会：《潮州市志》，广东人民出版社1995年版，第4页。
② 潮州市地方志编纂委员会：《潮州市志》，广东人民出版社1995年版，第233页。
③ 潮州市地方志编纂委员会：《潮州市志》，广东人民出版社1995年版，第235页。

治，从此海阳一直是潮州的郡州路府治所在地。[①] 唐朝武德四年，万川县并入海阳县，永徽元年（650年），潮阳县并入海阳县，这一时期的海阳县，除了今天的潮州市全境之外，还包括汕头市、梅州市以及福建省西部部分地区，唐玄宗先天元年（712年），再次设置潮阳县，明朝嘉靖三年，从潮阳县和海丰县分出部分地方设置惠来县，嘉靖四十二年又从潮阳县划出部分地方设置普宁县，宋代宣和三年，从海阳县划出部分地方设置揭阳县，明朝成化十三年，又划出海阳县部分地方设置饶平县。[②] 明朝嘉靖四十二年，从海阳县、揭阳县、饶平县分出部分地方设置澄海县，清代乾隆三年，即公元1738年，又从海阳县、揭阳县分出部分地方设置丰顺县。[③]

民国建立后，潮州政治重心开始偏离海阳县治所所在地，有向汕头和潮安偏移的趋势。1912年到1931年，民国政府先后设置的潮州安抚使、潮州军务督办、潮梅镇守使、潮循道、潮梅善后处、东江行政善后处、东江行政委员公署、东江善后委员公署等潮州政府机构都驻扎在汕头。1932年，东区绥靖委员公署一开始驻扎在潮安，后来迁到汕头。1936年起，第五区行政督察专员公署，第八区行政督察专员公署都驻扎在潮安。中华人民共和国成立至1955年9月，潮汕临时专署、潮汕区行政督察专员公署、潮汕专员公署、粤东办事处、粤东行署都驻扎在潮安。[④]

海阳县建置虽然在东晋时期就已建立，但当时海阳县城建设却难以考证，史志记载，海阳县城北倚金山，东临韩江，西南有城池围绕，城墙外郭用土方建成，《方舆纪要》及潮州志书记载海阳县城曾有子城，但不可考。直到宋代，海阳县城的建设才有较为详细记载，其建设、发展特点有二：一是随着建筑技术的发展，从土方建城发展到用砖块建筑；二是多次经历天灾和兵火毁坏并多次修葺。具体如下：宋绍兴十四年（1144年），海阳县知军州事李广文根据城池旧址用砖块建城，南宋理宗绍定、端平年间闲知军州事王元应、许应龙、叶观相继用砖块筑城，开有十一座城门，元代成宗大德年

① 潮州市地方志编纂委员会：《潮州市志》，广东人民出版社1995年版，第236页。
② 潮州市地方志编纂委员会：《潮州市志》，广东人民出版社1995年版，第234页。
③ 潮州市地方志编纂委员会：《潮州市志》，广东人民出版社1995年版，第235页。
④ 潮州市地方志编纂委员会：《潮州市志》，广东人民出版社1995年版，第236页。

间修建海阳县城东城，称为堤城。明代洪武三年，指挥俞良辅用石砖建筑县城西南部，将城门改为七座，分别为广济门、竹木门、上水门、下水门、安定门、南门、北门，城墙高二丈五，周长一千七百六十三丈，城墙宽二丈二，城墙上设垛口二千九百三十二个，敌台四十四个，窝铺六十七个，各门都有城楼，城楼外建有月城。明代弘治八年（1495年），受洪水冲击影响，城墙倒塌一百六十多丈，潮州同知车份修葺。嘉靖十三年，知府汤重建南门城楼，万历二十四年（1596年），兵备道王一干修筑外城马路的石基。清朝顺治十年（1653年），潮州总兵郝尚久"反清复明"，清军发炮攻城，城墙西北部被炮火毁坏，平叛郝尚久后又修复。康熙十三年（1674年），潮州总兵刘进忠又"反清复明"，清军再从潮州城西南城池外发炮攻击，连续三昼夜，毁坏城墙五十余丈，平叛后再修复。雍正九年（1731年），潮州知府胡恂、海阳知县张士连请求清政府拨款对城池进行大修，乾隆六年（1741年）清政府才批准修建工作。乾隆二十四年，西门炮楼坍塌二十余丈，揭阳知县王壂捐资修建。同治十年（1871年），韩江发大水，洪水从东城倒灌城中，导致城中水深数尺，后邑绅杨淞，朱以锷等呈请清政府加深城墙墙基，修复城墙七百八十余丈。光绪二十六年（1900年），韩江又发大水，第二年，海阳知县刘兴东率绅士李芳兰、钟倬芳、王延康提议增修东城，从上水门北起到东门城楼，总计修复城墙二百八十余丈。[①]

2. 汕头

汕头旧称沙汕头，地临大海，有淤泥浮出作沙汕数道，滨海村落多以沙汕为名。[②] 汕头原是韩江冲积而成的沙洲，隶属于澄海县。1563年，渔民到这里打鱼，才有"沙汕"的名字。1717年，在此建起了烟墩和炮台，又被称为"沙汕头"，逐渐发展成为一个小渔港，后来省略"沙"字，改为汕头，就一直沿用下来。此外，汕头也称鮀岛，陈正祥《广东地志》中指出，因为汕头地处鮀江左岸，原来四面环水，是一个小岛，鮀就是鲨鱼，据老一辈的渔民说，鮀江过去有很多鲨鱼，因此而得名。

---

① 卢蔚猷修，吴道镕纂：《海阳县志》卷十七，建置略一，城池，清光绪二十六年（1900年）。
② 饶宗颐总纂辑：《潮州志》卷一沿革志，潮州修志馆（汕头），1949年。

民国史志记载，汕头市地理位置北距潮安县城32.5公里，东北距澄海县城14公里，西南距潮阳县城12公里，西距普宁县城46.5公里，距揭阳县城38公里，距南山局治34公里，西北距丰顺县城79公里，北距饶平县城69公里，大埔县城124公里，东距南澳县城35公里，西南距惠来县城50.5公里。[①]

汕头所在的澄海县西南鮀浦镇为明朝洪武三年设置，原属揭阳，明代嘉靖四十二年改属澄海。清朝咸丰八年（1858年），汕头隶属于澄海县鮀浦司，当年《中英天津条约》签署，汕头（原为潮州）辟为通商口岸。光绪二十四年，汕头在防务上仍隶属于澄海县鮀浦司。1911年，设置潮梅镇守使。1914年，设置潮遁道，都驻守在汕头。1920年，废除潮循道，另设潮梅善后处，也驻汕头。1921年，汕头脱离澄海县，成立汕头市政厅。1928年，汕头市政厅拟改组为市政府。1930年，暂准设立汕头市政府，隶属广东省政府。1932年，汕头市政府上报其所辖地域范围，后因与澄海县发生争执，其管辖地域范围缩小了大约四分之一，东至新港海坩，北至华坞，西至浔洄山，南至礐石山市区。1936年，广东省政府将全省区域划分为九个行政督察区，汕头市属第五区专员公署。[②]总体说来，"汕头"名称起于明代，但时称"沙汕"，清康熙时称"沙汕头"，简称"汕头"，清嘉庆时称"沙汕头港"，同治后开埠称"汕头埠"，1921年设汕头市政厅，称"汕头市"。[③]

（二）港口

宋朝之前有关潮汕地区港口记载空白，尽管唐代经济发达，海上对外交通、贸易频繁，但唐代未见有关潮汕区域海交及港口的记载，北宋以后，本区经济发展很快，人文日渐发展，海上交通兴旺遂成自然的趋势，见于古籍记录与考古发现的港口众多，如宋代的潮州港、南澳港、凤岭港、鮀浦港、揭阳港、辟望港。明代的柘林港、深澳、青澳、长沙尾澳、大埕港、云澳港、伍塘港、东陇港、大洲港、飞钱港、旗岭港、大港、辟望港、鮀浦港、

① 饶宗颐总纂审订，分纂李明睿撰：《潮州志》卷二疆域志，潮州修志馆（汕头），1949年。
② 饶宗颐总纂辑：《潮州志》卷一沿革志，潮州修志馆（汕头），1949年。
③ 饶宗颐总纂辑：《潮州志》卷一沿革志，潮州修志馆（汕头），1949年。

厦岭港、新港、庵埠港、后溪港、海门港、贡巷港、溪尾港、靖海港、赤沙澳、神泉港、石井澳、铅锡澳。清代的柘林港、南浔港、浮浔港、深澳、青澳、云澳、隆澳、樟林港、东陇港、旗岭港、大洲港、飞钱港、南港、北港、东港、西港、溪东港、沙汕头港、后溪港、达壕港、莲澳、海门港、钱澳港、靖海港、石碑澳、赤沙澳、铅锡澳、石井澳、神泉港、庵埠港、关埠港、炮台港、揭阳港。①

1. 樟林港（南社港）

樟林港自然位于樟林，樟林是澄海县苏湾都的一个村寨，原来隶属于海阳县，明朝成化十四年（1478年）。苏湾划入饶平县，嘉靖三十五年（1556年）为了防御倭寇和海盗骚扰，原来散居于莲花山脉的"樟林"村民经过潮州府批准迁至山下官埠合村筑寨居住，这就是后来的樟林港所在。② 嘉靖四十二年，潮州设置澄海县，苏湾都自此之后便属于澄海县管辖，苏湾都是澄海县一个开发较早的地方，是宋朝时代的海防要塞，宋朝在苏湾都设立巡检寨，加强对该地方的控制。③ 然而，有研究认为，唐朝的时候樟林还是一片水域，后因韩江的冲积逐渐形成海滩，以致后来距离海岸十多里，因此，樟林地域浮出海面而成为陆地至今也不过1000年的历史，而直到南宋末年樟林才有人居住，距今也不过七八百年的历史。④ 樟林城的建设也较晚，"创自明初"，但也有人认为，明朝嘉靖三十五年，潮州府批准建设樟林城，⑤ 1560年建成，共建有东、西、南、北四条大门和下水门、小东门两条小门，每座门设有炮柜，城外修建有马路，宽七尺，马路边又挖出一丈八尺深的壕沟，但是，在樟林城尚未建成完工的时候就遭到倭寇、海贼的骚扰破坏，⑥ 樟林寨城被毁后，直到清朝康熙1668年间才得以重修，雍正九年

---

① 黄挺、杜经国：《潮汕古代商贸港口研究》，《潮学研究》第1辑，汕头大学出版社1993年版。
② 陈春声：《樟林港史补证三则》，《潮学研究》第二辑，汕头大学出版社1994年。
③ 林远辉编：《潮州古港樟林——资料与研究》，中国华侨出版社2002年版，第4页。
④ 林远辉编：《潮州古港樟林——资料与研究》，中国华侨出版社2002年版，第5页。
⑤ 林远辉编：《潮州古港樟林——资料与研究》，中国华侨出版社2002年版，第16页。
⑥ 林远辉编：《潮州古港樟林——资料与研究》，中国华侨出版社2002年版，第17页。

（1731年），裁撤东陇河泊所，移署于樟林，设巡检司一人。[①]

樟林港又名南社港，史志记载，樟林港在澄海县东北30里、盐灶西六里，与饶平县交界处，与东陇毗连，由乌图尾水仙宫前出海，是商船渔船的停泊之所，人烟稠密，建有城寨，扼守福建、广东海陆交通要冲，为海防最要。[②]樟林港早年是一个小渔村，因为其地产樟树而得名，[③]樟林港位于韩江的一个出海口，古时候交通便利，水运发达，上通潮州府，下达重洋绝岛，在陆路不便的情况下，饶平与潮州府的水道运输必须经过樟林，虽然樟林港海路并不是十分宽阔，但足够当时的大船出入，而且樟林港距离海岸五里，有着众多的港汊，可以躲避风浪，是一个理想的停泊港。[④]在清朝乾隆之际，樟林港成为潮汕地区最大的外贸港口及商贩转运的枢纽，是鸦片战争前潮汕地区人民出国的主要口岸。[⑤]樟林港分为内港、外港，外港海湾深阔，内港是一条宽约二三十米的河道，[⑥]深入陆地乡镇，港埠相连。[⑦]由于在清朝康熙末年海禁松弛，居民对外交通、贸易活动日益增加，樟林港地位逐步上升，雍正七年（1729年）改称樟林镇。[⑧]

樟林港有两大特点，一是河口港，二是港埠，与饶平县的柘林港不同，柘林港是深水海港，距离乡镇较远，当年经常受到倭寇、流民骚扰，走私猖獗，樟林港则是港口与埠市交汇，有广大乡镇为腹地，埠市和乡村连成一片，港埠以正常贸易为业务，与人民生产和生活需要、与政府税收多寡息息

———————————

① 陈国梁、卢明：《樟林社会概况调查》，中山大学出版部1937年铅印本；林远辉编：《潮州古港樟林——资料与研究》，中国华侨出版社2002年版，第236页。

② 《潮学研究》第二辑，汕头大学出版社1994年版；周硕勋：《潮州府志》，乾隆辛巳重修本，卷三十四，关隘；林远辉编：《潮州古港樟林——资料与研究》，中国华侨出版社2002年版，第59、第76页。

③ 张映秋：《樟林港与红头船》，广州潮人海外联谊会会刊，1990年第一第二期，总第二第三期；林远辉编：《潮州古港樟林——资料与研究》，中国华侨出版社2002年版，第59页。

④ 林远辉编：《潮州古港樟林——资料与研究》，中国华侨出版社2002年版，第27页。

⑤ 林远辉编：《潮州古港樟林——资料与研究》，中国华侨出版社2002年版，第3页。

⑥ 张映秋：《樟林港与红头船》，广州潮人海外联谊会会刊，1990年第一第二期，总第二第三期；林远辉编：《潮州古港樟林——资料与研究》，中国华侨出版社2002年版，第61页。

⑦ 林远辉编：《潮州古港樟林——资料与研究》，中国华侨出版社2002年版，第59页；张映秋：《樟林港与红头船》，广州潮人海外联谊会会刊，1990年第一第二期，第二第三期。

⑧ 林远辉编：《潮州古港樟林——资料与研究》，中国华侨出版社2002年版，第59页；张映秋：《樟林港与红头船》，广州潮人海外联谊会会刊，1990年第一第二期，总第二第三期。

相关。①

正是由于樟林港的有利条件与当地经济的发展，樟林港一跃而成为潮汕地区对外贸易的主要港口，成为海上丝绸之路的主要节点。海上丝绸之路有三个重要起源地，也是三个地标，分别是南宋时期的福建泉州港、元明时的漳州月港、清朝中叶的樟林港，所以，兴起于康熙后期，繁荣时间跨越了雍正、乾隆、嘉庆、道光四代皇帝的樟林港，成为中国暹罗、安南（越南）、新加坡、马来亚、吕宋等东南亚国家的海上贸易的主要港口。② 樟林港也因此在国际上久负盛名，在1886年英国出版的世界地图上，樟林与天津、南京、厦门等耳熟能详的口岸并列，是明清时代赫赫有名的粤东第一大港，是中国近海贸易的启航之地，更是近代以前粤闽籍华侨出海的第一站，其繁荣兴盛达百年以上，在汕头港开埠之前，写有"中国樟林"的国际邮件即可送达。③

2. 柘林港

柘林港位于潮州市饶平县的一个沿海小镇，是历史上重要的海防要塞，有"海上丝绸之路"粤东第一港之称。柘林港是韩江北溪的出海口，是潮汕历史上最早对外通商贸易和移民海外的深水港口之一。唐宋时期开始出现在历史记载中，潮汕俗语中有"未有汕头埠，先有柘林港"之说，曾经与樟林港齐名，是海上丝绸之路的起点之一，可见柘林港的历史久远与地位之重要。

早在元代的时候，柘林港海上运输发达，但由于位于沿海，且海面宽阔，柘林港常遭台风、水灾之害，为了确保进出港口船舶的安全，元顺帝年间，柘林港向海一面的风口处建塔，寓意镇风镇水。如今柘林港及东小门海面礁石上还留存有"龟塔""蛇塔"，风吹岭上还建有"镇风塔"，距今已经有640多年，是有史载潮汕地区最古老的石塔。柘林湾内岛屿众多，星罗棋

---

① 林远辉编：《潮州古港樟林——资料与研究》，中国华侨出版社2002年版，第65页；张映秋：《樟林港与红头船》，广州潮人海外联谊会会刊，1990年第一第二期，总第二第三期。

② 《广东汕头澄海樟林古港：昔日古港今民居》，国际在线专稿，2014年12月11日，http://gb.cri.cn/42071/2014/12/11/6891s4800357.htm。

③ 《樟林：正在消失的百年古港》，《南方日报》，2011年1月5日。

布，体现了柘林港坐落于"山的那边有海，海的那边有岛"的海上环境。柘林港的古渡口还设有关卡，往来柘林港的船和货物都要经过关卡检查。

柘林港自宋代以来就是潮汕地区的对外通商港口，是中国"海上丝绸之路"的重要中段港。柘林港对外交通、贸易的重要特征也是"红头船""大龟船"承担海上交通、贸易的运输。雍正年间是柘林港的全盛时期，港内常年停泊各类船只数百艘，商民大造"红头船"300余艘，兴起"红头船"海运之风，"红头船"航行于台湾、广州、上海、天津、宁波、福州、泉州等地及海外吕宋、安南、马来西亚、暹罗等国家。每年四五月番船抵港，商贾云集，岸上开设行铺货栈一百多家。除了直接贸易外，柘林港还发挥着为过往商船避风、给水、补充生活物资的作用。

柘林港的兴盛还体现在即便封建统治者施行严厉海禁政策，仍具有顽强的生命力。明代虽然实行严厉海禁政策，只许市舶司定点官方贸易，不许民间商人出海，除了郑和下西洋以外，其他时期的官方贸易以接待外国商船为主，但当地居民为了谋利、谋生，顽强地从事民间海上贸易活动，进出口货物主要有大米、白砂糖、布匹、陶瓷、红糖、茶叶等，柘林港仍是"商船巨舰往来之所"。[①]

3. 庵埠港

庵埠是潮汕平原的一个重镇，位于潮州市南端，毗邻揭阳、澄海、汕头，面积31.5平方公里。庵埠港的兴起最早可上溯至南宋时期，位于韩江、练江、榕江三江出海口交汇处。《汕头水利志》第四册中记载：潮安的庵埠镇，南宋此处是韩江西溪出海口，是汕头地区的古港口……从湖头至水吼桥一带，有"咸鱼路头""咸路头"等古码头遗迹。可见在清代以前庵埠港的对外贸易已具有一定的规模。由于是出海港口和内河码头的中转站、地方政府对河道的经营管理以及清代海禁的松弛、粤海关的设立，庵埠港借着这些有利的条件进入飞速发展的时期。尤其是清政府宣布封闭闽、浙、江三海关之后，粤海关便成为全国对外通商的唯一口岸，庵埠港的发展更为顺利，往来

---

① 陈静莹、李扬：《柘林古港："海丝之路"粤东第一港》，《潮商》，2014年第5期，第28−29页。

商船更加频繁，进出口货物琳琅满目。然而，由于河道淤积、地方官吏的敲诈勒索、农民起义的冲击和地方经济的转型等诸多因素，导致了庵埠港的衰落，最后被汕头港所取代。①

四、港口和沿海城镇对潮汕区域社会经济发展的影响

（一）潮汕地区经济的发展与港口的兴起相互促进，共同繁荣

潮汕港口与当地社会经济的发展互相促进，社会经济有一定的基础，催生了港口的发展，港口的发展又反过来更有力地推动了潮汕地区社会经济的发展。粮食输入是潮汕地区发展对外贸易的起点，之后逐渐扩大到其他货物贸易。

潮汕经济的发展为港口兴起提供了前提，二者相辅相成。古代潮汕经济发展虽然缓慢，到近代已有相当的基础和规模。早在新石器时代潮汕区域就已有生息繁衍，当时的潮汕人就能用手工制作粗糙的粗砂红陶壶罐，到春秋战国时期，已经可以制作灰黑色的硬陶罐和缸等器皿。得益于中原汉族人民的南迁，带来先进的生产技术和工具，潮汕经济有了一定程度的发展。晋朝的时候，潮州已经成为广东东部的经济重镇，各种手工业作坊逐步兴起，特别是制陶业，陶器质地坚硬，造型多样。唐宋以后，全国经济、政治重心南移，更是促进了潮州经济的发展。唐朝的时候，潮汕地区手工业生产已经相当发达，陶瓷开始由制陶转为制瓷，瓷器胎质厚重，已有较高的工艺水平。红糖、凉果和酿造等食品或饮料生产逐步兴起，蕉布、潮纱、潮毯等纺织品也开始出现，鲛鱼皮、鳄鱼皮等皮革业也已经达到相当高的水平。北宋时期，潮州陶瓷处于飞跃发展的阶段，潮州有"瓷都"之称，潮州四周的陶瓷窑绵延大约十五公里，尤其是东郊笔架山出现连绵两公里的"百窑村"，相传有99条窑，产品造型多样，还有人物、动物等瓷塑，胎质纯洁，釉质鲜艳，大量陶瓷工艺品远销东南亚。宋朝潮州已经出现了锡、银的开采和冶炼

---

① 洪英：《清代庵埠港的兴衰》，《汕头大学学报人文社科版》，2005年第1期，第85—89页；林馥榆：《寻·庵埠港》，《潮商》，2011年第4期，第80—81页。

铸造。元明时期潮州手工业又有进一步发展，明代潮州的手工业、陶瓷业、建筑业和工艺美术，生产规模扩大，技术水平高，而且形成了行业性生产区域，明朝出现了新的陶瓷基地枫溪。农业方面，茶叶和柑橘已经种植，凤凰茶和潮州柑已经成为潮州的两大著名产品。清朝时期，潮汕经济有了进一步的发展。手工业专业性生产领域更为明显，手工业有造船、冶铁、炼锡、制糖等，工艺美术有陶瓷、刺绣、木雕、玉雕、石雕、金银饰品等，工艺品潮绣到清代时期更有长足的发展，成为饮誉中外的全国"四大名绣"中粤绣的一大流派，还结合外国传入的"抽通"工种生产出了潮州抽纱。木雕工艺更为高超，木雕制品已经广泛应用于民间。由于潮汕地区经济的发展，农业、手工业的繁荣，促进了潮汕地区对内对外贸易的发展，不但与广州、上海等南北地区贸易增多，更与南洋、西亚、非洲、欧洲等地交流频繁。① 贸易的兴盛自然促进了港口的发展，樟林港、柘林港等潮汕港口正是在这种形势下应运而生，而港口的兴起又通过多种方式进一步促进了潮汕地区经济的发展。

潮汕港口在中国沿海地区所处位置优良，为潮汕地区对外贸易的发展提供了必要的前提。从中国海岸地图看，以樟林港、柘林港以及后来汕头埠为代表的潮汕港口位于我国大陆东南部，处长江三角洲和珠江三角洲之间，北临以上海为中心的长三角地区和以天津、青岛、大连为代表的渤海湾地区，南临以广州为中心的珠三角地区，占地利之便，为货物进出口与中转提供了极大的方便，同时也为潮汕地区对外贸易提供了支点。尤其是潮州的对外贸易，在樟林港、柘林港等港口兴起之后发展迅速。潮州的对外贸易起始于唐宋时期，当时的潮州陶瓷器远销世界各地，潮州商人的足迹，到达印度、埃及、波斯和西班牙，外国商人也来过潮州，明清时期潮汕地区港口兴起后，对外贸易进一步发展，红糖是海阳县的主要外销品，清代的潮州南金销往南洋一带，清朝中叶，清政府在庵埠设立海关，对外贸易已颇具规模，民国时

---

① 潮州市地方志编纂委员会：《潮州市志》，广东人民出版社1995年版，第6-7、第266-267、第280、第370页。

期，潮州的刺绣品运销国外，纸伞、花灯、南金、土纸、蜜柑等商品成批出口。[①]

（二）港口的兴起缓解了潮汕地区粮荒，有利于稳定潮汕社会

潮汕地区对外贸易的发展起源于粮食贸易，更确切地说，因为潮汕地区特别是沿海地区粮食匮乏，需要从国内外输入粮食以满足本地人民生活需要。潮汕沿海地区时常发生粮荒主要有几个原因：一是沿海地区土质咸湿，不适宜农作物生长，农民耕种不易，故而当地人少务农，多从事渔盐生产，粮食供给依赖外地输入；二是随着潮汕沿海地区经济的发展，外来移民不断增多，而且移民多是渔盐、商贾之民，本地粮食匮乏更显突出，加大了对外来粮食的依赖；三是潮汕沿海地区地少人多，每年谷物、粮食收入竟然只能满足三个月需要。[②] 因而潮汕地区粮食需求必须依靠外部输入才能解决。由于长期缺粮，必然导致社会不稳，封建统治者自然也意识到了这一点，需要发展对外贸易解决粮食问题。同时，外来移民中不乏熟悉海路与对外贸易的人，为潮汕沿海地区发展对外贸易尤其是粮食输入提供了技术保证，[③] 在上述因素的影响下，清朝时期，福建巡抚为解决粮食问题请求朝廷放宽海禁政策，以利于粮食输入。从康熙末年起，朝廷开始放宽对海外贸易的干预，再后来竟然采取措施促进对外贸易，发放牌照，甚至减免税银，于是海禁大开，潮汕主要港口樟林港甚至成为岭东地区粮食输入的主要港口。[④] 康熙二十三年（1684年），清政府放松海禁，准许与暹罗进行大米贸易，商民纷纷集资造船出海。[⑤] 种种因素的交互影响，催生了潮汕地区的粮食

---

① 潮州市地方志编纂委员会：《潮州市志》，广东人民出版社1995年版，第849页。

② 林远辉、张应龙：《潮州樟林古港史略》，林远辉编：《潮州古港樟林——资料与研究》，中国华侨出版社2002年版，第1-58页。

③ 林远辉、张应龙：《潮州樟林古港史略》，林远辉编：《潮州古港樟林——资料与研究》，中国华侨出版社2002年版，第1-58页。

④ 张映秋：《樟林港与红头船》，林远辉编：《潮州古港樟林——资料与研究》，中国华侨出版社2002年版，第59-67页。

⑤ 李绍雄：《清代粤东"通洋总汇"——樟林港》，林远辉编：《潮州古港樟林——资料与研究》，中国华侨出版社2002年版，第112-115页。

走私与贸易，这也决定了粮食是潮汕沿海地区最初发展对外贸易的主要商品。所以每当潮汕发生粮荒，潮汕商船就从外地进口粮食到本地销售。据记载，雍正四年（1726年）潮州大饥荒，饿殍遍地，于是商船纷纷前往福建、台湾运输大米救济潮州灾民，嘉庆末年，潮州严重缺粮，官方动员商船前往台湾、厦门运载大米，在两三个月内到达樟林港的大米进口船只达到118艘之多，缓和了潮州的米荒。①

由于当时南洋暹罗国粮食充足，价格低廉，潮汕沿海地区粮食输入主要来自暹罗，而且，暹罗盛产适合造船的木材，大量的潮汕"红头船"就是在暹罗制造的，这种"红头船"与进口粮食的特殊关系以及暹罗具有制造"红头船"所需木材的特殊要求，共同催生了潮州"红头船"来往于暹罗与潮汕，大米成为重要货物的现象。②自从与暹罗的大米贸易兴起后，潮汕主要港口樟林港变得更加繁华，码头上形成一条热闹的街市，长约三百米，宽约五米，两侧是商店仓库、货栈。③

（三）港口为潮汕进出口贸易提供了支点，有利于潮汕经济发展

潮汕地区对外交通由来久远，国内方面，隋代大业年间，陈棱从义安出发进攻台湾。对外方面，元代时潮汕人涉足三佛齐，明代潮汕人已经开始开发南洋。但有学者认为，这些基本都是国家行为尤其是军事行为和冒险家的事业，难以被看作是正常的对外交往，真正的远洋交通是进入清代之后才开始日益频繁，且以往来于南洋为主，多运载南洋移民及移民需用之杂货食品，返航时则一般为载客和从暹罗装载大米。④

在对外交流日益频繁的基础上，潮汕地区港口群形成了，成为进出口贸

① 李绍雄：《清代粤东"通洋总汇"——樟林港》，林远辉编：《潮州古港樟林——资料与研究》，中国华侨出版社2002年版，第112~115页。
② 张映秋：《樟林港与红头船》，林远辉编：《潮州古港樟林——资料与研究》，中国华侨出版社2002年版，第59~67页。
③ 段立生：《澄海樟林港、红头船与潮属人民旅暹初探》，林远辉编：《潮州古港樟林——资料与研究》，中国华侨出版社2002年版，第83~94页。
④ 饶宗颐总纂审订，分纂吴珏辑，方达聪辑：《潮州志》交通志，潮州修志馆（汕头），1949年。

易的支点。潮汕海岸线西起惠来，东到饶平，囊括惠来、潮阳、汕头、澄海、饶平及南澳等县市，海岸线长达二百八十公里，其间较为著名的港口港湾有神泉港、靖海港、海门港、汕头港、南港、北港、东陇港、南澳港、柘林港。汕头港位于澄海之南端，隔水与潮阳相望，地势平坦，面海带河，可容三千吨级轮船出入，四千吨级轮船只能在涨潮时才能出入；海门港是潮阳县南海防要，明朝洪武间港口水深较深，可容大船进出；靖海港是惠来县东面门户，明朝时已有帆船开展对外贸易；神泉港在惠来县南部，是惠来县城门户，实施海禁期间，神泉港多用于对外交通，明清时期多次被海寇侵扰；南港在澄海东面，港口水深宽阔；北港在南港北面，南北两港主要是渔船停泊地；东陇港又在北港北面，可通柘林、洪洲、钱东及黄冈等地，饶平、澄海一带船只多航行于南、北港及东陇港海外；南澳港分深澳、青澳、云澳、隆澳四港，深澳即南澳湾，是闽粤水道交通必经之航路，云澳在南澳县南部，据守南北航路要冲，青澳在南澳县东面，帆船多航行于此，隆澳即龙门，又名浅水湾；柘林湾在饶平县南，有大金门、小金门、石狗门及三柏门等港口，水深可容船只，港外航运南到汕头，北通厦门、台湾，港内帆船可通东陇、海山、洪洲、黄冈。①

潮汕港口对地区经济的促进，一个影响是庵埠海关的设立。顺治年间，清政府于海阳县庵埠寨水吼桥边设立税关，征收过往商货关税。1685年，粤海关创设，在海阳县庵埠正式设立海关，称第三总口，下辖双溪口、汕头扣、溪东口、潮阳口、后溪口、海门口、达濠口、澄海口、卡路口、南洋口、府馆、东陇口、樟林口、黄冈口、马塘口、北炮台口，庵埠总口即潮州总口，乾隆年间称正税口。1853年，粤海关在汕头设立海关，庵埠总口变为小口。② 庵埠海关的各项进口货物，或以量额定税银，或以值额定税银不等。③

---

① 饶宗颐总纂审订，分纂吴珏辑，方达聪辑：《潮州志》交通志，潮州修志馆（汕头），1949年。
② 潮州市地方志编纂委员会：《潮州市志》，广东人民出版社1995年版，第933页。
③ 潮州市地方志编纂委员会：《潮州市志》，广东人民出版社1995年版，第937、第941页。

（四）有利于华人华侨反哺潮汕经济

中国人在南洋的历史非常悠久，现在杂居在南洋群岛一带的人民以华侨最多，华侨又以福建人、广东人最多，我国散居海外各地的华侨约有一千万，其中侨居于南洋群岛的约占全部华侨的60%，在经济上南洋几乎完全是中国人的势力范围，有"中国人的南洋"之称。[①] 嘉庆年间记载，"澄海县商民领照赴暹罗买米，接济内地民食，虽行之已阅四十余年，但此项米船，据称回棹者，不过十之五六"，说明历年都有不少人留居暹罗等地。[②] 有学者统计，1836年曼谷的50万居民中有40万是华侨，主要是潮州人，还有学者估计，"红头船"时代到暹罗的潮州华侨有一百多万。[③] 据记载，民国时期由汕头地区出南洋的侨民人数最多，占国内各港口出洋人数第一位。1936年汕头《侨务月报》记载，自1904年到1935年由汕头地区出口侨民298万余人，归国侨民146万余人，净出洋侨民超过151万余人，占潮梅人口三分之一，如果算上1904年前的人数，总数在200万人以上，其中到暹罗的最多，又据统计，整个近代潮汕地区向外移民总数在189万人左右，加上某些年份统计不全的部分，估计移民人数可达200万人。[④] 东南亚的华侨以泰国华侨为最多，共有300多万人，其中潮州人占80%，对泰国的政治经济文化有着格外重要的影响。[⑤]

据记载，从南宋中晚期开始，或迫于生计，或惧于战祸，或利于贸易，一些潮汕人沿着海上丝绸之路移民海外。[⑥] 潮汕人出洋发展的一个重要原因是潮州的地理环境和自然条件。潮汕地区自古地狭人多，粮食缺乏，战乱、自然灾害连绵不断。据《潮州府志》不完全统计，即便是在清朝康乾盛世

---

① 陈国梁、卢明：《樟林社会概况调查》，林远辉编：《潮州古港樟林——资料与研究》，中国华侨出版社2002年版，第227-228页。
② 洪松森：《华侨与近代潮汕经济》，《岭南文史》，1991年第1期，第4-6页。
③ 林远辉、张应龙：《潮州樟林古港史略》，林远辉编：《潮州古港樟林——资料与研究》，中国华侨出版社2002年版，第1-58页。
④ 洪松森：《华侨与近代潮汕经济》，《岭南文史》，1991年第1期，第4-6页。
⑤ 段立生：《澄海樟林港、红头船与潮属人民旅暹初探》，林远辉编：《潮州古港樟林——资料与研究》，中国华侨出版社2002年版，第83-94页。
⑥ 洪松森：《华侨与近代潮汕经济》，《岭南文史》，1991年第1期，第4-6页。

期间，潮州各县共发生水灾102次、风灾96次、蝗灾10次、瘟疫7次、地震33次，天灾人祸迫使潮汕人们出洋谋生。[①] 与暹罗的大米贸易以及造船对暹罗木材的需要，引发了潮汕人移居暹罗的热潮，"红头船"运载贫困的潮汕人出洋谋生，部分行船技工和船主因为种种原因滞留，揭开了潮州人大量移居海外的序幕。[②] 一方面，去暹罗的潮汕人中除去一些做生意的之外，绝大部分是破产农民和无业的城镇平民，他们只随身携带一个竹篮、竹枕头和一根扁担，便漂洋过海。[③] 另一方面，贸易带来人口流动，部分从事海外贸易的商民由于种种原因留居通商所在国，政治原因也会迫使一些人离开故土远渡重洋，宋亡后，一些潮州人因不满外族统治也移居海外。[④]

早期移民经过奋斗，有的与当地妇女通婚，置家立业，有的艰苦创业，为后来者打下基础，[⑤] 潮汕华侨凭着辛勤与才智，积累了相当的经济实力，潮汕华侨积极发展与暹罗的贸易。从1757年起，潮汕地区取代厦门成为对暹罗贸易的中心，开始控制了暹罗的海上贸易。[⑥] 此后，华侨积极回乡投资，反哺潮汕地区的发展，以至于使近代潮汕地区的经济带上了浓重的"华侨性"色彩。[⑦]

一是华侨是近代潮汕地区开拓海外市场的一支重要力量。潮汕地区的海外贸易以新加坡、曼谷、安南与荷属东印度为主，因这些地方或距离近或潮汕华侨多，潮汕出口行业的主要资本是侨资，潮汕商品主要依赖于侨商

① 段立生：《澄海樟林港、红头船与潮属人民旅暹初探》，林远辉编：《潮州古港樟林——资料与研究》，中国华侨出版社2002年版，第83—94页。

② 林远辉编：《潮州古港樟林——资料与研究》，中国华侨出版社2002年版，第66页；张映秋：《樟林港与红头船》，林远辉编：《潮州古港樟林——资料与研究》，中国华侨出版社2002年版，第59—67页。

③ 段立生：《澄海樟林港、红头船与潮属人民旅暹初探》，林远辉编：《潮州古港樟林——资料与研究》，中国华侨出版社2002年版，第83—94页。

④ 洪松森：《华侨与近代潮汕经济》，《岭南文史》，1991年第1期，第4—6页。

⑤ 洪松森：《华侨与近代潮汕经济》，《岭南文史》，1991年第1期，第4—6页。

⑥ 林远辉、张应龙：《潮州樟林古港史略》，林远辉编：《潮州古港樟林——资料与研究》，中国华侨出版社2002年版，第1—58页。

⑦ 熊燕军、孟广军：《试论近代潮汕经济的"华侨性"》，《湖北省社会主义学报》，2004年第6期

推销。① 二是潮汕华侨回乡兴办实业。从20世纪初到20世纪40年代，许多海外潮汕籍实业家热心到潮汕地区兴办实业，支援家乡发展经济，其投资范围包括城市现代公共事业、交通运输业、市政建设、近代民用工业等。② 据有关数据统计，自1889年新加坡华侨在汕头创办福盛号经营出口商至中华人民共和国成立为止，近代华侨在汕头地区的投资企业共4062家，投资金额达79777058元（人民币），这个数字占华侨投资广东总额的20.7%，占华侨投资全国企业资金总额的11.3%，③ 其中汕头市的投资额有5300多万元，占全地区华侨投资总额的66.62%。④

潮汕华侨反哺家乡经济的一个重要表现是巨额侨汇。侨汇是联系华侨与侨眷的纽带，侨汇经历了从托熟人携带到由水客携带再到通过侨批局和银行寄汇的过程。唐宋时期，华侨寄托亲友汇款回国，随着华侨增多，侨汇大增，侨汇通过有专门批馆的水客带回家乡，清朝道光1849年，新加坡有潮州籍水客二百人，各有其比较固定的营业区域。后来发展到成立侨批局这类特殊的汇款组织，侨汇汇入潮州，大致有三条途径，一是从侨居地汇入香港，再转入潮州；二是从侨居地直接汇入汕头，再转入潮州；三是从侨居地汇入香港转汕头，再由汕头转入潮州。侨汇数额巨大，据1921年统计，潮安的侨汇共有大洋2000万元，其中泰国200万元，新加坡、马来西亚1300万元，越南150万元，爪哇15万元，苏门答腊20万元……以后逐年增加，到1931年增加1倍。⑤ 数额巨大的侨汇无疑对潮汕经济发展和人们的生活水平提升起了巨大的作用。

潮汕港口对潮汕经济发展所起的促进作用具有以下特点。

---

① 《华侨与潮汕对外贸易》，《岭南文史》，1991年第1期。
② 杨群熙：《海外潮商对潮汕经济建设对贡献（上）》，《潮商》，2008年第4期，第84-85页。
③ 熊燕军、孟广军：《试论近代潮汕经济的"华侨性"》，《湖北省社会主义学报》，2004年第6期，第95-99页。
④ 林金枝：《近代华侨投资国内企业资料选辑（广东卷）》，福建人民出版社1989年版。转引自熊燕军、孟广军：《试论近代潮汕经济的"华侨性"》，《湖北省社会主义学报》，2004年第6期，第95-99页。
⑤ 潮州市地方志编纂委员会：《潮州市志》，广东人民出版社1995年版，第1006-1007页。

1. 潮汕港口对经济的推动受地区政治、经济形势影响较大

古代潮汕地区经济落后，直到唐朝还处于初步发展阶段，更谈不上开展海外贸易，当时港口也无从谈起，潮汕地区较为有名的港口基本都是在元代以后才发展起来，如柘林港在元代之后才兴起，闻名于世的樟林港更是到明代才兴起，清朝才进入全盛时期，汕头港的发展则是西方殖民主义入侵的结果，因而，相比广州、福建地区港口，潮汕地区的兴起已是晚了许多，发展程度也不如广州、福建地区的港口。但是，也许正是因为海外贸易发达、弊病甚多，延缓甚至是阻碍了广州港、泉州港的发展，为潮汕地区的对外贸易、港口兴起与发展提供了机会。如广州、泉州市舶官员对海商抽税过重，抽买时又压价太低，元代海外政策不稳，时禁时开，并且市舶管理的官员们一如宋代，抽剥太过，敲诈勒索之事时有发生，正是广、泉港口的人为梗阻才有潮州海外贸易的兴起，广州、泉州海外贸易的每一次衰退，便是潮州海外贸易发展的契机。^①

另一个影响潮汕港口发展的因素是明清实行的海禁。潮汕港口本来就是在元明之时及之后才兴起、发展的，一开始就遭遇明清的海禁政策，但明清时代的海禁政策对潮汕港口发展的影响似乎是相反的。明代实施的海禁政策实际上给潮汕港口的兴起、发展创造了机遇，明代的海禁政策规定除了与外国的"贡舶贸易"外，其他的所有外海贸易活动都是非法的，这实际上是限制了先期发展起来的广州港、泉州港的海外贸易，但受惠于海外贸易的利益集团基于利益的驱动，正常的海外贸易活动不能开展，逐步转向周边地区进行海上走私，从而给潮汕地区部分港口的发展提供了机会。明朝潮汕地区海外贸易的口岸主要是孤悬海外的南澳岛，南澳岛地处福建、广东两省交界，更处于统治者管辖之外，岛上就没有任何官方管理机构，甚至没有编入里甲，没有缴纳赋税的"编户齐民"，正因为如此，南澳岛长期成为海寇互市之地，成为当时海上非法贸易的据点。^②

① 黄桂：《唐至清初潮州的海外贸易与海上走私》，《南洋问题研究》，2001年第4期，第83-97页。

② 陈春声：《樟林港史补证三则》，林远辉编：《潮州古港樟林——资料与研究》，中国华侨出版社2002年版，第68-82页。

但清代的海禁政策对潮汕港口发展的影响是灾难性的，主要原因在于明清实行海禁的目的不同。清朝初年对南方统治还不稳固，南方一带存在南明小朝廷和各种抗清武装队伍，清朝实施海禁目的在于加强对沿海地区的控制，使抗清武装不得利用沿海地区作为抗清斗争的基地，清统治者从1655年开始实行严厉的海禁政策，不许民间打造两桅以上大船，不准将大船租予出洋之人，到1662年，清政府更是推行毁灭性的迁界令，使沿海地区受到极其严重的破坏，潮汕港口如樟林港的发展戛然而止，出现空白，直到废除迁界令，需要进口粮食缓解粮荒为止。[①]

世界经济形势变化也通过华侨影响潮汕地区经济的发展。1929年，世界经济危机也严重影响到南洋地区，华侨经济受损严重，失业人数增加，经济实力下降，直接或间接地影响华侨对潮汕地区的投资、贸易，使侨汇减少，导致潮汕人们的生活水平下降，商业凋敝，农村破产。[②]

2. 地理位置是潮汕港口兴起、发展的重要因素

地理因素推动潮汕地区港口发展体现在两个方面。

一是处于地区内的交通要道。如樟林港，位于韩江出海口，饶平县与潮州府的水道运输必须经过樟林港才能出海，而且与潮汕沿海其他港口在地理上互为依托。潮汕地区港口虽多，但在地理上实际上是以樟林港、柘林港为中心的系列港口群。史志记载，樟林港旁边不远即东陇港，东陇港北达潮州府，是海船出入要隘，木筏、盐船、货物的总汇之地，是一个重要的货物集散地，东陇港外有小港，经过北港、南港，可直达澄海县城南门，东陇港自东向西有旗岭港、飞钱港、大州港、蓬子港，俱通大洋。[③]内河航运方面，樟林港正好位于内河与海运两个运输体系的交汇处，这个交汇处即韩江出海口。潮州府内货物运输主要依赖韩江水系，直达福建长汀，中间经山间小道

① 林远辉、张应龙：《潮州樟林古港史略》，林远辉编：《潮州古港樟林——资料与研究》，中国华侨出版社2002年版，第1—58页。

② 陈国梁、卢明：《樟林社会概况调查》，中山大学出版部1937年铅印本；林远辉编：《潮州古港樟林——资料与研究》，中国华侨出版社2002年版，第1—359页。

③ 林远辉、张应龙：《潮州樟林古港史略》，林远辉编：《潮州古港樟林——资料与研究》，中国华侨出版社2002年版，第1—58页。

转运江西瑞金，从而与长江水系的运输网络相连接，或者经过陆路到惠州龙川县进而与珠江水系连接起来。[①] 以此来看，潮汕港口实际上是以主要港口为中心，地理上汇聚周边系列小港口形成港口群，互相支持，互相依托，共同促进地区经济的发展。

二是潮汕港口群作为地区对外人员、货物的出入口和中转站。潮汕港口群地处东南沿海，北到福建港口，南到广州，处于二者的中间位置，作为货物、人员流通的出入口和中转站无疑具有重要地位。如潮汕粮荒之时，樟林港"红头船"即往厦门、台湾等地进口粮食。海禁放开后，樟林港随即开展远洋航运，地位也从渔港发展成为商港，从樟林港出发的"红头船"基本上分为南北两路，每年三四月间，"红头船"趁西南季风北上，到达福建、台湾、杭州、上海、苏州、山东、天津等地，秋季则南下到广州、雷州、琼州、安南、暹罗、马来西亚、印尼婆罗洲等国家和地区，樟林港起到了潮汕地区贸易枢纽的作用。[②]

前文述及的广州港、泉州港海外贸易发达，但弊病甚多，市舶官吏盘剥太多，人为阻碍了广州港、泉州港的发展，更为重要的是海禁政策的施行更不利于广州港、泉州港的发展，从而推动了潮汕地区港口的发展，这其中实际上也包含了地理上的因素，潮汕地区港口正好位于广州港、泉州港之间，后者的衰退造就了前者的崛起，起主要作用的恰恰是地理因素。

第三节　湛江区域

湛江地区位于广东省西南部，与广西相邻，与海南岛隔琼州海峡相望。位于广东省雷州半岛的东岸，濒临南海，背靠大西南，市区由三个各具特色的城区组成，一是赤坎区，商业古埠，粤西地区行政中心，海上运输枢纽和

---

① 陈春声：《樟林港史补证三则》，林远辉编：《潮州古港樟林——资料与研究》，中国华侨出版社2002年版，第68-82页。

② 林远辉、张应龙：《潮州樟林古港史略》，林远辉编：《潮州古港樟林——资料与研究》，中国华侨出版社2002年版，第1-58页。

市区工业中心；二是坡头区，开发南海石油的后勤基地；三是霞山区。[1]黎湛铁路通车后，湛江市经济腹地包括海南岛、粤西、广西全境以及云南、贵州、四川和湖南的大部分地区。[2]

湛江港前身就是广州湾港，原来是一个偏僻的小渔村，1898年被法国侵占，开辟为商埠，得到初步的发展，陈正祥认为，湛江港在抗日战争时期，曾一度畸形繁荣。港湾周围有调顺岛、东头山岛、南三岛、东海岛，港湾水域宽广，水深浪静，是个天然的深水良港。[3]黎湛铁路通向广西，与湘桂、黔桂两线相接，往南可直达中越边境友谊关，北上经过柳州可深入贵州、云南、四川，湛江港还是直航欧洲、非洲和东南亚各国重要港口。[4]

一、自然环境与条件

湛江地区主要在雷州半岛上。雷州半岛在广东省西南部，位于北部湾和雷州湾之间，南面隔琼州海峡与海南岛相望，是我国三大半岛之一，因境内有擎雷山、擎雷水而得名。雷州半岛古代属于南越，是我国南方少数民族聚居之地，秦朝平定百越之后，开始正式划入中国版图。[5]距今2200多年前的春秋战国时期，甚至更早的时候雷州半岛就已经有人居住，根据史料记载，当时居住在雷州半岛上的少数民族是壮族、黎族、瑶族、苗族等，唐宋时期，汉族人南迁，加速了和壮族、黎族等少数民族的相互融合。[6]

雷州半岛三面环海，"地形如舌头，吐出海滨三百里"，地势开阔平坦，东南低、西北高，以台地为主，少部分地区为低丘陵，没有明显的峰

---

① 《湛江市地名志》编纂委员会编：《湛江市地名志》，广东地图出版社1989年版，第2页。

② 邱铭：《回顾五十年代的湛江港》，中国人民政治协商会议湛江市委员会文史资料研究委员会编：《湛江文史资料》第六辑，1987年，第76页。

③ 邱铭：《回顾五十年代的湛江港》，中国人民政治协商会议湛江市委员会文史资料研究委员会编：《湛江文史资料》第六辑，1987年，第76页。

④ 周涛炎、沈荣嵩：《南海门户——湛江》，《航海》，1981年第6期，第36-37页。

⑤ 《湛江市地名志》编纂委员会编：《湛江市地名志》，广东地图出版社1989年版，第255页。

⑥ 王钦进：《雷州半岛盐业史话》，中国人民政治协商会议湛江市委员会文史资料研究委员会编：《湛江文史资料》第六辑，1987年，第159-165页。

谷，海拔一般在五十到一百米之间，^①最高点是海拔三百八十二米的廉江县北部塘蓬境内双峰嶂，海岸线弯曲，多港湾、岛屿和珊瑚礁，最大的河流九洲江和鉴江分别斜贯廉江和吴川注入南海，土壤大部分为砖红壤性红壤，其余的为海滨沉积亚砂土，自然植被属于稀树矮草群落，主要矿产有金、银、铁、英石、钛铁矿、泥炭土、硅石、水泥灰岩、瓷土、玻璃砂、石墨、花岗岩等。^②

气候方面，热带季风气候特征显著，与海南岛一样，也具有"四时皆是夏，一雨便成秋"的特征，季风和低纬度使得湛江终年温暖潮湿，即使是在最冷的冬季，平均气温也能在15℃以上，空气相对湿度能达到70%。^③然而在古代，雷州半岛气候远非友好，降水的时空分布极不均衡，加之地表没有较大的湖泊等水域，造成旱灾长期严重支配的雷州半岛，史书称"十年九旱，地瘦人穷"，同时，由于降水集中，往往造成地表洪水泛滥，带来严重的水灾。^④更为重要的是，古时雷州半岛也和岭南其他地区一样，被称作南蛮之地，穷山恶水，遍布毒蛇虫蚁，瘴气严重，是犯人流放之地。^⑤

二、古代建置发展沿革

（一）湛江

湛江地区历史上曾经划分为高州六属（茂名、电白、信宜、廉江、化县、吴川）和雷州三属（徐闻、海康、遂溪），所以称高雷地区，与钦廉四属（合浦、灵山、钦县、防城）以及两阳（阳江、阳春）合称为广东南路。^⑥高雷地区位于我国大陆的最南端，古代是百越杂居之地，在这里居住生活的百越人主要是壮族、侗族、瑶族等，秦朝平定南越之后，高雷地区属于象郡管

---

① 曹巧：《民国前雷州地区农田水利史略》，中国人民政治协商会议湛江市委员会学习文史委员会编：《湛江文史》第十九辑，2000年，第223页。

② 《湛江市地名志》编纂委员会编：《湛江市地名志》，广东地图出版社1989年版，第1页。

③ 与墨：《遗落在南海的明珠——湛江》，《海洋世界》，2013年第9期，第32-35页。

④ 曹巧：《民国前雷州地区农田水利史略》，中国人民政治协商会议湛江市委员会学习文史委员会编：《湛江文史》第十九辑，2000年，第223页。

⑤ 与墨：《遗落在南海的明珠——湛江》，《海洋世界》，2013年第9期，第32-35页。

⑥ 《湛江市地名志》编纂委员会编：《湛江市地名志》，广东地图出版社1989年版，第4页。

辖，唐宋以来，由于中原汉人移居越来越多，土著居民日趋减少，大批土著居民被迫迁移其他地方，但主要的原因是土著人与汉人在长期交往中逐渐融合，以致鸦片战争后土著居民消失，改变了高雷地区的民族结构。①

春秋战国时期湛江地区属于百越之地，始皇三十三年，秦始皇统一岭南，设置桂林、南海、象郡三郡，湛江属象郡，至此，湛江地区开始归于中原王朝的统治之下。后秦朝陷入内乱，南海郡尉赵佗封锁五岭交通要道，吞并桂林郡和象郡，建立南越国。西汉王朝建立后，南越国成为西汉的藩属国，西汉武帝时期，南越国内乱，公元前111年，汉武帝发兵南越，平定叛乱，设立九郡，湛江地域属于合浦郡。三国东吴时期湛江地属珠官郡，隶属珠崖郡，晋朝时期属于交州合浦郡，南朝宋时期属于越州合浦郡，南朝齐时期属于齐康郡，并且在今天遂溪境内设置扇沙县和椹县。南朝梁时期公元523年在湛江地设置合州。②隋朝初年，在今天湛江市新鹿区旧县村设置铁杷县，椹县改为椹川县，后并入扇沙县，唐朝初年恢复椹川县，不久椹川县、扇沙县并入铁杷县，公元634年，东合州改称为雷州，雷州的名字从此开始，唐朝天宝二年，铁杷县、扇沙县合并设置遂溪县。五代时期湛江地属于南汉，宋朝湛江地称雷州军，元朝湛江所属地域称为雷州路，明朝称雷州府，管辖海康、徐闻、遂溪三个县，清朝沿袭建置。③1899年11月中法签订《中法互订广州湾租界条约》，将跨越遂溪、吴川部分陆地和两个县之间的港湾水域（今天的湛江港），包括陆地面积518平方公里和连同海域面积在内的共2130平方公里的地域"租借"给法国，统称为广州湾，法国在广州湾设置总公使署进行管理，最高行政官员是总公使，直接接受法国安南总督管辖，在广州湾租界内，初期划分为二城三区：二城即东营（现麻斜）、西营（现霞山），三区即赤坎、坡头、淡水。④抗战胜利后，法国将广州湾租地归还中

① 王炳光：《高雷土著寻踪》，中国人民政治协商会议湛江市委员会文史资料研究委员会编：《湛江文史资料》第六辑，1987年，第183—184页。
② 《湛江市地名志》编纂委员会编：《湛江市地名志》，广东地图出版社1989年版，第3页。
③ 《湛江市地名志》编纂委员会编：《湛江市地名志》，广东地图出版社1989年版，第3页。
④ 黄木辉、邓旭文：《湛江市区行政区划沿革概况》，中国人民政治协商会议湛江市委员会文史资料研究委员会编：《湛江文史资料》第六辑，1987年，第171—172页；《湛江市地名志》编纂委员会编：《湛江市地名志》，广东地图出版社1989年版，第3页。

国，由于湛江地域古时是遂溪、吴川两县管辖之地，据《遂溪县志》记载，隋朝时在海滨地方有椹川村，参考本地历史上的建置沿革和现存遗迹，椹改为湛，将木旁改为水旁更为确切，有濒临海滨之意，而"川"与"江"字意相同，用"江"更为合适，因此，据椹川之名，改椹为湛，释川为江，把广州湾改名为湛江市，[①] 这是湛江市定名之始，管辖范围与法国"租借地"同。

（二）徐闻

徐闻县范围东西距离一百六十里，南北距离一百里，东到黄塘港海岸九十里，西到海康县界八十里，南边到海岸线二十里，与海南岛隔海相望，北到海康县界八十里，东南到海岸线六十里，西南到海岸线七十里，东北到海岸线一百里，西北到海康县界八十里。[②] 徐闻所属地区在秦朝统一前是一片荒芜的丘陵和山坡，秦朝期间，由于统治残酷，老百姓四处奔逃，同时，也由于秦始皇为统一华夏而攻打南方越族，居住在今天福建、广东、广西地区的人民纷纷南迁，史料记载，这个时候从福建、广西逃到徐闻的大约有3000人，他们在滨海一带居住下来休养生息。[③]

春秋战国时期徐闻属于百越，秦朝隶属于象郡，汉武帝元鼎六年开始设置徐闻县，隶属于合浦郡，合浦郡郡治设在徐闻县，管辖范围是雷州府全境，三国时期徐闻县属于珠官郡，后来转隶珠崖郡。晋朝太康元年（2802年），徐闻又属合浦郡，南朝齐时期，徐闻改为齐康郡，唐朝贞观年间，恢复齐康郡为徐闻县，宋朝开宝年间，雷州改为雷州军，废除徐闻县，徐闻县地先后归属于海康县和雷州军。1171年，宋朝再次设立徐闻县，元代徐闻县地属雷州路，明朝属于雷州府，清朝沿袭。民国时期，徐闻相继属于广东省

---

① 周涛炎、沈荣嵩：《南海门户——湛江》，《航海》，1981年第6期，第36-37页；黄木辉、邓旭文：《湛江市区行政区划沿革概况》，中国人民政治协商会议湛江市委员会文史资料研究委员会编：《湛江文史资料》第六辑，1987年，第172页。

② 王辅之篡修：《徐闻县志》，清宣统三年修，民国二十五年重刊本影印，成文出版社1974年版，第105页。

③ 王伯源：《徐闻人口变迁小考》，中国人民政治协商会议湛江市委员会文史资料研究委员会编：《湛江文史资料》第六辑，1987年，第177页。

高雷道、南路行政委员会、南区绥靖委员公署、第八行政督导区、第十四行政督察区等。① 尽管徐闻县地在汉代到宋朝前行政建置多变，但基本脉络是西汉时期设置合浦郡时就开始设置徐闻县，管辖范围为雷州半岛，南朝齐时期改名为乐康县和齐康县，南朝梁时期，徐闻县地或演变或分属齐康县、雷川县、罗阿县、模落县、椹县、扇沙县、铁耙县等建置，唐朝天宝年间，徐闻县地又设置徐闻县、海康县、遂溪县等行政建置。②

从古代地理、政治、经济形势看，徐闻县极其重要，南遏琼州海峡，西边是交趾、九真，北面是高凉、合浦，东接明州、泉州、建安、番禺南下海道，是进出海南岛通道，自古为历代军事家们看重，有"坐雷吊琼"之说。③ 由于连年征战，西汉王朝战争开支浩大，汉元帝时期不得不放弃海南岛，从而使徐闻县成为西汉王朝与海南岛军事对峙前沿地区。④

（三）海康

海康县位于广东省西南部的雷州半岛中部，全县面积3532平方公里，海康县长73里、宽64里，东边到海岸线29里，西边到遂溪县界44里，南边到徐闻县界63里，北边到遂溪县界1里，东南到徐闻县界78里，西南距海岸线65里，东北到遂溪县界二里，西北到遂溪县界二里。⑤ 因为县境的东西濒临大海，海域较大，为了祈求海疆康宁，所以取名海康。⑥ 海康县古为百越之地，战国时期属楚国，自古迄今，海康县七易县名，按照设置时间先后，县名依次是徐闻、乐康、齐康、隋康、海康、雷北、雷州，所辖区域也

① 《湛江市地名志》编纂委员会编：《湛江市地名志》，广东地图出版社1989年版，第57页。
② 陈华昌：《对徐闻县沿革史及县治的看法》，中国人民政治协商会议湛江市委员会学习文史委员会编：《湛江文史》第二十辑，2001年，第92页。
③ 吴凯：《岭海要津 雷琼咽喉——徐闻古代军事史略》，中国人民政治协商会议湛江市委员会学习文史委员会编：《湛江文史》第二十辑，2001年，第76页。
④ 吴凯：《岭海要津 雷琼咽喉——徐闻古代军事史略》，中国人民政治协商会议湛江市委员会学习文史委员会编：《湛江文史》第二十辑，2001年，第78页。
⑤ 梁成久纂修，陈景棻续修：《嘉庆海康县志，民国海康县续志（一）》，上海书店出版社、巴蜀书社、江苏古籍出版社2003年版，第253页。
⑥ 《湛江市地名志》编纂委员会编：《湛江市地名志》，广东地图出版社1989年版，第85页。

多次变动。①

秦朝以来其建置沿革发展如下：秦始皇三十三年，任嚣、赵佗平定南越，设置桂林、南海、象郡，海康县当时属于象郡，东汉、西汉时期，海康县隶属于交州合浦郡，其地属徐闻县，汉武帝元鼎五年平定南越，设置南海、苍梧、郁林、合浦、交趾、九真、日南七个郡，海康县地属合浦郡，当时合浦郡治在徐闻县，所以当时海康县在徐闻县境内。三国时期，海康县隶属交州珠崖郡，仍然位于徐闻县境内。晋武帝太康二年，珠崖郡并入合浦郡，所以海康县也属于合浦郡，南朝宋时期海康县属于徐闻县，隶属越州合浦郡。隋朝时期，海康县隶属合州，改名为海康县，是海康县得名之始，隋朝大业初年废合州，海康县仍然属于合浦郡，唐朝贞观八年，东合州改名为雷州，这是雷州得名之始。唐朝天宝元年，雷州改为海康郡，② 五代时期，海康县属于南汉，名字仍然叫海康县。宋朝开宝年间雷州改为雷州军，元朝时期，海康县属于雷州路，元朝至元十八年，雷州军改名为雷州路。明清时期，海康县属于雷州府。宋、元、明、清时期，海康县皆为军治、路治、府治。③

（四）遂溪

遂溪县位于广东省西南部，全县面积2005平方公里。与徐闻县、海康县一样，遂溪县地在秦朝时期属于象郡，两汉时期为合浦郡徐闻县地，三国时期属珠官郡，晋属合浦郡，南朝宋时期属于越州合浦郡，都属于徐闻县地。南朝齐时期，徐闻县改名为齐康郡，其下设置有扇沙县和椹县，南朝梁时期遂溪地属于南合州齐康县。隋朝开皇十年遂溪县地设置有铁杷县，县署在旧县村（湛江市郊区湖光镇），开皇十八年椹县改名为椹川县，隋朝大业初年椹川县并入扇沙县。唐朝武德五年，重又设置椹川县，贞观二年，扇沙县、

———————

① 曹建华：《海康县名初探》，中国人民政治协商会议湛江市委员会学习文史委员会编：《湛江文史》第十九辑，2000年，第114页。

② 梁成久纂修，陈景棻续修：《嘉庆海康县志，民国海康县续志（一）》，上海书店出版社、巴蜀书社、江苏古籍出版社2003年版，第248页。

③ 梁成久纂修，陈景棻续修：《嘉庆海康县志，民国海康县续志（一）》，上海书店出版社、巴蜀书社、江苏古籍出版社2003年版，第247页。

椹川县并入铁杷县，唐朝天宝二年，即公元743年，铁杷县改称遂溪县（遂溪县名称来自"溪水合流，民利遂之"，故称遂溪）。北宋开宝五年，遂溪县并入海康县，到宋朝绍兴十九年，重又设置遂溪县，县署在遂溪登云坊，属雷州军，宋乾道四年（1168年）遂溪县署又迁往惠民坊，元朝属于雷州路，明清属雷州府。民国初，遂溪县属广东省高雷道，后相继属南路行政委员会、南区绥靖委员公署、地方行政督察区、第十四行政督察区。有学者统计，县署在旧县村的时间为382年，其中称铁杷县阶段152年，称遂溪县阶段230年。①

（五）廉江

廉江县在雷州半岛北部，西南濒临北部湾。廉江县地秦朝时期属象郡，汉朝时期属于合浦郡合浦县，三国吴国时期属高凉郡，晋朝时期属高凉郡高凉县，南朝宋时期，属高凉郡罗州县，南朝梁以后属石龙县。唐朝武德五年，即公元622年，从石龙县析出石城县，隶属于罗州，唐朝天宝元年，石城县改名为廉江，为廉江名之始。宋朝开宝五年廉江又并入吴川县，此后廉江县的行政建置又迭有变更，治所也多次迁移（江头铺、黄村、新和驿），直到元朝的1314年重又定名廉江，先属化州，后又改属高州府，一直到清朝。民国初属高雷道，后相继属南路行政委员会、南区绥靖公署、第七行政督察区、第十四行政督察区。②

（六）吴川

吴川县位于广东省西南部，南临南海，其行政建置沿革发展与廉江类似。吴川地秦朝时期属象郡，汉属高凉县，晋属高凉郡，南朝宋时期吴川地设置有平定县，隋朝废平定县，设置吴川县，仍属高凉郡。唐属罗州招义郡，五代时期南汉沿袭唐制，宋朝时期属化州，元属化州路，明初属化州

---

① 尚本：《铁杷县故址考》，中国人民政治协商会议湛江市郊区委员会文史资料编辑组：《湛江郊区文史》第二辑，1990年，第103页；《湛江市地名志》编纂委员会编：《湛江市地名志》，广东地图出版社1989年版，第127页。
② 《湛江市地名志》编纂委员编：《湛江市地名志》，广东地图出版社1989年版，第165页。

府，后改属高州府，清朝沿袭明制。民国初属广东省高雷道，后相继属南路行政委员会、南区绥靖委员公署、第七行政督察区、第十三行政督察区。[①]

三、古代港口的历史演变

湛江地区所在的雷州半岛，三面临海，港湾众多，是我国古代开展海外贸易的主要地区之一。史书记载和考古发掘表明，随着我国南方经济的发展和政治形势的演变，我国古代开展对外贸易的主要港口多次发生变化，先是两汉和三国时期的徐闻港，接着是唐宋元三个朝代时期的雷州港，再是明朝时期的博贺港，最后是赤坎港。[②]

（一）赤坎港

赤坎港、广州湾港、湛江港既有联系，又有区别。有学者考证，广州湾原名广洲湾，不是指现在的湛江港，也不包括现在的湛江市市区，而是在高州府吴川县南三都的几个村落，包括北颜滘岛田头汛南面外洋，明朝时期在行政上归吴川县管辖，但后来成为法国强租的"广州湾"的一部分，也是后来湛江市的一部分。[③] 现在的湛江港水域是我国历史上一条重要的地理界限，三国时期东吴黄武五年（226年）以后到清朝的1700多年间，交州和广州在此水域中分为界，雷州府和高州府以此水域中分为界，遂溪县和吴川县也是以水域中分为界，水域东边属于广州、雷州府吴川县境，西边属交州、雷州府遂溪县境，整个海湾没有统一的名称，1899年以前广州湾不包括湛江港和湛江市市区。[④] 1945年8月日本投降后，我国收复广州湾，取名湛江市，广

---

① 《光绪吴川县志》，上海书店出版社2003年版，第28页；《湛江市地名志》编纂委员会编：《湛江市地名志》，广东地图出版社1989年版，第204页。

② 沈荣嵩：《湛江沿海古代港埠兴衰变迁简况》，中国人民政治协商会议湛江市委员会文史资料研究委员会编：《湛江文史资料》第二辑，1984年，第71页。

③ 吴均：《广州湾航运简史（1899.11—1945.8）》，政协广东省湛江市委员会文史资料研究委员会编：《湛江文史资料》第七辑，湛江市紫荆印刷厂印刷，1988年，第98页；阮应祺：《广州湾——湛江市》，中国人民政治协商会议湛江市委员会文史资料研究委员会编：《湛江文史资料》第一辑，1984年，第9、第11页。

④ 阮应祺：《广州湾——湛江市》，中国人民政治协商会议湛江市委员会文史资料研究委员会编：《湛江文史资料》第一辑，1984年，第9页。

州湾作为地名，直到1974年10月为湛江港取代。[①]

广州湾之有港，始于赤坎，赤坎港在湛江市赤坎区北面福建河口到创业路口之间，因为水域靠近赤坎而得名。[②] 赤坎港是个自然小港，地处广州湾北部的海尾港湾，远离外海风平浪静，有良好的船舶避风锚地，港口在赤坎商业区东侧，码头原来在古老渡街一带，今天创业路和群众路附近，后来迁建于赤坎南侧的河湾。[③] 码头的前沿水域是泥滩，帆船只能乘潮进出。[④] 法国"租借"广州湾后，港口建设呈现加速状态。从1912年开始到1943年间，法国殖民者驱使被关押的华人苦力劳动，选择在东营、西营的麻斜河一带建筑西营港，[⑤] 也即广州湾港，在西营筑有钢筋水泥混凝土突堤式栈桥码头，全长三百三十四点七米，突堤长一百零八米，宽十六点五米，码头前沿水深三米，栈桥码头的右侧建有石砌堤岸码头，长二百三十二点七米，石砌防波堤一条，长一百一十七米，顶宽两米，顶高二点八米。[⑥] 灯塔建设方面，主要建有瑙州岛灯塔，高19.2米，灯高103米。[⑦] 灯塔建于湛江市东南最外边的硇洲岛上马鞍山顶，该处是国内外船只进出湛江港的必经之路。[⑧]

赤坎港虽已废弃，但仍有部分遗迹反映当年港口之繁盛。如大通街，在赤坎区中部，属赤坎海边，法国占领期间曾经是繁荣街市，帆樯如织，货栈林立，至今仍可见遗迹。[⑨] 另如古老渡街，因明清时期古老渡口而得名，是赤坎商埠主要出海处，福建、浙江、潮州，广州及南洋船只到此停泊，高州、雷州

---

① 《湛江市地名志》编纂委员会编：《湛江市地名志》，广东地图出版社1989年版，第395页。

② 《湛江市地名志》编纂委员会编：《湛江市地名志》，广东地图出版社1989年版，第265页。

③ 吴均：《广州湾航运简史（1899.11—1945.8）》，政协广东省湛江市委员会文史资料研究委员会编：《湛江文史资料》第七辑，1988年，第96页。

④ 沈荣嵩：《湛江沿海古代港埠兴衰变迁简况》，中国人民政治协商会议湛江市委员会文史资料研究委员会编：《湛江文史资料》第二辑，1984年，第78页。

⑤ 吴均：《广州湾航运简史（1899.11—1945.8）》，政协广东省湛江市委员会文史资料研究委员会编：《湛江文史资料》第七辑，1988年，第97页。

⑥ 吴均：《广州湾航运简史（1899.11—1945.8）》，政协广东省湛江市委员会文史资料研究委员会编：《湛江文史资料》第七辑，1988年，第98页。

⑦ 方志强：《硇洲灯塔》，政协广东省湛江市委员会文史资料研究委员会编：《湛江文史资料》第七辑，1988年，第184页。

⑧ 方志强：《硇洲灯塔》，政协广东省湛江市委员会文史资料研究委员会编：《湛江文史资料》第七辑，1988年，第181页。

⑨ 《湛江市地名志》编纂委员会编：《湛江市地名志》，广东地图出版社1989年版，第5页。

的货物在此集散，渡口、货栈特别多。[①] 还有鸭嬲港，是赤坎的出海港，因有人在港内海滩地带沙墩养母鸭，故名，如今该港已有名无实。[②]

（二）徐闻港

春秋战国时期，徐闻港已经逐步形成同外国有交往的港口，史料记载，春秋战国时期，我国南方的楚国越国和两广等百越地区，都广有珠玑、玳瑁、象牙等物品，这些物品，虽然两广地区有所出产，但其主要产地则是在东南亚南亚地区，因此这些物品中不少应该是由两广地区从东南亚南亚输入的，在与东南亚地区贸易的古代两广港口中，徐闻港是最早的港口之一，与东南亚水路最近，所以汉朝派出官员率领商船从徐闻港出发前往东南亚，一般来说，古代宫廷对外贸易都是在民间贸易的基础上发展起来的，只有经过民间对外贸易，在长期的航海中形成了港口，官府才会派出官员从这些港口启航出海贸易，由此推断，徐闻港形成的早期阶段是在汉朝之前的春秋战国时期，这个时期是民间对外通航贸易时期。[③]

从大范围来说，古徐闻港的地理位置优越，地处我国大陆南端，扼守琼州海峡，是当时船舶沿岸航行的必经之地，同时位于海峡北岸中部三面环海，可以南出琼崖，东边到闽浙，西边到钦廉，沿着东南半岛南下可到达越南、暹罗、南洋群岛和印度各国，是两汉时期我国商船航向东南亚和印度洋的始发港，也是大秦、天竺、波斯船只到达中国的目的港。[④]

《元和郡县图志》记载，古徐闻港在唐朝时的徐闻县城麻鞋村南面七里的海边，是今天徐闻县五里镇的二桥村和南湾村，当地隐约可见夯土城墙遗址。明朝嘉靖《广东通志》、万历《雷州府志》、清朝宣统时期《徐闻县志》记载，汉朝徐闻县城在现今徐闻县城西南方向的海滨讨网村，是个天然

① 《湛江市地名志》编纂委员会编：《湛江市地名志》，广东地图出版社1989年版，第6页。
② 《湛江市地名志》编纂委员会编：《湛江市地名志》，广东地图出版社1989年版，第10页。
③ 吴均：《汉代徐闻始发港兴衰的初探》，中国人民政治协商会议广东省湛江市委员会文史资料研究委员会编：《湛江文史资料》第五辑，1986年，第162页。
④ 沈荣嵩：《湛江沿海古代港埠兴衰变迁简况》，中国人民政治协商会议湛江市委员会文史资料研究委员会编：《湛江文史资料》第二辑，1984年，第73页。

良港，^① 考古证据也显示，当年的古徐闻港就是今徐闻县五里乡二桥仕尾村海临不远的"三墩"，而当年的徐闻县治就在今五里乡的二桥村。^② 当然，也有人持不同意见，认为古徐闻港位置在其他地方，主要有两个：一是认为古徐闻港在海康县城郊，二是认为在海康县东部的雷州湾。^③ 徐闻还有著名的雷州关滘尾灯塔，关滘尾又名架尾，位于雷州半岛西南隅的徐闻县境内，是祖国大陆的最南端，与海南岛的临高隔海相对，形势险要，航道复杂，暗礁甚多，多次发生海难事故，^④ 关滘尾灯塔建成后，与临高灯塔像双星一样照耀着琼州海峡的西部海口。

研究古徐闻港和海上丝绸之路的学者必引用东汉班固所著《汉书·地理志》记载："自日南障塞、徐闻，合浦船行可五月，有都元国（苏门答腊）；又船行可四月，有邑卢没国（缅甸），又船行可二十余日，有夫甘都卢国，自夫甘都卢国船行可二月余，有黄支国（印度），民俗略与珠崖相类，其州广大、户口多、有异物，自武帝以来皆献见，有译长属黄门，与应募者俱入海，市明珠、璧流离、奇石、异物，赍黄金、杂缯而往。所至国皆禀食为耦，蛮夷贾船，转送致之。亦利交易，剽杀人。又苦逢风波溺死，不者，数年来还。大珠至围二寸以下。平帝元始中，王莽辅政，欲耀威德，厚遗黄支王，令遣使献生犀牛。自黄支船行可八月，到皮宗；船行可二月，到日南、象林界云。黄支之南，有已程不国（斯里兰卡），汉之译使自此还矣。"此史料是我国古代史料中最早的关于徐闻港为汉朝海外交通始发港的记载，生动说明了徐闻港在我国古代海上丝绸之路上的地位。

---

① 阮应祺：《海上丝绸之路沿线的湛江主港口》，中国人民政治协商会议湛江市委员会学习文史委员会编：《湛江文史》第十九辑，2000年，第145页；阮应祺：《汉代徐闻港在海上丝绸之路中的历史地位》，《岭南文史》，2000年第4期，第19—21页。

② 鸿道：《汉代"海上丝绸之路"始发港——徐闻》，《航海》2000年第6期，第29页。

③ 邓家倍：《合浦与徐闻在海上丝绸之路始发港地位与作用比较研究》，《中国地方志》，2005年第10期，第25—29页。

④ 谭启浩：《雷州关滘尾灯塔的变迁》，政协广东省湛江市委员会文史资料研究委员会编：《湛江文史资料》第七辑，1988年，第188页。

（三）雷州港

唐朝贞观年间东合州改称雷州，位于雷州半岛东海岸，是雷州半岛政治、经济、文化中心。对于我国西南地区和广东省西南部来说，雷州港所处地理位置优越，与徐闻港的重要性大同小异。雷州港经水路可南出琼崖，东边到闽浙，陆路可南下徐闻，向北可以到达遂溪、廉江，向西到达乌石港，是雷州半岛的水陆交通枢纽。[①]

雷州城距离海岸尚有一段距离，有南渡河流经而过，南渡河连接雷州城和海岸，海船可以从南渡河口直接到达雷州城下，南渡河口的南浦津即古代之雷州港，兴起于唐朝，水道伸入内陆，南渡河岸三十里都可停靠船只，是优良的避风补给港，[②]从福建、广州、高州、琼州来的商船一般先到雷州港停靠，然后沿江而上到达雷州城，唐宋时期频繁的航海贸易也促进了雷州港造船工业的发展。[③]

（四）电白港（博贺港）

电白港位于电白区博贺镇，是天然避风良港之一，是广东西南部的重要渔港、商港和盐港。电白港港湾南岸有天然的防波堤，港外有莲头半岛以及大放鸡、小放鸡等岛屿作为天然屏障，具备优良的天然港湾条件，葡萄牙殖民者初到中国时就曾在此交易，明朝正德年间广州市舶司一度短期移驻电白，使电白港一度成为我国南方重要的对外贸易港口。[④]

---

① 沈荣嵩：《湛江沿海古代港埠兴衰变迁简况》，中国人民政治协商会议湛江市委员会文史资料研究委员会编：《湛江文史资料》第二辑，1984年，第74页。
② 陈立新：《从海上丝路到海上瓷路》，中国人民政治协商会议湛江市委员会学习文史委员会编：《湛江文史》第十九辑，2000年，第154页；阮应祺：《海上丝绸之路沿线的湛江主港口》，中国人民政治协商会议湛江市委员会学习文史委员会编：《湛江文史》第十九辑，2000年，第147页。
③ 沈荣嵩：《湛江沿海古代港埠兴衰变迁简况》，中国人民政治协商会议湛江市委员会文史资料研究委员会编：《湛江文史资料》第二辑，1984年，第74页。
④ 沈荣嵩：《湛江沿海古代港埠兴衰变迁简况》，中国人民政治协商会议湛江市委员会文史资料研究委员会编：《湛江文史资料》第二辑，1984年，第76页。

（五）沓磊浦

沓磊位于徐闻县城南七公里处，东倚楼墩岭。史料记载，三国两晋时期交趾（越南）常反叛，讨网口岸通往东南亚的航线受到严重阻碍，讨网港的地位衰落。唐朝初年，讨网港址从华丰村迁至沓磊村，称沓磊浦，取代了讨网港的地位，成为我国对外贸易和通往海南的重要港口，宋代后沓磊港逐渐衰落。[①]

（六）海安港

海安港，古称博涨港，在徐闻县东南部、雷州半岛南端，与海口隔海相望，港口建于宋朝，是宋朝我国对外贸易要港，明朝洪武年间改海安港，意指海疆安宁。[②] 海安港在海安镇南，古港遗址大概在古海安千户所城东门外，大水溪自北向南由海安港入海，港面平坦宽阔，旧时潮水上涨，30吨的木帆船可抵达石莲山下。[③]

除上述主要港口之外，湛江地区还拥有一些列港口，具体如下。

北山港：在湛江市市区南部东海岛南岸，是船舶避风的天然良港，元朝至元年间在港口附近设置东海场盐课司，明清时发展到鼎盛。[④]

旧县港：又称铁杷港，在今天湛江市湖光镇旧县村，是雷州半岛东南部沿海主要渔港，也是对外贸易、军事重镇的主要口岸，从福建、浙江、广州、潮州等地到雷州、琼州、合浦或出南洋的来往船只在旧县港补给和避风。该港呈喇叭形，长十余里，港口小腹大，港内弯曲、航道深长，港内有下步、下宫、东宫、上步、桥西五个埠头，[⑤] 相传西汉元鼎年间五路大军南

---

① 何强：《一座滨海古城的港口记忆》，《源流》，2011年第13期，第88-91页。
② 《湛江市地名志》编纂委员会编：《湛江市地名志》，广东地图出版社1989年版，第60、第286页。
③ 何强：《一座滨海古城的港口记忆》，《源流》，2011年第13期，第88-91页。
④ 《湛江市地名志》编纂委员会编：《湛江市地名志》，广东地图出版社1989年版，第286页。
⑤ 彭澍：《旧县港》，中国人民政治协商会议湛江市委员会学习文史委员会编：《湛江文史》第二十辑，2001年，第118页。

越平叛和征讨越南，十万人马驻泊旧县港避风补给。[①]

海头港：其地目前属湛江市霞山区，明清设置海头汛，1899年，法国强租广州湾，一开始法国驻兵于北涯、麻斜，其后分兵驻扎在西岸的海头港。[②]

通明港：古称调蛮港，在湛江市霞山区西南34公里，位于通明河出海口，东隔通明海与东海岛相望，南临雷州湾，是雷州半岛开发较早的海港，港口宽约二百米，水深高潮十三米，低潮八米，港口南北有暗礁延伸到航道边缘，形成险阻门户，明清两朝曾在此设立炮台，是雷州东部海防要塞，可停泊100吨级船只100多艘。[③]

北潭港：在遂溪县西部，距离遂城镇35公里，西临北部湾，是沟通两广和海南的枢纽。[④]

东港：在遂溪县遂城镇西42公里处，相传明朝中叶村落开始形成，小帆船可从北部湾驶入村前停泊。[⑤]

四、港口和沿海城镇对社会经济发展的影响

港口繁荣与湛江地区社会经济相互促进。经济的发展推动官方发展对外贸易，促进了港口的繁荣。秦朝统一六国后又发兵岭南，设置桂林、南海、象郡三郡，建立行政机构，初步形成了全国大一统市场，虽然秦朝短暂，但为汉朝巩固对岭南的统治、推动岭南的经济繁荣奠定了基础，尤其是汉朝初年汉高祖到汉文帝、汉景帝的励精图治，采取减免赋税等发展农业的系列休养生息措施，推动了国民经济的发展，既促进了政治稳定，又实现了经济繁荣，出现"文景之治"的盛世，经济的发展自然促进人口增多。据《汉书·地理志》记载：当时合浦郡（徐闻属合浦郡）户九千六百一十三，口

---

① 彭澍：《旧县港》，中国人民政治协商会议湛江市委员会学习文史委员会编：《湛江文史》第二十辑，2001年，第119页。
② 《湛江市地名志》编纂委员会编：《湛江市地名志》，广东地图出版社1989年版，第13页。
③ 唐汉基：《通明港的古今》，中国人民政治协商会议湛江市委员会学习文史委员会编：《湛江文史》第十九辑，2000年，第138页；《湛江市地名志》编纂委员会编：《湛江市地名志》，广东地图出版社1989年版，第285页。
④ 《湛江市地名志》编纂委员会编：《湛江市地名志》，广东地图出版社1989年版，第288页。
⑤ 《湛江市地名志》编纂委员会编：《湛江市地名志》，广东地图出版社1989年版，第147页。

七万八千九百八十，仅比当时比较发达的南海郡户万九千六百一十三，口九万四千二百五十三略少。[1]经济繁荣和人口增加必然促进手工业、商业的发展，既可以满足统治者对获得商品尤其是奢侈品的需要，又能满足普通老百姓生活的需求，尤其是汉朝时期国内不设关卡，商品流通无须缴纳关税，畅行无阻，无形中降低了商品价格，非常有利于工商业的发展。在此情势下，汉朝统治者将目光转向海外，发展对外贸易，既是宣威海外，又可获得用来享乐的奢侈品。于是出现了东汉班固所著的《汉书·地理志》中所描述的海外贸易路线，记载从以古徐闻港为首的古湛江港口群出发前往东南亚各国和地区以及印度、斯里兰卡，并辅以航行时间，说明当时已经形成了固定的航线，开展海外贸易频繁，并非偶然为之。有学者研究认为，汉朝时期的海外贸易主要分为官方贸易和民间贸易，官方贸易的目的主要是政治上的，自然是宣威耀德与获得奢侈品，如班固在《汉书·地理志》中所描述的入海市明珠、璧流离、奇石异物等，满足统治阶级享乐需要，进而与海外各国发展友好关系，耀威于海外，民间贸易则是追求利润，提高生活水平，徐闻的平民汉墓说明了这点。[2]官方贸易与民间贸易的发展自然促进了港口的繁荣。有学者认为，古徐闻港在两汉时期成为我国商船驶往东南亚和印度洋的出发港，也是大秦（罗马）、天竺（印度）、波斯等国的船舶到达中国的目的港，两汉时期在徐闻派驻有左右侯官，掌管军政事务和对外贸易，在那里囤积着大量的货物与海外商人进行交易；并且许多中外远洋船舶也在此港停靠，补充淡水、食品和货物。因此，徐闻港在两汉时期成为重要的货物中转港和集散地。[3]

港口的繁荣又反过来促进了湛江地区政治、经济和社会的发展。政治上，徐闻逐渐发展为两汉时期及后世我国雷州半岛、海南岛和南海海域的中心地区，汉武帝元鼎六年在此设置徐闻县，开辟徐闻港作为中国通往东南亚和南亚各国的海上丝绸之路始发港，此后六百多年里，徐闻一直是郡、州级

①　申友良、申东宁：《西汉时期徐闻古港的对外贸易》，《南方论刊》2015年第9期，第51—58页。
②　申友良、申东宁：《西汉时期徐闻古港的对外贸易》，《南方论刊》2015年第9期，第51—58页。
③　沈荣嵩：《汉代古港徐闻的兴衰历史原因》，《岭南文史》，2000年第4期，第28—29页。

行政区所在地，合浦郡、珠崖郡、齐康郡、合州、南合州、徐闻郡都曾设治所于此，影响深远。[①] 经济上，汉朝在徐闻设置左右候官，囤积货物，进行交易。由于对外贸易的扩大，再加上官衙的管理，有很多人通过外贸获取大量的钱财成为有地位的人。[②] 港口的繁荣为当地积累了财富，到东汉明帝时期，已经是天下大治、民富国强。最能反映湛江地区古代经济发展水平的无疑是流传于该地的古谚"欲拔贫，诣徐闻"。唐朝李吉甫在《元和郡县图志》记载汉朝时期在徐闻县囤积货物，备其所求，与交易有利，故谚曰：欲拔贫，诣徐闻，意为要发财，就到徐闻来，说明了当时徐闻对外贸易的盛况，[③] 更能说明当时徐闻海外贸易对地区经济的影响。此外，徐闻所属的合浦郡，盛产南珠，"百姓以探珠为业，商贸经来，以珠货米（《晋书·陶璜传》）"，西汉时期有王章妻子因流放合浦而贩珠致富的先例，[④] 更为具体地阐释了"欲拔贫，诣徐闻"的古谚。

同时，古徐闻港在海上丝绸之路上的重要地位给徐闻引来大量物种，如椰子、木棉、波罗蜜、刺桐、缅茄、杧果、阳桃、菠萝、香茅、甘蔗、橡胶、胡椒、番石榴等，椰子原产于太平洋美拉尼西亚群岛和新西兰等地，波罗蜜、木棉、刺桐原产于印度、马来西亚，番石榴原产于美洲，缅茄原产于中南半岛，酸豆原产于南美洲，杧具原产于印度、中南半岛，等等。[⑤]

经济发展与港口繁荣也造就了徐闻的多元、特色文化。以古徐闻港为主的湛江地区港口群加强了中国与海上丝绸之路沿路各国和地区的友好往来与文化交流，湛江地区因而成为多种文化交汇地，外来文化、中原文化、岭南文化、闽南文化与本土文化相互碰撞融合，逐渐形成了具有地域特色、充满活力和创造力的新型徐闻文化。[⑥]

关于古徐闻港兴起、衰落的主要原因，综合有关学者的研究，以古徐闻

① 《徐闻，二千年"汉港"千百年文化传承》，《湛江日报》，2014年7月10日。
② 申友良、申东宁：《西汉时期徐闻古港的对外贸易》，《南方论刊》2015年第9期，第51—58页。
③ 《海上丝路，始发徐闻三墩》，《湛江晚报》，2009年8月25日。
④ 《李吉甫和徐闻千古名谚》，http://www.xuwen.gov.cn/Today/about/wenhua/no7/20150208/14233991733314.html。
⑤ 闻一少：《徐闻汉港兴衰的历史原因》，《商业文化》，2009年第2期，第38—40页。
⑥ 《徐闻，二千年"汉港"千百年文化传承》，《湛江日报》，2014年7月10日。

港为主的湛江地区古港口群兴起的主要原因有以下几个方面：一是西汉时期政治稳定、经济繁荣，推动官方采取措施开放海外贸易，但又限制互市地点，只允许在包括徐闻、合浦及越南沿海的几个港口进行互市贸易，从而使徐闻港成为对外贸易的重要口岸；二是徐闻港的地理位置有利于当时的海上交通贸易。徐闻港是当时船舶沿岸航行的必经之地，囤积着大量货物，吸引着中外远洋船只在此停靠，补充淡水、食品和货物。因此，徐闻港在两汉时期成为重要的货物中转港和集散地；[①] 三是由于航海技术的限制，航船只能沿海岸线航行，在一定距离内必须及时靠港口补给；四是徐闻港为大陆距离海南岛的最近点，在大陆对海南岛的联系中占有极其重要的地位，汉朝统治屡屡遭到海南岛当地土著的反叛，汉朝以徐闻为基地频繁用兵海南，大大提高了徐闻港的重要性，成为促使其向主要港口发展的关键因素；五是古湛江地区所属郡县开发较早，是岭南地区经济较为发达的地区；六是古湛江港口群与中原内地交通较为便利，灵渠修通以后，作为全国交通干线一部分的越城岭道以及萌诸岭道成为中原通往岭南的最重要的两条道路，两条大道在苍梧郡汇合，自苍梧郡往南通往北部湾的水陆交通也十分便利。[②] 此两点为湛江地区古港口群提供了较为广阔的经济腹地。而古徐闻港衰落的原因：一是政治动荡引起经济衰落，进而影响对外贸易的开展和贸易政策的改变；二是晋代后广州港崛起；三是远洋航路改变，沿岸航行改为直接穿越南海，徐闻不再是中转港；四是自然因素，古徐闻港逐渐因泥沙淤积而变成荒墟。[③]

根据相关学者的研究，综合起来说，推动湛江地区以古徐闻港为中心的古港口群衰落的原因主要是三个方面。

一是湛江古港口群所属的古郡县地区经济发展水平比古广州港口群所属古郡县地区经济发展水平高，而古港口群经济腹地的发展水平决定了港口的兴衰。秦汉时期湛江所属古郡县的经济发展水平高于广州地区港口群所属郡县的经济发展水平，发展水平相对较高的经济腹地为以古徐闻港为中心的湛

① 沈荣嵩：《汉代古港徐闻的兴衰历史原因》，《岭南文史》，2000年第4期，第28–29页。

② 吴松弟：《两汉时期徐闻港的重要地位和崛起原因——从岭南的早期开发与历史地理角度探讨》，《岭南文史》，2002年第2期，第21–29页。

③ 沈荣嵩：《汉代古港徐闻的兴衰历史原因》，《岭南文史》，2000年第4期，第28–29页。

江地区古港口群的繁荣提供了经济后盾。有学者认为，古代岭南地区经济开发的总体格局是由西向东的，秦汉时期，位于今广西东部和广东西部的苍梧郡是岭南地区整体经济地位最高的地区，是人口密度较高、经济比较发达的区域，甚至是交州的区域中心，后来作为岭南地区人口密集、经济最为发达的首要之区珠江三角洲，在两汉时期绝大部分地方还是海域，但东汉建安十五年以后，交州治所移往南海郡，标志着苍梧郡失去原先的岭南区域中心的地位，[①] 再往后随着古广州地区经济的发展，古湛江地区经济中心的地位也逐渐丧失。

二是湛江古港口群所属的古代郡县地区与秦汉时期封建统治的中心地区的交通便捷程度比古广州港口群所属古郡县地区与中原交通便捷程度低。秦汉时期，中原与岭南地区交通主要有五条道路，即越城岭道、萌诸岭道、古都庞岭道、桂阳道、横浦道，前三条道路都通往岭南西部地区，说明岭南交通侧重于西部地区，主要通过西江进入广东，其中最重要的是越城岭道，有着可以利用水路的便利，更靠近当时汉朝的都城，而且两汉时期行政建置的设置也倾向于这一线，在这种总体交通格局的影响下，古湛江地区自然成为中外交通的便捷之地，特别是自从凿通灵渠和鬼门关后，沟通了从中原至合浦水上交通大动脉，这条水上交通大动脉是中原通往世界各国最主要也是最近的航道，这不仅比从中原经长江沿东南海岸入南海的航程短，而且也比从中原过灵渠入西江经番禺（广州）沿东南海岸入南海的航程短，对发挥加快发展中外商贸交通与我国经济的重要历史地位的作用显而易见，直到唐朝打通大庾岭道成为联系岭南和中原的主要通道后，广州地区海外贸易才大幅超过古湛江地区，后者丧失了海外贸易的优势。[②]

三是造船、航海技术水平的提高。汉朝以后，我国古代造船技术提高，

---

① 赖琼：《历史时期雷州半岛主要港口兴衰原因探析》，《中国历史地理论丛》，2003年第3期，第101-106页；吴松弟：《两汉时期徐闻港的重要地位和崛起原因——从岭南的早期开发与历史地理角度探讨》，《岭南文史》，2002年第2期，第21-29页。

② 邓家倍：《合浦与徐闻在海上丝绸之路始发港地位与作用比较研究》，《中国地方志》，2005年第10期，第55-59页；赖琼：《历史时期雷州半岛主要港口兴衰原因探析》，《中国历史地理论丛》，2003年第3期；吴松弟：《两汉时期徐闻港的重要地位和崛起原因——从岭南的早期开发与历史地理角度探讨》，《岭南文史》，2002年第2期，第21-29页。

远洋船舶越造越大，抗风浪能力增强，航程越来越长，装载人数增多，船舶携带的淡水、食物、货物增多；同时，航海技术水平也在实践中得到提升，对天象的观测、罗盘的使用，有利于确定航向与路程，等等，都使远洋航行可不再局限于沿岸航行，而可以进行跨海、跨洋航行。因而大约从六朝到唐代，广州逐渐形成了"广州通海夷道"，即从珠江口出洋经屯门山、海南岛东北的七洲列岛、东部的大洲岛直接穿越南海的航线，取代了经雷州半岛、北部湾沿岸的航线，这无疑直接导致了湛江地区古港口群的衰落。

虽然大约晋朝以后湛江地区以古徐闻港为主的古港口群在古代海上丝绸之路上的地位衰落，但并不意味着港口消失，雷州港、赤坎港、电白港、海安港、通明港、海头港等港口在不同的历史时期的兴起和发展，对当地的经济、社会发展仍然起着至关重要的作用。如遂溪县的海头市、海头渡、海头墟、麻章墟等，在赤坎港还没有进入历史记载之时就已经颇具声名了。[①] 又如海安港，明清时期是雷州半岛的重要商埠，清代更是广东七大总口之一，称"雷廉总口"，专营徐闻特产、粮、盐、渔等，为清政府提供了重要的财政收入。民国初年，从外地运到雷州府的粮食都在海安港上岸，广州府、高州府、钦州府、潮州府、琼州府及澳门等地的商贾渔船都来海安港从事商业和渔业活动。[②]

除了古徐闻港外，古代湛江地区其他港口的演化发展也受多种因素的影响。以赤坎港为例，史志记载，湛江市赤坎区在古代是海边荒地，在法国租借广州湾之前属于遂溪县东南一个偏僻小镇，只有渔民居住。赤坎港的形成、发展与多种因素紧密相关。一是移民对赤坎港的形成意义重大，南宋王朝南迁杭州以后，当时中原地区的人口大规模向岭南迁移，福建沿海居民随船出海经商或者流落异乡，其中很多向湛江集中，南宋灭亡时曾经有20万兵民从福建、泉州南渡到湛江的硇洲岛，其中有不少人在湛江附近沿海村落定

---

① 程炳燊：《霞山·海头·赤坎》，政协广东省湛江市委员会文史资料研究委员会编：《湛江文史资料》第七辑，1988年，第193页。
② 何强：《一座滨海古城的港口记忆》，《源流》，2011年第13期，第88—91页。

居下来，此促进了赤坎港的形成。① 乾隆年间，又有航海经商习惯的福建沿海居民乘船到湛江沿海经商和定居，又陆续大量召集同乡到赤坎经商，因而福建人开了赤坎与外地商业往来的先河。② 道光年间，赤坎港已经是"商旅穰熙，舟车辐辏""商船蚁集，想迁者多"的繁盛商埠，当时商船乘船可以直接停泊在街边，原来的海边街和古老渡街为古代码头旧址，至今民主路和大通街之间边缘还有清朝时期渡口遗迹多处，可以想见昔日万商云集的盛况。③ 到光绪年间，"商店多半改造洋楼，填海滨而铺户加多，浚海港而轮船不绝，商店有300间，居民二三百家"。④ 二是赤坎港的发展与政治因素密切相关。虽然南宋时期大量移民进入，促进了赤坎港的形成，但当时由于赤坎港地广人稀，交通不便，又无内河相通，港口贸易往来受到限制。⑤ 此后，元朝时期连年征战，明清时期实行海禁，再加上远离中原，所以南宋以后至明清数百年间赤坎港发展迟缓，海上贸易停顿，商业停滞不前，一直到清朝废除海禁，赤坎港才又得以发展。法国"租借"广州湾之后，直到民国初期，赤坎港仍然相当繁荣，1914年，"设有船务公司，有载重400吨的货轮三艘，1400吨货轮一艘，来往于广州、香港、澳门等地，以煤油、面粉、呢绒以及其他洋货为最多"。⑥ 但法国"租借"广州湾后，在海头港建筑码头，宣布为自由港，不收关税，商人纷至沓来，赤坎港一度冷落下来。⑦ 抗战爆发后，广州等沿海港口相继沦陷，广州湾成为我国唯一可以对外通商

① 沈荣嵩：《湛江沿海古代港埠兴衰变迁简况》，中国人民政治协商会议湛江市委员会文史资料研究委员会：《湛江文史资料》第二辑，1984年，第78页。

② 邱炳权：《湛江港埠的变迁与发展》，中国人民政治协商会议湛江市委员会学习文史委员会编：《湛江文史》第十九辑，2000年，第95页。

③ 《湛江市地名志》编纂委员会编：《湛江市地名志》，广东地图出版社1989年版，第5页。

④ 吴均：《广州湾航运简史（1899.11—1945.8）》，政协广东省湛江市委员会文史资料研究委员会：《湛江文史资料》第七辑，1988年，第96页。

⑤ 邱炳权：《湛江港埠的变迁与发展》，中国人民政治协商会议湛江市委员会学习文史委员会编：《湛江文史》第十九辑，2000年，第94页。

⑥ 吴均：《广州湾航运简史（1899.11—1945.8）》，政协广东省湛江市委员会文史资料研究委员会：《湛江文史资料》第七辑，1988年，第96页。

⑦ 沈荣嵩：《湛江沿海古代港埠兴衰变迁简况》，中国人民政治协商会议湛江市委员会文史资料研究委员会：《湛江文史资料》第二辑，1984年，第79页。

的港口，赤坎成为我国西南地区进出口商业重镇，[①] 各地难民纷纷逃到广州湾，导致广州湾人口成倍增长，逃难而来的上海、广州、香港等地商人，把新的经营方法带到广州湾，纷纷在赤坎西营开设商号，在我国抗日战火纷飞的年代，广州湾却呈现一派畸形的繁荣，有人把这个时期称为广州湾的"黄金时代"。[②] 但随着西营港兴起，古赤坎港埠逐渐衰落，最终废弃。[③] 此外，雷州港的发展也深受政治因素的影响，如明清为打击海盗和反政府武装而实行海禁数百年，限制了海上交通运输，造成了雷州港的衰落。

---

① 《湛江市地名志》编纂委员会编：《湛江市地名志》，广东地图出版社1989年版，第5页。
② 湛江市工商联史料编写组：《广州湾的商业琐谈》，中国人民政治协商会议广东省湛江市委员会文史资料研究委员会编：《湛江文史资料》第五辑，1986年，第58页。
③ 《湛江市地名志》编纂委员会编：《湛江市地名志》，广东地图出版社1989年版，第5页。

第二章
CHAPTER 02

广西钦州北海区域
古代港口的历史发展

一、自然环境与条件

（一）钦州

　　史志记载，钦州郡濒临大海，北面是望火岭，东部是望州岭，西边是天击岭，两旁之山合抱，结为龙门锁钥喉，钦江、渔洪两条河流左右顺流而下，在猫尾汇合，从龙门流入大海。巨溟南浸，无极接天，中州之地至此而尽，十万大山横跨西维，界分华夏。虽无崇山峻岭之藩维，而有自然金城汤池之固。①明朝的时候钦州疆域东西相距三百六十里，南北相距二百六十里，东边到平银江接灵山博峨界三十里，西边到广西上思州三百三十里，南边到龙门外接大海六十里，北边到广西永淳县林岐村二百里。东北到广西横州勒竹铺二百六十里，东南到乌雷大洸港接合浦县界一百六十里，西南到佛淘巡检司接安南永安州界一百七十里，西北到广西宣化县那了村一百四十里，四方周围七百余里。②

　　钦州历史悠久，很早就有人居住。1960年，考古工作者在灵山县城东三公里的马鞍山考古发掘出一批人骨化石，经鉴定，该批人骨化石已有一万年到两万年的历史，属于更新世末期新人阶段的化石。③随着历史的发展，《岭外代答》记载，居住于钦州之人分为五类，一曰土人，自昔骆越种类也。居于村落，容貌鄙野，以唇舌杂为音声，殊不可晓，谓之蒌语。二曰北人，语言平易，而杂以南音。本西北流民，自五代之乱，占籍于钦者也。三曰俚人，史称俚獠者是也。此种自蛮峒出居，专事妖怪，若禽兽然，语音尤不可晓。四曰射耕人，本福建人，射地而耕也。子孙尽闽音。五曰蜑人，以舟为室，浮海而生，语似福、广，杂以广东、西之音。蜑别有记。④钦州本属南蛮之地，被中原官吏视为边远荒僻、经济文化落后的地方，中央王朝

---

　　① 陈秀南点校：《钦州志》，灵山县文史资料委员会编印，1990年7月，第36页。
　　② 陈秀南点校：《钦州志》，灵山县文史资料委员会编印，1990年7月，第12页。
　　③ 广西钦州市政府文史资料和学习委员会编：《愿风吹我到钦州史料选编》，《钦州文史》第9辑，2002年出版，第58页。
　　④ 周去非：《岭外代答》。

也把岭南地区作为流放和贬谪官员、文人的安置地，根据史料统计，从隋朝到明朝，朝廷流放贬谪到钦州的官员、文人有23人，其中著名的包括唐朝的张说、宋之问、高骈，宋朝的苏东坡等，在长期的交往中，钦州形成了以壮族、汉族、瑶族等为主的多民族杂居之地。[①]

气候方面，钦州具有岭南气候的特征，尤其是钦州处在岭南地区最南部，岭南气候特征更为明显。一是热。二是遇雨即凉。三是台风多，破坏严重。史志记载，钦廉地区界在炎方，在极南之地，少寒多热，夏、秋之交烦暑尤甚，隆冬无雪，草木鲜润，或时暄燠，人必挥扇，遇雨或作盛凉。故谚曰："四时全似夏，一雨便成秋"。夏秋之交，飓风间作必奋震怒号，击海飞涛，发屋拔木，百果、禾稼必为所伤。[②]

（二）北海（合浦）

北海（合浦）地区自古代以来行政建置多有变化，行政区域分合不一。公元前111年开始建立合浦县，辖地包括今天广东省廉江县和广西壮族自治区防城、钦州、灵山、横县、浦北、北海、博白、北流、陆川、玉林、邕宁等县市的全部或一部分，后管辖范围逐渐缩小，到唐初，仅仅管辖现今浦北县南部和合浦县北部一带，明朝成化年间，石康县并入合浦县后，管辖范围大致包括今天的合浦县、浦北县、北海市。[③]本文叙述时不加区分，基本指现今北海市地区。

北海（包括大陆区、海岛区）地处华南准地台南端，在漫长的地质发展史中，大致经历早古生代地槽型沉积、晚古生代准地台型沉积、中生代—新生代陆缘活动带盆地沉积三大发展阶段。距今约4.4亿年的早古生代志留纪时

---

① 广西钦州市政府文史资料和学习委员会编：《愿风吹我到钦州史料选编》，《钦州文史》第9辑，2002年出版，第73页。

② 陈秀南点校：《钦州志》，灵山县文史资料委员会编印，1990年7月，第38页。

③ 吴定远：《合浦郡县沿革志》；中国人民政治协商会议合浦县委员会办公室编：《合浦文史资料》第三辑（内部发行），1984年12月15日，第49页；合浦县志编撰委员会：《合浦县志》，广西人民出版社1994年版，第45页。

期，境地一片汪洋大海，此后北海地区陆地反复海进海退。[①]中生代和新生代早期，由于印支运动、燕山运动、喜马拉雅运动的影响，形成了白沙、合浦、南康三个盆地，到全新世中后期，距离现在三千年的时候，形成目前的海陆分布状态。[②]

北海地区属于亚热带季风气候区，年平均降雨量1500到1800毫米之间。[③]日照强烈，热量充足，夏热冬暖，无霜期长，气候受季风环流控制，雨热同季，冬干夏湿，夏无酷暑，冬无严寒，盛行风向有明显的季节性转换，由于各季节雨热不均，以及濒临北部湾，常有台风、暴雨、干旱、低温阴雨和霜冻、冰雹和龙卷风等气象灾害发生。[④]由于夏季偏凉，冬天偏暖，一年四季可以耕种，得天独厚的地理位置，为发展南亚热带作物提供了优越的自然条件，其中合浦县被誉为"南珠故郡，海角名区"。[⑤]

二、古代建置发展沿革

（一）钦州

钦州位于廉州和安南之间，"廉之西，钦也。钦之西，安南也。"[⑥]相传公元前2514年，颛顼即位，开始出现交趾的地名。东周庄王时，交趾开始出现有地方权力。公元前316年，秦国灭蜀开明王，蜀王部分子孙在公元前311年以后经过雅安西昌进入云南，到达交趾。公元前230年，蜀王子率兵3万征服雒王雒将，在交趾称安阳王，定都封溪。公元前221年，秦朝统一中国，派兵50万南下平定南越，设置桂林、南海、象郡，公元前205年，赵佗自立为南越武王，公元前187年，赵佗灭掉统治骆越的安阳王，汉武帝时期派兵结束南越王政权，重置岭南郡县，设置七个郡55个县，其中钦州地属于合浦郡，

---

① 《北海市志（清—1990）》，http://www.beihai.gov.cn/11724/2010_11_30/11724_103429_129
1104369719.html。
② 合浦县志编撰委员会：《合浦县志》，广西人民出版社1994年版，第65页。
③ 合浦县志编撰委员会：《合浦县志》，广西人民出版社1994年版，第76页。
④ 合浦县志编撰委员会：《合浦县志》，广西人民出版社1994年版，第75页。
⑤ 合浦县志编撰委员会：《合浦县志》，广西人民出版社1994年版，第1页。
⑥ 周去非：《岭外代答》卷一。

郡治在今天浦北县的泉水镇。①

具体来说，古钦州地在秦朝属于象郡，汉代为合浦郡地，属交州治下。三国时期吴国黄武五年，交趾、日南、九真、合浦四郡隶属于交州，钦州仍为合浦郡地。南朝宋时期，钦州为宋寿郡及宋广郡宋寿地，仍属交州，刘宋明帝泰始七年（471年），在合浦郡地设越州，钦州地改属越州。② 南朝齐时期，钦州地属交州，南朝梁时期，以宋寿、宋广、安京三郡之地设置安州，钦州地又转属安州。隋朝开皇十八年（598年），安州改为钦州，寓意为"钦顺"，是钦州得名之始。③ 隋朝大业三年，钦州改为宁越郡，下辖六个县，分别是安京、内亭、钦江、南宾、遵化、安海。唐高祖武德五年，宁越郡改为钦州总管府，下辖四个县，分别是安京、内宾、钦江、如和。④ 两年后，钦州总管府改为钦州都督府，府治设在灵山县，唐太宗贞观十二年（638年），废除钦州都督府，所属之地改属容州，唐中宗神龙三年（707年），又改隶广州。⑤ 唐玄宗天宝元年，容州又改为钦州。宋太祖开宝年间钦州之地属于广西路，钦江、内亭、遵化三县并入灵山县。元朝至元十五年，钦州路改为钦州安抚司，两年后又改为钦州总府，隶属于海北海南道，下辖安远、灵山两个县。⑥ 明朝洪武年间钦州路改为钦州府，后又改为钦州，废安远县，下辖灵山一个县，后钦州又改为钦县，和灵山县一起都隶属于廉州，属于雷州府。洪武十四年（1381年），钦县改回钦州，隶属于廉州府。⑦ 清朝光绪之前钦州为散州建制，隶属于廉州府。光绪十四年（1888年），钦州升为直隶州。民国初年，撤销钦州直隶州，其地设置钦县。1914年设置钦廉道，下辖钦县、防城县、合浦县、灵山县四个县，道治在钦县。1932年以后，钦州地相继隶属于广东省南区绥靖公署、广东省第八行政督察区、广东

---

① 广西钦州市政府文史资料和学习委员会编：《愿风吹我到钦州史料选编》，《钦州文史》第9辑，2002年出版，第14页。

② 陈秀南点校：《钦州志》，灵山县文史资料委员会编印，1990年7月，第3页。

③ 陈秀南点校：《钦州志》，灵山县文史资料委员会编印，1990年7月，第4页。

④ 陈秀南点校：《钦州志》，灵山县文史资料委员会编印，1990年7月，第5页。

⑤ 陈秀南点校：《钦州志》，灵山县文史资料委员会编印，1990年7月，第6页。

⑥ 陈秀南点校：《钦州志》，灵山县文史资料委员会编印，1990年7月，第7页。

⑦ 陈秀南点校：《钦州志》，灵山县文史资料委员会编印，1990年7月，第8页。

省第九专属行政督察区，区治均为合浦。[①]

（二）北海（合浦）

北海市与合浦县原同属古合浦县，历来为广东管辖，1965年改属广西，原合浦县1966年拆分为两县一市，即合浦县、浦北县、北海市。拆分之前的合浦县面积广阔，东到山口镇与廉江为界，西到丹竹江与钦县接壤，北面是十万大山，南临北部湾，东从山口英罗港起，西到西场大观港止，长约410海里，海上有涠洲岛、斜阳岛，海港有北海港和石头埠港，都是属于优良深水港和渔业基地，可以停泊巨舰。[②]北海（合浦）历史悠久，"合浦"二字，其意为江河汇集于海口之地，[③]因合浦所在地南流江北岸有小江（又叫马江）、张黄江和武利江三大支流，由旧州附近注入南流江，形成冲积小平原，且这里又是合浦郡和合浦县的所在地和海潮经常涨到的地方，故称。[④]汉代合浦郡南临北部湾海域，漫长的海岸线西端延至今越南，东端则达广东的雷州半岛，现广西境内的北海市、防城港市、钦州市以及浦北、灵山、玉林、北流、容县、博白、陆川等市县都是它的辖区。[⑤]

早在新石器时期，合浦海域深入现今合浦县旧州镇一带，北海（合浦）先民就生活在合浦境内南流江沿岸，从事半渔业、半农业生产和狩猎活动，而且还逐渐开创了航海活动。春秋战国时期，合浦县属于百越之地。秦始皇平定岭南后，设置南海郡、桂林郡、象郡，北海（合浦）地属于象郡。西汉武帝平定南越后，以其地置南海、苍梧、郁林、珠崖、儋耳、合浦、交趾、九真、日南九郡，其中合浦郡设置在南海郡与象郡交界处，同时置

---

① 广西钦州市政府文史资料和学习委员会编：《愿风吹我到钦州史料选编》第9辑，2002年出版，第4页。

② 陈世海：《民国年间合浦交通》：中国人民政治协商会议合浦县委员会办公室编：《合浦文史资料》第三辑（内部发行），1984年12月15日，第113页。

③ 合浦县人民政府编：《广西壮族自治区——合浦县地名志》，1983年，第12页。

④ 吴龙章：《中国"海上丝绸之路"始发港探源》，《钦州师范高等专科学校学报》，2002年第3期，第51—53页。

⑤ 梁旭达、邓兰：《汉代合浦郡与海上丝绸之路》，《广西民族研究》，2001年第3期，第86—91页。

合浦县。[①] 合浦郡和合浦县都在古合浦县境内（今广西浦北县泉水镇）旧州城。汉武帝元封五年（前106）把合浦郡治所迁往今广东徐闻县。[②] 东汉建武十九年（43年），合浦郡治又由徐闻迁到合浦县境内的旧州（今天属于浦北县），郡治、县治仍在同一地方。三国时期，合浦县属孙吴辖地，孙吴黄武年间，合浦郡改称珠官郡，郡治不变，合浦县南部地区设置珠官县，西晋时期，撤销珠官郡，其地并入合浦郡，合浦郡郡治仍在旧州，隶属于交州。[③] 南北朝时期，南朝宋泰始七年（471年），合浦郡管辖合浦、徐闻、珠官、荡昌、朱卢、晋始、新安七个县，郡治在合浦。[④] 南朝齐时期，建元元年（479年）合浦郡郡治又迁到徐闻，下辖合浦、徐闻、荡昌、朱卢、晋始、新安、朱丰、宋丰、宋广九县。[⑤] 建元二年（480年），合浦郡增设封山郡和龙苏郡，龙苏郡治所在今浦北县福旺镇古立境内，南齐永明十一年（493年）合浦郡所又从徐闻迁回合浦县城（即今浦北县泉水镇旧州）。[⑥] 隋朝开皇九年（589年），合浦郡并入越州（禄州），随后改属合州，唐贞观八年（634年），合浦郡地改称廉州，百余年后唐玄宗天宝年间廉州又改回合浦郡。[⑦] 宋朝期间北海（合浦）地先设太平军，后改称廉州合浦郡，元朝时期廉州合浦郡先改称廉州路，后改称廉州总管府，明朝时期廉州路改为廉州府，清朝廉州府管辖钦州、合浦、灵山。1912年合浦县隶属于钦廉军政府，后撤销廉

---

① 合浦县志编撰委员会：《合浦县志》，广西人民出版社1994年版，第7页。

② 吴龙章：《中国"海上丝绸之路"始发港探源》，《钦州师范高等专科学校学报》，2002年第3期，第51—53页。

③ 合浦县志编撰委员会：《合浦县志》，广西人民出版社1994年版，第46页。

④ 吴定远：《合浦郡县沿革志》：中国人民政治协商会议合浦县委员会办公室编：《合浦文史资料》第三辑（内部发行），1984年12月15日，第51页；合浦县志编撰委员会：《合浦县志》，广西人民出版社1994年版，第8页。

⑤ 吴定远：《合浦郡县沿革志》：中国人民政治协商会议合浦县委员会办公室编：《合浦文史资料》第三辑（内部发行），1984年12月15日，第52页。

⑥ 吴龙章：《中国"海上丝绸之路"始发港探源》，《钦州师范高等专科学校学报》，2002年第3期，第51—53页。

⑦ 陈明伟：《合浦县地域沿革》：中国人民政治协商会议合浦县委员会办公室编：《合浦文史资料》第三辑（内部发行），1984年12月15日，第58页；合浦县志编撰委员会：《合浦县志》，广西人民出版社1994年版，第46页。

州府，恢复合浦县建置，直属于广东省。[1]

三、古代港口、城镇的历史演变

（一）钦州北海地区沿海城镇

1. 钦州

古钦州城旧址在灵山县思林都，灵山县旧州圩是钦州城的故址。此地偏僻，气候恶劣，瘴气严重，人长期生活于瘴气之中，易生恶性疟疾等病。史志记载，钦州"旧郡水土不利，朝野具闻，稼穑岁望而不登，岚霭昼昏而罔霁，结成瘵疾，流害寝深，其有隶官而来，戍师北至，据鞍才解，坐席未温，即忧惧之，莫遑渐沦。胥之相继。"可见，历代封建朝廷尽人皆知钦州故址气候恶劣之程度，远来之人水土不服，患病之烈，朝廷任命官员远来还未熟悉地方就忧惧担心，都无心在此任职，以致宋朝天圣元年（1023年），朝廷官员建议将钦州治所迁到近海地区，即白沙之东，避开瘴气之地，安定人心。[2]

钦州治所迁移到近海地区之后开始建筑城池。明朝洪武四年，钦州城池周长五百九十四丈五尺，高二丈四尺五寸，基座厚二丈五尺，城门外挖有城壕，周长七百八十一丈五尺，城墙设有三座城门，分别是东门朝阳门，西门镇远门，南门观海门。明代宗景泰七年（1456年）六月，钦州城城门被盗贼攻破，明宪宗成化六年（1470年），分巡金林锦修葺钦州城，增盖串楼、门楼、敌楼六百一十三间，兵马司厅一十二间。明武宗正德年间，守备王纲在此修葺钦州城，随后知州李纯见河水干浅，于是深挖护城河并筑堤坝以积水，当时修筑东堤一百余丈，南堤二十余丈。明世宗嘉靖年间多次修筑城楼，嘉靖四年（1525年），由于串楼久坏，知州蓝渠改建串楼六间，其中三

———————————

① 吴定远：《合浦郡县沿革志》：中国人民政治协商会议合浦县委员会办公室编：《合浦文史资料》第三辑（内部发行），1984年12月15日，第55页；陈明伟：《合浦县地域沿革》：中国人民政治协商会议合浦县委员会办公室编：《合浦文史资料》第三辑（内部发行），1984年12月15日，第59页；合浦县志编撰委员会：《合浦县志》，广西人民出版社1994年版，第47页。

② 陈秀南点校：《钦州志》，灵山县文史资料委员会编印，1990年7月，第218页。

间用于瞭望，三间用于居守，由于西门桥毁坏，知州蓝渠干脆堵塞西门。嘉靖十三年，知州杜杰在此修葺城池，复建窝铺二十七间。嘉靖十七年十月，因西门交通便利，西通永乐、时罗、贴浪诸乡都，百姓赴州治都需要绕道东门而不方便，知州林希元于是重开西门，还分别在东门、西门重盖兵马房六间，在护城河上建桥以方便来往。[①]

灵山县在明代之前并无城池，因贼寇作乱，地方民众奏请朝廷筑城，明英宗正统五年（1440年），兵备副使甘泽开始筑城，城墙周长五百一十丈，高一丈八尺，厚三丈，设置城门四条，分别是东门朝阳门、西门镇西门、南门镇南门、北门拱北门。明英宗天顺三年（1459年）八月，灵山城池被盗贼攻破。明宪宗成化年间，都指挥徐宁、欧磐筑壕两道，宽都是一丈九尺，周长五百一十四丈，成化八年（1472年），金事林锦新建敌楼十八座，串楼三百五十间，并考虑到城池狭小，决定扩大城池建设，从东南方向增筑城墙四百零五丈，在东西两方向上开辟两门，增筑串楼二百五十间，敌楼二十四座。此后在成化二十一年（1485年）、弘治十八年（1505年）、正德五年（1510年）灵山有关官员相继修葺、增筑城墙。嘉靖八年（1529年），金事刘道认为串楼易于损坏，于是拆毁串楼新建城墙三尺以防翻越，又新开一门"通济门"，但随后又堵塞。嘉靖十三年，金事王崇认为弗楼伤墙且不利于防卫，于是又建串楼六百零三间，在新开的东门长春门外空隙地方建有铺房三十间，并征税作为修城费用。[②]

钦江县古城城墙的修筑年代不早于南朝，废弃年代不晚于唐代。古城遗址位于钦州市久隆镇上沙田村，古城呈长方形，南北长约200米，东西宽约180米，总面积36000平方米，城墙、城门、护城壕、人工河道齐全，集城址、人工河道、港口码头等于一体，具有鲜明的海上商贸活动相关特性。[③]

2. 合浦

合浦郡郡治、县治多次在合浦、徐闻两地之间来回迁移，合浦古城更是

---

① 陈秀南点校：《钦州志》，灵山县文史资料委员会编印，1990年7月，第219—220页。

② 陈秀南点校：《钦州志》，灵山县文史资料委员会编印，1990年7月，第220—222页。

③ 田心：《广西钦州"海上丝绸之路"历史文化遗址考证及评析》，《钦州学院学报》，2017年第2期，第1—6页。

早已废弃。据考古发掘，合浦古城位于合浦县城东北约11公里的石湾镇大浪村古城头，考证认为大浪古城是西汉中期合浦县治所在地，城池外形轮廓呈正方形，边长约218米，在北、西、南城墙的中部各开设一个城门，城门宽5—6米，古合浦码头位于西城门外北侧的古河道旁，西边是古河道，其余三面是护城河，且与古河道相通。① 考证还认为，该城使用时间较短，从西汉晚期起，随着社会和经济的发展，合浦县治所可能顺江南迁至今合浦县城西南的草鞋村，经过多次勘探和发掘，在该地发现城墙、护城河、长廊、作坊等遗址，出土较多的建筑材料和生活用具。②

（二）钦州北海古港及其演化

1. 钦州港

钦州港位于今钦州市钦江东岸，钦州之名始于隋唐时期，隋唐时期统治者平息了地方势力，加强了对钦州的治理，钦州港开始发展。宋代以后，钦州港继续发展，取代了廉州成为与交趾交往的主要通道，《岭外代答》记载，钦、廉皆号极边，去安南境不相远。异时安南舟楫多至廉，后为溺舟，乃更来钦……交人之来，率用小舟。既出港，遵崖而行，不半里即入钦港。正使至廉，必越钦港。乱流之际，风涛多恶。交人之至钦也，自其境永安州，朝发暮到。③ 钦州博易场的出现更凸显钦州港的繁荣和重要性，《岭外代答》记载，交趾日常生活用品都仰仗钦州供应，所以海上贸易往来络绎不绝，"凡交趾生生之具，悉仰于钦，舟楫往来不绝也"，交趾使臣前往钦州港交易的物品有金银、铜钱、沉香、光香、熟香、生香、真珠、象齿、犀角等，换取中国的纸笔、米布之类的生活物品。除此之外，大宗商品交易也开始出现，钦州与交趾商人以蜀锦与交趾香互易，双方在价格上相互博弈，甚至还出现假冒伪劣商品以及用铜冒充黄金，商人之间的狡诈交易，恰恰说明当时交趾与中国之间在钦州港贸易的兴盛、繁荣。钦州博易场的繁荣使得大

① 熊昭明：《广西合浦县大浪古城址的发掘》，《考古》，2016年第8期，第41—46页。
② 《广西合浦县草鞋村汉代遗址发掘简报》，《考古》，2016年第8期，第47页。
③ 周去非：《岭外代答》卷一。

量的海外商品、奢侈品经由交趾商人通过钦州博易场的交易来到广西，并进入中原，而广西内陆的土特产品、周边郡县的商品也经钦州博易场这一商品中转站传至海外。[①] 钦州港也因此逐渐成为广西最重要的港口之一。

2. 合浦古港及其演化

古代合浦是岭南的经济、政治、军事、文化中心，古代合浦港口主要由廉州、乾体（大观港大风江）、冠头岭内（今北海港）、北湾（今北海港）、白龙港、永安港（今铁山港）等处组成。[②] 秦汉时期，合浦港成为我国对外贸易的重要港口，是古代海上丝绸之路的启航点。合浦古港的形成、发展有以下几个因素推动：一是秦汉时期之前，合浦沿海一带已经有了对外贸易，原始港口开始出现。二是秦始皇修筑灵渠，联结了长江水系与珠江水系，沟通了中原至合浦的水道，促进了合浦沿海港口的发展，从而出现了到目前为止被后世史志、学者频繁引用的《汉书·地理志》有关中国古代"海上丝绸之路"的最早记载。三是历代封建王朝对合浦港的扩建。著名的有两次，第一次是公元41年，东汉伏波将军马援、扶乐侯刘隆、督楼船将军段志等南击交趾，率大军到达合浦港，对港口进行拓建和疏通，修治了灵渠古运河，修凿了桂门关和大观港；第二次是唐朝咸通年间发兵交趾，途中大规模疏通南流江以便于战舰通行，唐朝南流江及其出海口（今北海港一带）是对交趾的水上交通要道，促进了合浦港的进一步发展。四是宋朝时期派采取招徕外商贸易的政策，合浦港（后改名为廉州港）与交趾的贸易往来更为频繁。[③]

汉合浦港的地理位置十分优越，不仅具备了水深、避风、便于船舶停靠装卸货物、食品淡水供给的有利条件，而且还有以南流江水系构成的货运通道。[④] 合浦港具体位置由于地理、社会、经济的变迁与发展等原因，特别是

---

① 徐靖彬：《宋代钦州博易场的兴衰与"海上丝绸之路"的发展变迁》，《钦州学院学报》，2015年第10期，第24—28页。

② 李志俭：《古代港口的兴起和演变》，《北海文史》，2001第15辑，第1页。

③ 黄铮：《广西对外开放港口——历史·现状·前景》，广西人民出版社1989年版，第7、第11页；《广西航运史》编审委员会：《广西航运史》，人民交通出版社1991年版，第309页。

④ 梁旭达、邓兰：《汉代合浦郡与海上丝绸之路》，《广西民族研究》，2001年第3期，第86—91页。

由于泥沙淤积，曾多次迁移。汉代合浦港位于现今合浦县石湾镇大浪村委古城头村，也即是南流江的出海口位置，当时该地面向南海，江面宽阔，航道水深。①

隋唐五代时期，合浦郡曾多次更名，由于南流江下游泥沙冲积，淤积严重，合浦古港口主要埠地逐渐由旧州（在浦北境内）移向海门（今廉州镇到北海港一带），唐朝合浦更名为廉州，盛产珍珠，吸引中原与东南亚国家和地区的商人到此进行珍珠贸易，促进了廉州港的兴旺发展。②宋朝废廉州，在海门建太平军，采取招商政策，廉州与安南贸易十分频繁，成为当时我国对外贸易的重要口岸。③自从1010年廉州港成为我国与安南的互市口岸到南宋灭亡，安南派出使者经过钦廉登陆朝贡四十余次。④

明朝初年，由于航海技术的进步，船舶吨位增大，加上南流江洪水频仍，泥沙沉积，水利年久失修，河床升高，航道经常淤积，明朝中期合浦港中心廉州镇已无出海口，船只抵达廉州镇十分困难，港埠主要位置从原来廉州镇一带逐步南移到港阔水深的冠头岭一带，即今北海港，合浦港也即是现今北海港。⑤明朝嘉靖年间，已经开辟了从今天北海市冠头岭到越南沿海港口的不定期航线，清朝康熙年间，清政府在北海设立常关管理港口，1876年《中英烟台条约》正式将北海开辟为对外通商口岸，北海遂成为大西南的货物集散地。⑥近代的北海港处于南流江入海口之南，港湾长11公里，宽36公里，港口水深经常保持6米左右，港口分为内港和外港，内港在古代称为"罐头岭内"，近代称为"外沙内港"，清道光年间由于地理变迁，部分水域变为陆地，内港逐渐缩成一个狭长带形状的水域，长约3公里，主要停泊商船和渔船为主，外港古代称为"北湾"，近代称为"锚地"，利用一条长20余公

① 邓家倍：《合浦与徐闻在海上丝绸之路始发港地位与作用比较研究》，《中国地方志》，2005年第10期，第55—59页。

② 黄铮：《广西对外开放港口——历史·现状·前景》，广西人民出版社1989年版，第11页。

③ 黄铮：《广西对外开放港口——历史·现状·前景》，广西人民出版社1989年版，第13页。

④ 黄铮：《广西对外开放港口——历史·现状·前景》，广西人民出版社1989年版，第14页。

⑤ 廖国一、曾作健：《南流江变迁与合浦港的兴衰》，《广西地方志》，2005年第3期，第39—44页。

⑥ 黄铮：《广西对外开放港口——历史·现状·前景》，广西人民出版社1989年版，第3页。

里，水深5到10米的天然深槽停泊轮船。[①]

近代以来，由于南流江航道淤浅和季节性水流变化，南流江航运逐渐衰落，20世纪60年代前，30吨船从合浦溯江而上可达玉林船埠，50吨船只可达博白沙河，由于航行困难，上溯航程越来越短，而所需时间却越来越长，到20世纪80年代后，合浦县境上游航道已无法通航，南流江航道的淤塞导致合浦港不断衰落。[②] 而北海港成为由冠头岭跃出海面屈曲回环而抱成良港，发展日新月异，面朝东南亚、背靠大西南，处于"一城系五南"（西南、湖南、云南、中南、越南）、"一口通六西"（陕西、山西、鄂西、湘西、广西）（注：原文为五"西"）的极为重要的战略枢纽位置，成为我国大陆与亚太经济圈的交汇点。[③]

钦州北海地区主要还有以下古港口。

乾体港：位于廉州湾东北角，南流江支流廉州江沿岸，距合浦城仅6公里，距北海市约10公里，与北海外沙港遥遥相望。乾体港是古代优良港湾，外阻风浪袭击，内有内河作依托，溯南流江而上，可到达西汉故都长安或中原地区。[④]

大风江港：大风江港旧称"大观港"，是古合浦港之一，大观港有潮，西通九河江江口，通龙门七十二泾，直抵钦城。[⑤] 相传公元41年，汉将马援曾率楼船水师驻泊于此。因"苦乌雷岭风涛之险，命令水军夜凿白布峰腰之地，以通粮艘"。这条渠道可沟通与龙门港的水系，是合浦最早的人工建港工程。[⑥] 大风江港对钦州对外贸易十分重要，史志记载钦州大风江附近东场

① 《广西航运史》编审委员会：《广西航运史》，人民交通出版社1991年版，第90页。

② 廖国一、曾作健：《南流江变迁与合浦港的兴衰》，《广西地方志》，2005年第3期，第39—44页。

③ 张谦益：《北海港口城市发展模式探讨及若干发展设想》，《改革与战略》，1996年第5期，第21—23页。

④ 周家干：《合浦乾体古港作为"海上丝绸之路"始发港探源》，《广西地方志》，2002年第5期，第71—73页。

⑤ 田心：《广西钦州"海上丝绸之路"历史文化遗址考证及评析》，《钦州学院学报》，2017年第2期，第1—6页。

⑥ 廖国一、曾作健：《南流江变迁与合浦港的兴衰》，《广西地方志》，2005年第3期，第39—44页。

镇的唐瓷岭是隋唐时期钦州生产陶瓷的厂场之一，从大风江大观港将瓷器装运上船出海，十分便利，大风江港是钦州商品运销外地的主要始发港之一。① 有学者认为现今位于钦州市钦南区犀牛脚镇的西坑古运河与马援开凿的运河类似，因而西坑古运河有可能是马援开凿运河的一段，或者是在马援开凿运河的基础上扩建。②

旧州江口港：位于南流江沿岸，依赖南流江发达的水运而兴盛。南流江源于广西南部大容山，经合浦入海。全长271公里，河面宽达260多米，河宽水深，淤泥少，适于航行，通过北流江、漓江、灵渠与湘江连接，是沟通中原与北部湾沿海地区的重要水道，旧州江口港则是南流江上的重要港口和通往东南亚必经水路之一，也是"海上丝路"的始发港，其航海业务直到明代中后期才被北海港所代替。③

海门港：位于廉州镇到冠头岭一带。隋唐以后，随着造船技术的进步，船体增大，沿南流江航行已很困难，因而外商船只一般在廉州镇汇集，到达海门港一带，然后换小船沿南流江北上。④ 宋元时期，冠头岭往东到石头埠一带的廉州海岸建有大规模的盐场，年产熟盐150万斤以上，广西内陆所需海盐都是廉州供给，海门港成为广西漕盐的集散地。⑤

铁山港：铁山港古代被称为榕根港、大廉港，自古以来被称为"合浦左腋"，因港湾北部有铁山村而得名。港口位于合浦城东南约48公里，西部为营盘镇坡尾底，东边是沙田镇对达头，港口宽约9公里，港内宽3到10公里，港内有多处港口，主要有石头埠、沙田等，是合浦面积最大、水体最深的内陆港湾。⑥

---

① 田心：《广西钦州"海上丝绸之路"历史文化遗址考证及评析》，《钦州学院学报》，2017年第2期，第1—6页。

② 田心：《广西钦州"海上丝绸之路"历史文化遗址考证及评析》，《钦州学院学报》，2017年第2期，第1—6页。

③ 吴龙章：《中国"海上丝绸之路"始发港探源》，《钦州师范高等专科学校学报》，2002年第3期，第51—53页。

④ 廖国一、曾作健：《南流江变迁与合浦港的兴衰》，《广西地方志》，2005年第3期，第39—44页。

⑤ 黄铮：《广西对外开放港口——历史·现状·前景》，广西人民出版社1989年版，第14页。

⑥ 合浦县志编撰委员会：《合浦县志》，广西人民出版社1994年版，第102页。

石头埠港：属铁山港，位于合浦南康镇，距离合浦城51公里，与沙田港隔海相望，北边是公馆港，西边是闸口港，是船舶进出公馆港、闸口港的必经之地，港口水深，水域宽广，可以停泊万吨级轮船，民国年间是赤江、玉林、博白、灵山与安铺、湛江、海口、越南货运的主要港口。[①]

沙田港：属铁山港，位于沙田乡，东与广东省毗邻，是合浦最偏远的一个港口，港湾平静，近代主要停泊沙田乡的渔船或少量运输船。[②]

公馆港：位于公馆镇，属于铁山港，航道狭窄，但开发利用较早，公馆的猪苗，榄子根的盐和当地农副产品在公馆港集散。[③]

英罗港：港口位于合浦城山口镇英罗村东，故名，距合浦直线距离约60公里，与广东省廉江县交界，港口宽约4公里，港内南宽北窄，长约15公里，面积约42平方公里，有洗米河等小河流注入。[④]

营盘港：在合浦城东南54公里处，因位于营盘墟东南而得名，是合浦主要渔港，港口南北长约5公里，东西最宽1.5公里，港口北面有南康江流入。[⑤]

四、港口和沿海城镇与社会经济发展

（一）地理位置临近东南亚以及灵渠开凿和相关水道的联通是钦州北海地区古港口兴旺发展的重要因素

如前面已经提及，现代北海港是面朝东南亚、背靠大西南，处于极为重要的战略枢纽位置。古合浦港口的具体位置虽然与现代北海港位置有所不同，但就大的方面来说，其对于南海地区、中国内地所处的枢纽位置却是一样的。

谈及合浦古港口群位置，必然需要首先引用东汉班固所著《汉书·地理志》记载："自日南障塞、徐闻，合浦船行可五月，有都元国（苏门答腊）；

---

① 合浦县志编撰委员会：《合浦县志》，广西人民出版社1994年版，第446页。
② 合浦县志编撰委员会：《合浦县志》，广西人民出版社1994年版，第447页。
③ 合浦县志编撰委员会：《合浦县志》，广西人民出版社1994年版，第447页。
④ 合浦县志编撰委员会：《合浦县志》，广西人民出版社1994年版，第102页。
⑤ 合浦县志编撰委员会：《合浦县志》，广西人民出版社1994年版，第102、第203页。

又船行可四月，有邑卢没国（缅甸），又船行可二十余日，有夫甘都卢国，自夫甘都卢国船行可二月余，有黄支国（印度），民俗略与珠崖相类，其州广大，户口多，有异物，自武帝以来皆献见，有译长属黄门，与应募者俱入海，市明珠、璧流离、奇石、异物，赍黄金、杂缯而往。"此段文字所描述的从合浦港出发的航线，直观地说明了合浦港与东南亚及印度洋沿岸地区大致的位置关系，在古代造船技术、航海技术都不发达的背景下，古合浦港首先开辟了沿北部湾、越南沿岸直至东南亚国家和地区的海上丝绸之路航线，必然是因为地理位置相近。又据载，广东海道自廉州冠头岭出发，两三日即可到达安南海东府，若沿海岸西行，一天可抵达钦州乌雷岭，两天可到白龙尾，三天可到玉山门，五天可到万宁州，接着到安阳海口、多渔海口，说明古合浦港与越南沿岸港口已经开通了不定期航线。[①] 因而，在海南岛尚未开发，甚至部分地域都不属于中原王朝统治范围之内的时代，位于中国大陆最南端的古合浦地区无疑是中国距离东南亚最近的地区。

古合浦郡水运系统是古合浦港兴旺发达的另一个重要原因。港口的发展不是独立的，不是一个单纯的货物转运之地，需要多重因素的共同促进，特别是需要国家政治发展需要和经济腹地的支撑。否则，单纯的港口就成为无源之水、无本之木，发展难以持久，而国家政治发展需要与地区经济腹地的支撑则需要发达的交通系统支持，在古代交通不发达且运输工具单一的背景下尤其如此，恰恰在这一方面古合浦地区满足这一条件，即具备发达的水路运输系统。

广西河流众多，共有天然河流476条，总长22663.7公里，可通航河流212条，总长9513.7公里，广西的河流分属西江、长江和独流入海三个水系。以西江为主干，呈叶脉状分布全区，形成了理想的天然河网，西江水系是珠江三条支流中流程最长最有经济价值的一条河流，西江水系主要河流有南盘江、红水河、黔江、浔江、驮娘江、右江、郁江、左江、榕江、融江、柳江、桂江等，长江水系分布在广西东北，可通航河流四条，其中干流湘江在

---

① 黄铮：《广西对外开放港口——历史·现状·前景》，广西人民出版社1989年版，第19页。

广西境内长136公里，兴安县的古老灵渠运河把珠江和长江两大水系连接起来。独流入海水系共有河流97条，从南部单独流入北部湾海域，其中以南流江最大。①

古合浦港位于南流江出口，是南流江、北流江、西江到出海口的出海通道。南流江源于广西南部北流县大容山，河床水深，经玉林、博白、流经浦北，从合浦出海，通过人工开凿在桂门关与北流江（浔江支流）相通，支流有武利江、小江、张黄江，自汉代到宋朝南流江都是华南地区的主要内河航道。②从古合浦郡沿岸登陆的外国商人、使臣前往封建统治中心地区的中原，一般都是从古合浦港沿南流江上溯，经北流江到桂江，然后通过灵渠进入湘江再通过长江水系到达中原地区，相反亦原路返回。此外，以南流江水系为主构成了古合浦郡当时的主要货运通道，中原内地、云贵高原的货物主要从三条通道进入合浦郡境，一是湘漓水道，中原地区货物沿长江水系由湘江过灵渠进入漓江，经北流江过桂门关进入南流江水系，最终到合浦港口；二是红水河水道，云贵川货物从红水河到南、北盘江到郁江，溯郁江而上至贵港，经陆地转运再沿南流江到合浦港口；三是左、右江水道。左右江汇合后经龙州、崇左、扶绥到邕江，转陆运到灵山，再从武利江经南流江到达合浦港。③可见，是四通八达的河网系统造就了古合浦港的繁荣。

除了密集的水路运输系统外，推动合浦港繁荣发达的因素还有两个，一是古合浦郡水运系统是古代中国中原地区通往东南亚各国的路线中距离最近的一条通道，不但比经长江往东入海沿东南海岸进入南海的距离近，也比从中原过灵渠入西江经番禺（广州）沿东南海岸入南海的航程近；二是航行安全，从中原经湘江进入合浦郡水运系统入海比从长江入海和从中原过灵渠从番禺入海，避免了一段海上航程，在古代造船、航海技术落后的背景

---

① 《广西航运史》编审委员会：《广西航运史》，人民交通出版社1991年版，绪论第4—5、第8—9页。

② 吴龙章：《中国"海上丝绸之路"始发港探源》，《钦州师范高等专科学校学报》，2002年第3期，第51—53页。

③ 梁旭达、邓兰：《汉代合浦郡与海上丝绸之路》，《广西民族研究》，2001年第3期，第86—91页。

下，也即是避免了海上风浪、海盗等自然和人为的损害，相对来说还增加了收益。①

然而，这一切便利与收益并非天然生成，还得益于灵渠及在桂门关通过人工开凿运河沟通南流江和北流江。灵渠开凿一开始应主要是秦代处于国家统一的政治需要，秦始皇在湘江与桂江（漓江）之间修筑灵渠，使长江水系与珠江水系连为一体，为古合浦港的发展提供了重要的先决条件，具有重大的政治、军事、经济意义。东汉马援南征交趾，三国时期，东吴派兵由湖北荆江溯湘江，过灵渠，沿桂江、北流河、南流江到达合浦去平定交趾叛乱，②唐朝咸通年间高骈征交趾，也利用了这一水运系统，在番禺兴起之前商人、使节出使南洋、来访中国更是离不开这一水运系统。正是因为看到了以灵渠为中心的南流江水运系统的重要性，历代封建王朝花大力气修治灵渠以保持这一水运系统的畅通。除了东汉马援和唐代高骈整治南流江航运以外，历代封建王朝还多次修治灵渠。868年，桂州刺史鱼孟威对灵渠重新整治。977年，转运使边诩主持对灵渠做了一次较大规模整治。1045年，秦晟主持对灵渠做了北宋年间的第二次较大规模的整治。1049—1054年，桂林司户参军李忠辅主持对灵渠做了北宋年间的第三次较大规模的整治。1194年，经略使朱晞颜主持了宋朝规模最大的灵渠修缮。1276—1281年，苏天爵为军用而整治灵渠。③1346年，广西联防使阿里不花偕修治灵渠。1355年，岭南西道肃政廉访副使乜兜吉尼主持修治灵渠。1396年，明太祖为用兵云贵派御史严震直修治灵渠。④据不完全统计，宋朝对灵渠的治理一共进行了七次，⑤元朝有三次。⑥明清时期统治者也十分重视灵渠的作用，对灵渠的维修整治次数更多，明朝进行了六次，清朝进行了十六次。⑦尤其是明朝建立了五年

---

① 邓家倍：《合浦与徐闻在海上丝绸之路始发港地位与作用比较研究》，《中国地方志》，2005年第10期，第55-59页。

② 《广西航运史》编审委员会：《广西航运史》，人民交通出版社1991年版，第309页。

③ 《广西航运史》编审委员会：《广西航运史》，人民交通出版社1991年版，第310页。

④ 《广西航运史》编审委员会：《广西航运史》，人民交通出版社1991年版，第311页。

⑤ 《广西航运史》编审委员会：《广西航运史》，人民交通出版社1991年版，第44页。

⑥ 《广西航运史》编审委员会：《广西航运史》，人民交通出版社1991年版，第45页。

⑦ 《广西航运史》编审委员会：《广西航运史》，人民交通出版社1991年版，第68页。

大修三年小修的制度，说明灵渠在国家的政治经济生活中上升到更重要的地位。①

（二）政治、军事、航海技术因素是推动钦州北海地区成为古代海上丝绸之路重要港口的首要因素

历代中原王朝对岭南的统一、平叛、反侵略战争也是促进钦州北海地区经济繁荣和古合浦港成为古代海上丝绸之路始发港的重要因素。公元前221年，秦始皇完成了统一中原大业之后，着手南征百越，向今天两广地区进军，迅速占领今广东地区，但统一广西战事不顺，前后相持三年之久，为扭转局势，秦朝修筑灵渠，打通湘江与漓江通道，便于运输军队与粮草，一举扭转局面，迅速占领今广西和越南中部、北部地区，其地纳入秦朝版图，通过移民和输入中原地区先进的文化和经济技术，为今广西地区的发展做出了重大的贡献。此后，两汉时期，交趾叛乱多次困扰中原王朝，两汉朝廷不得不多次派兵平叛。如海南岛在公元前110年到公元前86年，共反叛六次，后还有交趾、日南、象林、苍梧、九真等郡反叛，有的郡县甚至屡屡出现反叛。41—43年，东汉光武帝派马援、刘隆、段志等南征平定交趾叛乱，"苦乌雷岭风涛之险"，命水军"夜凿白布峰腰之地，以通粮船"，沟通了大风江与龙门港之间的联系，为军事需要修治南流江和古合浦港，这"实钦廉舟楫之利"有力地促进了合浦港的发展。② 226年，交趾反叛东吴，孙权派兵经过合浦从海上讨伐，269年，东吴再次派一路军队经湘江、灵渠、桂江、北流江、南流江到达合浦，同时另派一路大军从浙江出发沿海路到合浦，然后从合浦港出发前往交趾平叛，南朝梁大同七年（541年）交趾反叛，547年，梁武帝陈霸先再次经古合浦港前往交趾平叛。③ 隋大业元年（605年）林邑国侵占日南、象林县，隋军分陆（陆路从合浦、钦州出发）海两路进攻，迫使林邑国

---

① 《广西航运史》编审委员会：《广西航运史》，人民交通出版社1991年版，第69页。

② 廖国一、曾作健：《南流江变迁与合浦港的兴衰》，《广西地方志》，2005年第3期，第39—44页。

③ 《广西航运史》编审委员会：《广西航运史》，人民交通出版社1991年版，第309页。

投降。[①] 唐朝咸通年间，南诏占据交趾，唐将高骈三次率军利用南流江、合浦港收复交趾，期间再次修治南流江，"行舟益利，至今赖之"。[②] 宋朝时期，交趾屡屡骚扰廉州沿岸，太平兴国五年（980年）宋太祖派兵讨伐交趾，迫使其停止骚扰。[③] 元朝至元年间，元世祖忽必烈以廉州港口为基地进攻占城，1287年，元朝军队从水路经北海港进攻交趾，交趾投降。[④] 1396年，明太祖用兵云贵，其间修治灵渠以支持战争。[⑤] 可见，中原王朝对今广西和越南中北部地区的统一与平叛战争与南流江、古合浦港的治理始终相伴，政治、军事因素在促进合浦港的发展方面起了非常重要的作用，而且战争之后的统一、安定局面为合浦地区的经济发展、对外贸易维持了有利的内外环境，对今广西地区的经济繁荣、古合浦港的发展无疑发挥了巨大的作用。

统治者对奢侈品的需求客观上开辟了海上丝绸之路，推动了东西方经济文化交流，促进了古合浦港的发展。史书记载，秦始皇南征百越包含了经济动机，是因为百越之地多犀角、象齿、玳瑁、翡翠、珠玑、银、铜、果、布的集散之地，中原商贩来往贸易，大多致富。[⑥] 东汉班固《汉书·地理志》记载，自日南障塞、徐闻，合浦船行……到黄支国（印度），称其州广大，户口多，有异物，因而带着黄金和丝绸前往交易明珠、璧玉、流离、奇石、异物。此可见，对广西地区的统一、平叛战争除了大一统观念的影响外，中原王朝对明珠、璧流离、奇石、异物等奢侈品的追求也是其动机之一，进而在客观上开辟海上丝绸之路，推动了东西方经济、文化交流，从而使古合浦港成为海上丝绸之路最早的始发港和经停港。

两汉时期，合浦古港是当时中原王朝距离东南亚地区最近的港口，得地利之便，从地理位置看，合浦郡东连苍梧郡郡治广信、南海郡郡治番禺，西

---

① 廖国一、曾作健：《南流江变迁与合浦港的兴衰》，《广西地方志》，2005年第3期，第39—44页。

② 《广西航运史》编审委员会：《广西航运史》，人民交通出版社1991年版，第26页。

③ 廖国一、曾作健：《南流江变迁与合浦港的兴衰》，《广西地方志》，2005年第3期，第39—44页。

④ 黄铮：《广西对外开放港口——历史·现状·前景》，广西人民出版社1989年版，第16页。

⑤ 《广西航运史》编审委员会：《广西航运史》，人民交通出版社1991年版，第311页。

⑥ 章巽：《我国古代的海上交通》，商务印书馆出版1986年版，第14页。

控交趾郡郡治交趾，北连郁林郡郡治布山，南通南海和印度洋，与东南亚、南亚等地海上交通便利，区位优势明显。[①] 加之灵渠的开通及不断治理，中原地区与合浦地区水路交通畅通无阻，同时限于当时的航海技术条件，海上航行时船只只能沿岸航行。因此，古合浦港无论是作为始发港还是经停港，都是海上丝绸之路的必经之地。西汉桓宽在其《盐铁论》中记载，蜀郡的货物运到南海交换珠玑、犀、象等珍品，中国的丝绸也由合浦、日南等处出口，在海上售与大夏、安息、天竺的商人，然后由他们转卖给大秦。[②] 因此，海上丝绸之路沿线国家和地区的奢侈品、商品与中原地区的黄金、丝绸交易频繁，贸易兴盛。促进了合浦港的快速发展，以至使合浦港成为中国南方重要的出海港口，成为两汉海上丝绸之路的始发港。

其后由于珠江三角洲经济的发展、航海技术的进步使船只不必沿海岸航行，导致直接跨越南海的新航路的开辟，番禺港崛起，古合浦港日益失去其海上丝绸之路始发港的地位，但其作为海上丝绸之路上节点的地位仍然重要。三国到南北朝时期，从合浦出发经过合浦前往的国家有林邑国，原为汉朝日南郡象林县地，盛产犀角、象牙、珠玑、香、药和棉花棉布；扶南国，其出产与林邑国大致相同，有金、银、铜、锡、沉木香、象牙、孔翠、五色鹦鹉等；顿逊国，是大秦、波斯与中国之间的商品集散地，贸易发达；盘盘国，宋文帝元嘉、孝武、孝建、大明几朝间都遣使来华进贡。[③] 到清朝时期，海外商人由北海港登陆前往中国内地为数仍然不少，北海港主要从事与安南、暹罗等东南亚国家的直接贸易往来，为管理贸易，清廷在北海设立廉州口海关分关，抽税额十分可观，除上缴外，还有结余。[④] 可见，相对于汉代在海上丝绸之路上曾经的地位，合浦在中国对外贸易中的位置虽然下降，但相对于自身来说仍在继续发展、繁荣。

---

① 廖国一：《从北部湾出发的汉代海上丝绸之路研究述略》，《广西民族研究》，2014年第5期，第98—105页。

② 廖国一、曾作健：《南流江变迁与合浦港的兴衰》，《广西地方志》，2005年第3期，第39—44页。

③ 《广西航运史》编审委员会：《广西航运史》，人民交通出版社1991年版，第18页。

④ 黄铮：《广西对外开放港口——历史·现状·前景》，广西人民出版社1989年版，第22页。

在造船、航海技术都十分落后的古代，船只海上航行的动力只能是人力，限于体力和规模，以人力为动力的船只当然不能远航。但在人们长期的生产实践活动中，人们发现风力和洋流可以作为船只航行的动力，但风向却难以掌握，好在人们发现了沿海风向的规律，即季风的规律，粤西海区受大气环流和季风的影响，秋季盛行东北季风，春末至夏盛行西南季风。[①] 发现和利用季风规律是古代航海活动的一件大事，解决了远距离海上航行的动力问题。早在公元前3世纪以前，中国人就已经明确认识一年里季风变化的规律，这种认识来自农民和航海家们长期的航海实践，[②] 有意识地对这种认识加以利用又进一步推动了航海的发展，使海上长途航行成为可能。《汉书·地理志》记载的"自日南障塞、徐闻，合浦船行可五月，有都元国（苏门答腊）；又船行可四月，有邑卢没国（缅甸），又船行可二十余日，有夫甘都卢国，自夫甘都卢国船行可二月余，有黄支国（印度）"，应是对沿海季风和洋流的充分利用，没有季风、洋流的作用，船只的远距离航行难以想象。有学者认为，对季风的利用还体现在汉王朝对南方的军事活动中，公元前138年夏季西汉武帝派兵南征，但从海路出发的军队直到此次战争结束也未到达前线，其中原因被认为是为了避免夏季南来的季风对沿海南下航行船队的不利影响，而公元前111年秋季的南征则很好地利用了季风，因秋季南下可充分利用其时由北向南而来的季风。[③]

在季风、洋流、政治、军事、经济等因素的推动下，合浦地区在古代海上丝绸之路上的海外贸易演化、发展出了众多的海上航线。东汉班固的《汉书·地理志》有关"自日南障塞、徐闻，合浦船行可五月……有已程不国，汉之译使自此还矣"的记载，生动地描述出了从合浦出发的古代海上丝绸之路航线，即从日南、徐闻、合浦出发，一路沿线有都元国（今马来西亚西南海岸）、有邑卢没国（今缅甸南海岸）、谌离国（今缅甸西南海岸）、夫甘

① 陈立新：《论汉徐闻港在海上丝绸之路史上的地位和作用》，罗康宁：《海上丝绸之路与中国南方港学术研究会论文集》，岭南文史出版社2002年版，80—81页。
② 章巽：《我国古代的海上交通》，商务印书馆1986年版，第10页。
③ 章巽：《我国古代的海上交通》，商务印书馆1986年版，第16页。

都卢国（今缅甸蒲甘城）、黄支国（今印度东南部海岸）、已程不国（今斯里兰卡）等，然后从黄支国、已程不国返航，到皮宗（今马来西亚东海岸），回到日南（今越南）、象林县边界，此一航线最远到黄支国和已程不国。而且班固还记载了航线沿途的风险（海上风暴导致船员死伤者多，归途漫长）和买卖、进贡的商品（用丝绸、黄金交换明珠、璧玉、琉璃、奇石、异物以及要求黄支王进贡活犀牛）。记载之详尽，说明当时该航线已经为大众所知。从古代海上丝绸之路另一端的大秦（古罗马帝国）来说，由于陆上丝绸之路到中亚后被安息（今伊朗）垄断丝绸运输以图获暴利而阻隔，大秦转而力图开辟海上丝绸之路航线与中国建立直接的贸易联系，由红海北端通过古运河到达地中海的亚历山大城，沿着亚洲大陆南部印度洋北岸沿线一直到达我国南部的交趾。[①] 在相互寻求贸易的过程中，处于海上丝绸之路中段的已程不国甚至成为双方贸易的中转站。

晋代中国南方海上贸易重点开始由合浦向番禺转移，但合浦沿海港口仍然是海上丝绸之路的必经之地，既是重要的贸易港口，又是淡水和食品补给的锚泊地。[②] 但总体来说，两汉时期古合浦港最为繁荣，作为海上丝绸之路始发港的地位突出。此后从三国到南北朝时期由于战乱与分裂，大大影响了合浦港口的海外贸易，直到唐宋时期才又开始恢复，但番禺的崛起，合浦地区在海上丝绸之路上的贸易地位相对下降。

唐朝时期，合浦地区对外海运航线主要有二，一是从钦州到交趾，二是从合浦直达交趾，廉州、钦州仍是东南亚各国前来朝贡贸易的港埠。[③] 到北宋时期，由于封建政府积极开展对外贸易，甚至派使臣出访海上丝绸之路沿线国家和地区招徕商人进行互市，宋祥符三年（1010年），开放廉州为与交趾互市口岸，使合浦沿海港口发展演化出了众多的对外贸易航线，据记载，北宋时期由广西沿海港口出发的海外航线有12条之多，分别是钦州到安南（越南）、廉州（合浦）到占城国（林邑，在今越南中部沿海地区）、廉州

① 章巽：《我国古代的海上交通》，商务印书馆1986年版，第19页。
② 《广西航运史》编审委员会：《广西航运史》，人民交通出版社1991年版，第18页。
③ 《广西航运史》编审委员会：《广西航运史》，人民交通出版社1991年版，第34页。

（合浦）到真腊（柬埔寨）、合浦到三佛齐国（苏门答腊古国，在今印尼苏门答腊岛一带）、合浦到阇婆国（今印尼爪哇岛）、合浦到故临国（在今印度西南沿岸奎隆一带）、合浦到注辇国（今印度科罗曼德尔海岸）、合浦到大秦国（东罗马帝国）、合浦到大食诸国（阿拉伯帝国，特别是巴格达）、廉州到木兰皮国（今非洲西北部和西班牙南部）、廉州到昆仑层期国（今马达加斯加及其附近岛屿）、合浦到波斯国（伊朗）。① 宋朝时期南部沿海对外贸易发达，衍生出多条海上航线，其原因如有关学者所指出，一是当时工商业的大发展，且发展程度比盛唐更进一步，二是北方陆上丝绸之路更进一步阻绝，西北方向西夏国的存在使宋朝陆上丝绸之路甚至出不了西域，只能向南方海上发展。② 明朝时期虽然"海禁"严格，但合浦地区沿岸港口仍然与越南沿岸港口开通了不定期航线。③

（三）钦州北海地区古代经济的发展是沿海古港口繁荣的基础

古合浦地区港口的发展首先得益于当地经济的发展为其提供了坚实的基础。古合浦地区虽然地处我国西南，属蛮夷之地，但在经济发展程度上，却是最为发达的，是岭南地区的政治、经济中心。在古代农业时代，人口的多寡是衡量经济发展程度的重要指标。史书记载，在汉朝设置的岭南九郡中，交趾郡户数和人口数位居岭南各郡第一，九真郡位居第二，苍梧郡位居第三，南海郡位居第四，合浦郡位居第五，排列后两位的分别是郁林郡、日南郡。④ 单看排序还不能看出交趾、九真在户数和人口数方面的突出地位，重要的是，岭南西部地区与东部地区在户数和人口数上差距巨大，交趾的户口数量和人口数量分别是南海郡的4.6倍多和7.9倍多，九真郡的户数和人口数

---

① 《广西航运史》编审委员会：《广西航运史》，人民交通出版社1991年版，第46页。
② 章巽：《我国古代的海上交通》，商务印书馆1986年版，第52页。
③ 黄铮：《广西对外开放港口——历史·现状·前景》，广西人民出版社1989年版，第19页。
④ 王元林：《秦汉时期番禺等岭南港口与内地、海上交通的关系》，《中国古都研究（第二十三辑）——南越国遗迹与广州历史文化名城学术研讨会暨中国古都学会2007年年会论文集》，2007年，第151—174页。

都是南海郡的两倍多。① 所以，从此可看出，虽地处蛮荒之地，两汉时期岭南西部地区却是整个岭南地区的经济发展重心。② 其次，合浦地区发掘的汉墓墓葬品也说明古合浦地区的经济发展程度较高。合浦汉墓出土的墓葬品有铁制工具如刀、削、剪、锄、番、齿等，家畜饲养已经很普遍，手工业制品种类繁多，包括金、银、铜、铁、陶、漆、玉石、琉璃等，甚至还出现了瓦窑、铜矿冶炼。③ 农业、手工业的发展，不但提升了经济发展水平，对于海外贸易来说大大丰富了商品种类，有利于海外贸易的开展。

尤为重要的是，古合浦地区独特的产业——采珠业对合浦发展海外贸易贡献很大。合浦以盛产珍珠而闻名，名为南珠，又称廉珠和白龙珍珠，凝重结实，浑圆莹润，其中以白龙珍珠池产者为佳，④ 既是名贵装饰品，又是珍贵药材，⑤ 因而深得封建统治者的喜爱，被当作奢侈品进贡给朝廷。同时，合浦珍珠作为合浦主要商品参与对外贸易，也深得海上丝绸之路沿线国家和地区的商人喜爱，成为合浦对外贸易的主要商品。史书记载，早在汉代以前，合浦珍珠业已相当发达，后成为全国著名的珍珠产地，东汉到晋代，合浦不产谷物粮食，而是以采珠为业，通过与交趾贸易卖出珍珠买进粮食，"百姓唯以采珠为业，商贾去来，以珠贸米"，国内商旅与东南亚各国商人纷纷到合浦进行珍珠买卖，合浦港因而繁盛。⑥ 南北朝时期还出现了人工植珠，将贝壳打磨成佛像插入河蚌，三年后可收获佛像珍珠，此后人工养贝和人工植珠日益发达。⑦ 合浦珍珠产业的发达让一部分人发家致富，西汉成帝时期，京兆尹王章遭人陷害，其妻被流放到合浦，以采集和经营珍珠为生，

① 邓家倍：《合浦与徐闻在海上丝绸之路始发港地位与作用比较研究》，《中国地方志》，2005年第10期，第55—59页。
② 覃延欢等：《广西史稿》，广西师范大学出版社1998年版，第26页。
③ 梁旭达、邓兰：《汉代合浦郡与海上丝绸之路》，《广西民族研究》，2001年第3期，第86—91页。
④ 合浦县志编撰委员会：《合浦县志》，广西人民出版社1994年版，第300页。
⑤ 合浦县志编撰委员会：《合浦县志》，广西人民出版社1994年版，第302页。
⑥ 《广西航运史》编审委员会：《广西航运史》，人民交通出版社1991年版，第18页。
⑦ 合浦县志编撰委员会：《合浦县志》，广西人民出版社1994年版，第306页。

八九年间累积财产数百万。[1]

然而，合浦珍珠产业的发展史也是采珠人的一部血泪史。历代封建统治者为了满足奢侈享乐的私欲，强迫珠民不顾珍珠资源的发展规律而进行滥采，多次导致珠苗灭绝，而且不顾珠民生计多次发布采珠令、禁珠令。东汉时期就因滥采而致珠苗绝迹，合浦太守"并多贪秽，诡人采求，不知纪极，珠遂渐徙于交趾郡界，于是行旅不至，人物无资，贫者饿死于道"，[2] 汉顺帝时期不得不采取保护措施，以利于可持续发展，最终"合浦珠还"。唐宋时期都有采珠过度、严重破坏珍珠资源的历史。不但如此，封建统治者用暴力驱使珠民到深海采集珍珠，即使是冬天雨雪天气仍不停止，珠民在海上病死、冻死、溺死数以万计，明朝采珠业的繁盛就是在这种背景下出现的。[3] 封建统治者的贪得无厌，甚至达到了"以人易珠"地步，迫使珠民逃往他乡或反抗，先后进行了无数次的反抗和暴动。[4]

除采珠业之外，盐业也是古合浦地区重要的收入来源。秦汉时期，合浦已经有原盐生产，宋朝时合浦港漕盐业发达，成为广西漕盐集散之地，其中白石、石康两个盐仓为全国四大盐仓之二，[5] 廉州盐场年产熟盐150万斤以上，广西内陆所需海盐都是廉州供给，海门港成为广西漕盐的集散地，进而促进了廉州的发展。[6] 此外，合浦的陶瓷器从汉代开始烧制，到唐朝已经很发达，宋朝已经远销东南亚各国，[7] 现今在沿灵渠这条古水道地区发现40多处宋朝瓷窑，估算一年可以生产陶瓷800余万件，广西本地区显然无法消费，只能外销。[8]

---

[1] 邓家倍：《合浦与徐闻在海上丝绸之路始发港地位与作用比较研究》，《中国地方志》，2005年第10期，第55—59页。

[2] 王元林：《秦汉时期番禺等岭南港口与内地、海上交通的关系》，《中国古都研究（第二十三辑）——南越国遗迹与广州历史文化名城学术研讨会暨中国古都学会2007年年会论文集》，2007年，第151—174页。

[3] 合浦县志编撰委员会：《合浦县志》，广西人民出版社1994年版，第304页。

[4] 合浦县志编撰委员会：《合浦县志》，广西人民出版社1994年版，第305页。

[5] 廖国一、曾作健：《南流江变迁与合浦港的兴衰》，《广西地方志》，2005年第3期，第39—44页。

[6] 黄铮：《广西对外开放港口——历史·现状·前景》，广西人民出版社1989年版，第14页。

[7] 合浦县志编撰委员会：《合浦县志》，广西人民出版社1994年版，第312、313页。

[8] 《广西航运史》编审委员会：《广西航运史》，人民交通出版社1991年版，第47页。

　　正因为经济的发展，催生了古合浦地区集市繁荣。《岭外代答》中记载的钦州博易场就是宋朝时期合浦地区对内对外贸易的著名墟市，钦州博易场的繁荣使得大量的海外商品、奢侈品经由交趾商人通过钦州博易场的交易来到广西，并进入中原……而广西内陆的土特产品、周边郡县的商品也经钦州博易场这一商品中转站传至海外。① 《岭外代答》中记载的钦州博易场的交易商品种类之多、交易方式的描述、交易商品数额之巨大，② 无不反映了当时合浦地区经济发展水平。明朝合浦有埠民墟、西门墟、石康墟、卫民墟四个墟市。清朝康熙年间设立西场墟，乾隆年间又设立公馆、白沙、山口、永安、乾体、常乐等墟市，道光年间增设乌家、福成、上洋、南康、闸口、沙岗、永康、新圩、多蕉等墟市。③ 古合浦地区经济的发展，促使统治者加强了对海外贸易的管理，1010年开放廉州为与交趾互市口岸，元朝初年廉州设立市舶提举司，清朝康熙年间开放海禁后，由粤海关高雷廉总口管辖合浦口岸。④ 虽然古合浦港与古徐闻港一样由于多种原因而相对衰落，在海上丝绸之路上的地位让位于番禺港，但丝毫不能抹杀古合浦港在海上丝绸之路中曾有的始发港与中转港的地位与作用。

---

　　① 徐靖彬：《宋代钦州博易场的兴衰与"海上丝绸之路"的发展变迁》，《钦州学院学报》，2015年第10期，第24–28页。
　　② 周去非：《岭外代答》卷五。
　　③ 合浦县志编撰委员会：《合浦县志》，广西人民出版社1994年版，第494页。
　　④ 合浦县志编撰委员会：《合浦县志》，广西人民出版社1994年版，第501页。

第三章
CHAPTER 03

海南省古代港口的
历史发展

海南省简称"琼"，古有"南溟奇甸"之称，范围包括海南岛、西沙群岛、南沙群岛和中沙群岛的岛礁及其海域。海南岛历史悠久，早在夏商时期，我国南方百越族的一支进入海南岛。西汉时期，海南正式列入其版图。汉武帝在海南设珠崖、儋耳两郡。唐太宗贞观年间，在海南设立崖州都督府。五代十国时期，海南隶属南汉。宋元以后，由于中原汉族南迁海南，人口增长很快，给当地带来了先进的文化和生产方式，海南的经济文化有了进一步发展。清乾隆年间颁布《敕开垦琼州荒地》吸引了大量移民进入，人口、耕地面积都有很大的增加，农业、手工业、商业都有了进一步的发展。

随着行政建制的完善，海南沿海城镇开始逐步发展成型，特别是隋唐时代海南统一行政机构的建立，各州治、县治城池的大规模建设开始进行，大部分城池由原来较为简单地用土块筑城转变为用石块、砖块筑城，抗风防雨能力不断加强。城池逐步坚固，形成较为固定的城镇，州治、县治地点开始固定下来。尤其是沿海城镇得到了快速发展，如琼山、文昌、琼海、万宁、陵水、三亚、东方、儋州、临高、澄迈等。随着经济的发展，尤其是农业、手工业、商业的繁荣，加速了沿海城镇的发展，更促进了沿海除城镇之外的墟市的出现和发展，大量的墟市涌现，各州县墟市数量激增，少则数个，多则数十个，促进了手工业、商业的繁荣。

经济的发展自然是促进沿海港口发展和繁荣的首要条件，海南所处位置也是沿海港口发展的必要条件。海南的海上交通四通八达，处于欧洲、亚洲、非洲及大洋洲交通的"十字路口"。目前，海南岛共有大小港湾数十处，现有的主要港湾有海口港、洋浦港、三亚港、八所港、铺前港、清澜港、新村港、白马井港、新盈港、海口新港、马村港、乌场港、红牌港和博鳌港。

在古代，由于地理原因，海南与东南亚人员、贸易往来频繁，这些东南亚古国和地区主要有：位于越南的安南、占城，位于柬埔寨的真腊，位于印尼的爪哇、三佛齐、苏门答剌，位于泰国的暹罗，位于文莱的渤泥，位于马六甲海峡的满剌加。通过马六甲海峡进入印度洋后，海南岛还与印度洋沿岸古国来往密切，如位于斯里兰卡的锡兰山，位于印度的柯枝、古里，位于马尔代夫的溜山洋，位于索马里境内的木骨都束、小剌哇、剌撒，位于伊朗境内的忽鲁谟斯等。[1]

重要的地理位置及对外经济、人员的交流等因素，推动了海南岛沿海港口的发展，并在周边海域以各州县为中心形成一系列港口群，共同组成了环海水道。从海口往西二里有盐灶港、小英港、红纱角、北腩湾；澄迈县东水港、花场港等；临高县马裒港、石牌港、临高角、安全港、后水港、将军印、兵马角、鹅门港、南恒港等；儋州、新英港、田头涌、纱帽头、海头港等；昌化县的海尾、棋子湾、棋子石等；昌化有昌化港、三洲门、四更沙、北黎港、鱼鳞洲、感恩沙、岭头湾、白沙港、莺歌湾、望楼港、酸梅角，一直到三亚的保平港，保平港往东有红塘湾、三亚港、榆林港、珢琅湾、铁炉港、合口港、藤桥港；陵水县有赤岭港、桐栖港、黎庵港；万宁有双蓬石、分界洲、柑蔗洲、大洲湾、那乐港；琼海有博鳌港、谭门港、临同湾、长岐港等；文昌有冯家湾、清澜港、抱凌港、加定角、抱虎湾、乌石仔、急水门、铜鼓沙、木兰港、铺前港、白沙港、牛矢港，再往西二里即到海口。[2]

第一节　北部（海口）区域

一、自然环境与条件

海南岛北部以琼山为中心。琼山范围东西长一百五十里，南北宽九十里，东到文昌县界一百里，西到澄迈县界五十里，南到定安县界八十里，北到海岸十里。[3] 海南北部地区气候炎热，常年无霜雪，草木四季常青，但多

---

① 朱为潮、徐淦等主修，李熙、王国宪总纂：《民国琼山县志》第二册，海南出版社2004年版，第553-554页。

② 钟元棣创修，张嵩等纂修：《光绪崖州志（外一种）》上册，海南出版社2003年版，第305-310页。

③ 朱为潮、徐淦等主修，李熙、王国宪总纂：《民国琼山县志》第一册，海南出版社2004年版，第54页。

瘴气。《广南摄生方》曾比较岭南地区与海南尤其是海南北部地区的气候异同，认为岭南地区濒临大海，地势低沉，一年之中酷热时间超过一半，甚至一天之内气温多变，白天热，夜晚寒，天晴热，阴雨连绵就冷，而海南则不同，气候相对较好，认为海南的热表现为"炎蒸"，即为"天以阳施，地以温感"，常常是"四时皆是夏"，寒则表现为风雨，风嘘而吸，虽夏亦寒，故有"一雨便成秋"之说。[1]此外，古人还比较广州到雷州半岛一带地域与琼台地区气候的不同。认为广州到雷州半岛一带地域冬天只是可以"不裘"（不用穿皮衣），而琼台地区冬天则穿"葛"，即丝织衣服，还可以摇扇子。[2]

古人还比较气候变化对我国内地南方地区与海南岛农作物生长情况的影响，认为我国南方地气暑热，农作物一年三熟，冬种春熟，春种夏熟，秋种冬熟，但琼山农作物生长却无一年三熟状况，琼山低地水田为一年两熟制，冬种夏收和夏种秋收，前者为小熟，后者为大熟，高处田地则没有大熟小熟之分，一年一熟。所以，也有学者认为一年三熟是因为播种了占城稻种，与气候冷热并无必然关系，"自宋播占城禾种，今有三熟亦不尽关暑热。"[3]

瘴气是海南气候中的一大特点，其生成来自风雨燠寒的蒸变，海南瘴气分为几类，春夏之交为青草、黄梅瘴，秋冬之交有新木、黄茅瘴，但毒性最为大的是当夏之时的槟榔花瘴，据说触之就会生病，有部分地域甚至称为"瘴乡"，是故古时官员多不愿意到海南岛任职。[4]

海南四面环海，较之广东、广西沿海风暴较多，尤其是夏秋之交飓风猛烈，同时暴雨大作。飓风来时，气势如雷，树木拔起，房屋瓦片飞扬，扬沙走石，人畜皆不能行走，最厉害时海水侵吞农田，房屋倒塌，以致贬谪琼州

① 朱为潮、徐淦等主修，李熙、王国宪总纂：《民国琼山县志》第一册，海南出版社2004年版，第41页。

② 朱为潮、徐淦等主修，李熙、王国宪总纂：《民国琼山县志》第一册，海南出版社2004年版，第42页。

③ 朱为潮、徐淦等主修，李熙、王国宪总纂：《民国琼山县志》第一册，海南出版社2004年版，第42页。

④ 朱为潮、徐淦等主修，李熙、王国宪总纂：《民国琼山县志》第一册，海南出版社2004年版，第42页。

的苏轼曾著有《飓风赋》。①

二、古代建置发展沿革

（一）海口

海口市，海南省省会，因地处南渡江入海口得名，古称"白沙津""海口浦"，别称"椰城"。海口北濒琼州海峡，东邻文昌，南邻定安，西连澄迈。从区域看，"环琼皆海也，北枕海安，南近交趾，东连七洲，西通合浦，为舟楫通达之区，而琼山、海口尤为全琼之冲要"，②自古以来就是我国南方的海陆交通要冲和重要的港口商埠，也是当代改革开放造就的现代都市、新兴滨海旅游城市，海南省政治、经济、文化、交通中心。③

据《民国琼山县志》记载，海南岛在我国古代尧舜禹时代属于南方越族荒凉边陲之地，秦始皇统一中国之际，海南岛仍处于越郡外境，秦朝平定岭南地区之后，设置桂林郡、南海郡、象郡，其中象郡地域涵盖雷州半岛，而海南岛附属于雷州，因此，海南岛在秦朝就已是中国的一部分。

西汉武帝元鼎六年（前111年），中央王朝再次平定南越之地，在海南岛设置珠崖、儋耳两个郡，属交州管辖，其中珠崖郡下辖五个县，分别称玳瑁、紫贝、苟中、至来、九龙。珠崖郡旧址位于现今琼山，也即汉代的玳瑁县所在地。西汉元帝时，废除珠崖郡，设置朱卢县，隶属于合浦郡。东汉光武帝年间，设立珠崖县，仍隶属合浦郡，归交州管辖。④三国吴大帝赤乌五年（242年），又设立珠崖郡，下辖徐闻、朱卢、珠官县。晋朝平定东吴后，将珠崖郡并入合浦郡。南北朝时期宋朝元嘉八年（431年）重新设立珠崖郡。隋文帝期间设置临振郡，隋炀帝大业年间又改为珠崖郡，下辖十个县，分别

---

① 朱为潮、徐淦等主修，李熙、王国宪总纂：《民国琼山县志》第一册，海南出版社2004年版，第44页。
② 朱为潮、徐淦等主修，李熙、王国宪总纂：《民国琼山县志》第二册，海南出版社2004年版，第513页。
③ 《海口市志》总述，海南史志网。
④ 朱为潮、徐淦等主修，李熙、王国宪总纂：《民国琼山县志》第一册，海南出版社2004年版，第30页。

为义伦、感恩、颜卢、毗善、昌化、吉安、延德、宁远、澄迈、武德，其中颜卢县位于玳瑁县东部。唐高祖武德年间，中央政府在海南岛设立崖州、儋州、振州，其中崖州也就是颜卢所在地，下辖四个县，分别是颜城、澄迈、临机、平昌。唐太宗贞观元年，改颜卢为舍城，改平昌为文昌，析昌化置吉安、舍城置琼山。析延德置吉阳。至此，琼山县名开始沿用。贞观五年，在琼山之地设置琼州，琼州郡名也由此开始使用，下辖五个县，分别为琼山、临机、万安、富云、博辽。唐玄宗天宝年间改琼州为琼山郡，唐肃宗乾元年间又改回琼州。[①] 五代时期海南岛属南汉王朝，分为琼、崖、儋、万安四州，宋太祖开宝五年，将崖州并入琼州，下辖六个县，分别是琼山、临高、乐会、舍城、澄迈、文昌。元世祖至元十五年，改为琼州路安抚司，隶湖广行中书省。明洪武年间，海南岛改为琼州、崖州、儋州、万州四州，琼山为府治，清朝沿袭。[②]

中华民国成立后，政府在琼山设置琼崖道，会同县改为琼东县，昌化县改为昌江县，万县改为万宁县。1921年废除琼崖道，1926年琼山县划归海口市，1928年广东政治分会将广东全省分为四善后区，在琼山设置南区善后公署，但旋即撤销，1933年在海口市设置琼崖绥靖委员公署，成为海南岛全岛军民行政最高机构，后广东全省分设九个行政督察区，海南岛为第九区，抗战期间，日军侵占海南岛，1945年10月光复。[③]

（二）文昌

文昌位于海南省的东北部，最北角为铺前镇的海南角（木兰头），是突出于琼州海峡的著名海角；最东角为七洲列岛，是翁田镇东面海域中的群岛；最南角为重兴镇群先村；最西角为蓬莱镇东头村。东面和东南面濒临南海，北面是琼州海峡，西部和西南部依次与海口、定安和琼海三市

---

① 朱为潮、徐淯等主修，李熙、王国宪总纂：《民国琼山县志》第一册，海南出版社2004年版，第31页。
② 朱为潮、徐淯等主修，李熙、王国宪总纂：《民国琼山县志》第一册，海南出版社2004年版，第33页。
③ 陈植：《海南岛新志》，海南出版社2004年版，第14页。

（县）接壤。

文昌历史悠久，《大清一统志》记载，文昌为汉代珠崖郡紫贝县地所在。汉武帝平定南越后，设置珠崖、儋耳两郡，隶属于交州，珠崖郡下辖五个县，其中紫贝县即是文昌古地名。西汉昭帝始元元年（前86年），废儋耳郡，其地并入珠崖郡。西汉元帝初元三年（前46年）废珠崖郡，设置朱卢县，隶属合浦郡，文昌亦属合浦郡。东汉光武帝建武十九年（43年），马援平定交趾叛乱，重新设置珠崖县，属合浦郡。三国吴大帝赤乌年间讨平珠崖，在徐闻设置珠崖郡，在文昌古地设置珠官县。晋代将珠崖并入合浦，珠官县仍隶合浦，不久废珠官县。西晋武帝太康元年（280年），珠崖郡并入合浦，改朱卢为玳瑁县。南北朝时南朝梁武帝大同年间，在儋耳旧地设置崖州，文昌古地也归属崖州。隋炀帝大业三年，崖州改为珠崖郡，又在珠崖郡西南地设置临振郡，下辖五个县，其中武德县即是紫贝县之故地。唐高祖武德五年，武德县改平昌，属崖州。唐太宗贞观元年，平昌改为文昌。五代十国时期，南汉中宗乾和十五年（957年），文昌属崖州。宋太祖开宝五年，废崖州，文昌始属琼州。元世祖至元十五年，文昌隶属湖广行中书省，元文宗天历二年（1329年），改琼州路军民安抚司为乾宁军民安抚司，明太祖洪武元年（1368年），文昌归附琼州府，隶属广东，清顺治九年（1652年），琼郡内附，文昌邑制依旧。

文昌县治位于府城以东一百六十里，东北临海，西南方向与琼山、定安、会同交界。东西距离达一百三十里，南北达一百九十里。东北到西南一百九十里，东南到西北一百八十里，周长五百七十里。文昌县城东至铜鼓岭七十里，东南至陈村乐会场三十里，南至长岐铺会同县界五十里，西南至定安、会同边界七十里，西至那丹桥琼山县界六十里，西北至铺前、北港琼山界一百五十里。[①]

（三）澄迈

澄迈县位于海南岛的西北部，毗邻海口市。澄迈县前身为西汉苟中县

---

① 李钟岳等监修，林带英纂修：《民国文昌县志》上册，海南出版社2003年版，第37—38页。

地，汉武帝元鼎五年（前112）平定南越，元封元年（前110）在海南岛设置珠崖、儋耳二郡，珠崖郡下辖五个县，分别是玳瑁、紫贝、苟中、至来、九龙，苟中隶珠崖郡，苟中县治设在今治之那舍都（今美亭乡东北隅）。汉昭帝始元五年（前82年），儋耳郡并入珠崖郡，苟中县仍属珠崖郡。东汉光武帝建武十九年，东汉政府重新设置珠崖县，隶合浦郡。此后海南岛行政体制处于时有时无状态，南北朝时期南朝宋文帝元嘉八年，再次在海南岛设立珠崖郡。南朝梁武帝天鉴年间，在儋耳地设置崖州，澄迈下辖于崖州。隋大业三年，改崖州为珠崖郡，又在珠崖郡西南设置临振郡，下辖五个县，其中包括澄迈县，澄迈县县名从此开始。唐武德五年，改珠崖郡为崖州，澄迈隶属崖州。唐贞观五年析崖州之琼山设置琼州，琼州名自此开始。澄迈仍隶属崖州。唐玄宗天宝十三年（754年），又析琼山县地置曾口、颜罗、容琼三县，属琼州。唐德宗贞元五年（789年）唐朝平定叛乱，设置琼州都督府，同时废除崖州都督府，琼州都督府领崖州、琼州、儋州、振州、万安州5州及22县，澄迈县隶属崖州。五代十国时期，南汉中宗乾和十五年，琼州撤颜罗、曾口两县，其中曾口县地（辖区约今澄迈县的瑞溪、新吴、永发3个乡镇，今定安县的新竹镇等，今屯昌县北部等地）划入澄迈县。宋太祖开宝五年，废崖州，以其地入琼州，下辖六个县，分别是琼山、临机、乐会、舍城、澄迈、文昌，自此，澄迈开始隶属琼州。元世祖至元十五年，琼管安抚都督改为琼州路安抚司，澄迈县属于琼州路安抚司。明太祖洪武二年，琼州路安抚司改为琼州安抚司，澄迈隶属琼州安抚司，后琼州升为琼州府（府治所在今琼山市府城），澄迈县直隶琼州府，清代沿袭明制。[①]

（四）临高

临高位于海南岛西北部，东邻澄迈，西南与儋州接壤，北濒琼州海峡。光绪十八年新修会典《广东舆图局图说》这样描述临高地理位置：临高县在

---

① 龙朝翊主修，陈所能纂修：《光绪澄迈县志》，海南出版社2004年版，第35-37页；《澄迈县志》卷一建置区划第一章建置沿革，海南史志网。

府西南一百八十里，东至澄迈县界四十二里，西至海岸三十里，南至澄迈县界二十八里，北至海岸十八里，东南至澄迈县界四十里，西南至儋州界五十里，东北至海岸十五里，西北至海岸二十二里，东西距七十二里，南北距四十六里。[①]

临高，秦代属于象郡，西汉武帝元封元年，临高属儋耳郡，西汉昭帝始元五年并入珠崖郡，西汉元帝初元三年，属朱卢县，东汉光武帝建武十九年，朱卢县改为珠崖县，临高仍属。三国吴大帝赤乌五年，临高属珠崖郡，西晋武帝太康初年，珠崖郡隶属合浦郡，南北朝时期南朝宋文帝元嘉八年，又设立珠崖郡，属越州，南朝梁武帝天监年间，在儋耳所在地设置崖州，临高属之。隋文帝开皇初年，设置临振郡，下辖义伦县、毗善县，这是临高地设治之始。隋炀帝大业年间，改临振郡为珠崖郡，仍下辖义伦县、毗善县。唐高祖武德年间，改毗善县为富罗县，唐武德六年（623年），设立崖州、振州、儋州，从富罗县中分出临机县，治所在临机村，且富罗县隶属儋州，临机县隶属崖州。唐太宗贞观五年，在崖州之地设置琼州，下辖五个县，临机县为其中之一，这是临高属琼州之始。唐高宗乾封年间，临机县改属崖州，唐玄宗开元元年（713年），改临机县为临高县，这是使用临高县县名的开始。唐玄宗天宝年间，崖州改为珠崖郡，儋州改为昌化郡，临高县属珠崖郡，富罗县属昌化郡。南汉中宗乾和十五年，废弃富罗县，富罗县地分别划入临高县和义伦县，临高县治迁到富罗。宋太祖开宝五年，临高又转属琼州，宋神宗熙宁年间，临高县属琼管安抚司管辖，宋神宗元丰三年（1080年）临高属广西南路。南宋高宗绍兴年间，临高县治迁到莫村。此后直到清代，临高县所属上级行政机构虽屡有变化，但临高县治及行政区划和所在地本身无多少变化。[②]

[①] 聂缉庆、张延主修，桂文炽、汪琼纂修：《光绪临高县志》，海南出版社2004年版，第41页。

[②] 聂缉庆、张延主修，桂文炽、汪琼纂修：《光绪临高县志》，海南出版社2004年版，第57—60页。

三、古代港口、城镇的历史演变

（一）港口

1. 海口区域

海南岛四面环海，货物流通、人员往来全赖海上运输，海上运输成全岛对外交往唯一途径，海口地区所属港口又是全岛对外交流的重要通道，形成了以海口港为中心的港口群，重要性毋庸置疑，是历代以来各王朝重点保护、防范地区。自宋代起，封建政府开始在海口沿岸港口设立水师，建设水寨、兵舰，统一海防，明代设立巡视海道副使并都指挥，清初设海口水师左右营，乾隆年间改为海口营，参将专驻海口城，水师人数达四百余名，时巡防海上。[①] 此足可见封建王朝对海口地区港口防卫的重视。

以海口港为中心的港口群主要包括如下港口：

海口港：海口港位于琼山县治以北约八到十里的海口所城（已消失）北，与广东海安港相距八十余里遥遥相对。海口港门内接五指长江，外达汪洋大海，中接南渡河流，商旅云集，海船辐辏，前此东西炮台，支流小港，但筑堤岸，令水归牛矢一港，是以水道深通，[②] 因而海口港港宽水深，可停泊大船数十艘。然而，清朝乾隆年间，由北冲河而来的泥沙逐渐堆积港口，加以海潮频频，冲塌堤岸，港口日窄，水位渐浅，淤塞日益严重，船只难以进入港口，只能停泊在港外，一遇大风大浪，船只易于倾覆，安全不能保障，商旅多有不便。[③]

民国时期，海口港淤泥堵塞更为严重，民国史料记载，海口港港内遍布沙滩，港口水深较浅，进入港口航路狭窄，大船进出港口不便。[④] 还有记载说大小船只都不能驶入港口，须停泊在港外2英里远的海中，再用帆船接驳转

---

① 朱为潮、徐淦等主修，李熙、王国宪总纂：《民国琼山县志》第二册，海南出版社2004年版，第513页。

② 朱为潮、徐淦等主修，李熙、王国宪总纂：《民国琼山县志》第一册，海南出版社2004年版，第426页。

③ 朱为潮、徐淦等主修，李熙、王国宪总纂：《民国琼山县志》第二册，海南出版社2004年版，第515页。

④ 陈献荣：《琼崖》，海南出版社2004年版，第339页。

运，^① 极为不便，不仅如此，海口港潮汐变化无常，又有飓风之虑。^② 致使帆船接驳转运耗时长，遇上潮涨顺风约需两小时，如果遇到逆风潮退，需要五六个小时，而且风浪作时，轮船不能下梯，旅客须用绳索吊下，如果风浪稍大，轮船上货物就不能装卸，非常不便。^③ 为此，商民主动集资呈请政府疏浚，进行了详细的规划，由于牛矢旧港淤泥堵塞严重且港口面宽阔，开挖淤泥工程浩大，且边疏通边淤积，徒劳无功。因此经过实地勘察，干脆将牛矢旧港和盐灶旁支小港堵塞，使水集中流向盐灶大港，而盐灶大港港面相对较为狭窄，疏浚工程较小，最终顺利完工。^④

白沙港：白沙港位于琼山郡郡城北十里，是琼山郡治咽喉要道，与海口相邻，唇齿相依，宋代在白沙港设立水师，明朝隆庆初设立白沙寨，派驻兵船防守，商船多往来停泊，白沙港再往东二十余里有沙上港、大林港、北洋港，俱狭小，大船无法停泊。^⑤

铺前港：铺前港在琼山郡往东六十里，在文昌之西北隅与琼山交界处，安仁溪由此入海。铺前港与白沙港呈掎角之势，港面宽五六里，东岸水较深，西岸水较浅，深处二三十尺，浅处五六尺，可容商船，但货物起落仍然需要小船接驳转运。^⑥ 铺前港对琼山郡的重要性与白沙港等同，同时，铺前港也是海盗常出没为患之地，危害极大。^⑦

清澜港：清澜港到海口约一百八十里，到嘉积一百二十里，^⑧ 位于文昌县东南二十五里的地方，与马头埠相邻，是文昌最重要的港口，也是海南岛主要港口、商埠之一，当地地势平坦宽广，港口水面宽阔且水较深，港门口

---

① 陈铭枢总纂，曾蹇主编，郑行顺校订：《海南岛志》，海南出版社2004年版，第79页。
② 陈献荣：《琼崖》，海南出版社2004年版，第339页。
③ 陈铭枢总纂，曾蹇主编，郑行顺校订：《海南岛志》，海南出版社2004年版，第79页。
④ 朱为潮、徐淦等主修，李熙、王国宪总纂：《民国琼山县志》第一册，海南出版社2004年版，第426页。
⑤ 朱为潮、徐淦等主修，李熙、王国宪总纂：《民国琼山县志》第二册，海南出版社2004年版，第514页。
⑥ 陈铭枢总纂，曾蹇主编，郑行顺校订：《海南岛志》，海南出版社2004年版，第79页。
⑦ 朱为潮、徐淦等主修，李熙、王国宪总纂：《民国琼山县志》第二册，海南出版社2004年版，第514页。
⑧ 陈植：《海南岛新志》，海南出版社2004年版，第43页。

两旁有砂礁潜隐难窥，大船出入需要熟悉水道才能安全，港内可泊大船百余只，[①] 可同时容纳多艘大船到港。到民国时期，清澜港港口宽约一里，港身长约十五里。港内窄处约一里半，宽处约四里，水深十八到三十尺。由于港口较大，条件较好，可容千吨以上轮船十余艘，较小轮船数十艘。[②] 清澜港不仅仅是避风的天然良港，是通往海口、嘉积以及其他各地的要冲和物资集散地，清澜港还具有通往欧亚航路的便利，是往来内地以及安南船只的停泊之地，地位极其重要。[③]

新盈港：即临高港，在临高县治以西约四十五里处，为儋、临两县分界处。港口坐南向北，长约十里，宽约二十里，港口积沙较多，水深约二十到四十尺，只能容纳渔船和帆船往来停泊，大船无法进入。[④]

红牌港：又名石牌港，在临高县治东北约三里，与马袅港相邻。港口坐南向北，长约十五里，宽五六里，最窄处约一里。港口水深六到五十尺不等，该港口并无商船往来。[⑤]

马袅港：在临高县治东北约四十里，距红牌港约二里。港身坐南向北，长约四十里，宽约十里。水深大约二十尺，一二千吨级轮船可驶进港口。[⑥]

龙昆港：龙昆港在临高县治之西北四十里。港身坐东南向西北，港口两岸非常坚固，有利于躲避飓风。港口长约一里，宽约六百尺，积沙较多，水深较浅，二到九尺不等。[⑦]

博铺港：在临高县治以北约三十里，港口坐南向北，长宽都约二里，水深二到十余尺，港内积沙多，大帆船不能驶入。[⑧]

玉泡港：在澄迈县治以北八十里，距桥头市四五里，港口宽约二里许，

---

① 李钟岳等监修，林带英纂修：《民国文昌县志》上册，海南出版社2003年版，第268页。
② 陈铭枢总纂，曾蹇主编，郑行顺校订：《海南岛志》，海南出版社2004年版，第79—80页。
③ 陈植：《海南岛新志》，海南出版社2004年版，第43页。
④ 陈铭枢总纂，曾蹇主编，郑行顺校订：《海南岛志》，海南出版社2004年版，第87页。
⑤ 陈铭枢总纂，曾蹇主编，郑行顺校订：《海南岛志》，海南出版社2004年版，第88页。
⑥ 陈铭枢总纂，曾蹇主编，郑行顺校订：《海南岛志》，海南出版社2004年版，第88页。
⑦ 陈铭枢总纂，曾蹇主编，郑行顺校订：《海南岛志》，海南出版社2004年版，第89页。
⑧ 陈铭枢总纂，曾蹇主编，郑行顺校订：《海南岛志》，海南出版社2004年版，第89页。

水深六到十余尺。①

花场港：距澄迈县治五十余里，与雷州半岛的徐闻县遥遥相对，分内外两港，外港宽约三里，水深一到三丈，内港宽约一里，长四五里，水深三到十余尺，潮落时船只出入不便。②

东水港：在澄迈县治以北约七十里，距老城约五里，港面向北，港口宽约一里，长约二里，水深五到十余尺不等。③

此外史志记载，海南岛北部海口区域还有一系列小港主要如下：

牛矢港：海口港以东二里是牛矢港，由于常年泥沙淤积，港面狭窄，水深较浅，不能泊船。

网门港：在大沙栏北，是海水入口之处，因渔人网杠在此，故名网门。④

沙洲门：在海口港东北，宽约三里，西部与网门港相接。

河港：在演丰图北三里左右，港外海沙较多，水深较浅，不能行船。

追丁洋：与河港相邻，有内外两层，中间为盐场。

北港：在沙上港以东十里左右，实际上是一个小岛，岛上有一村庄，名叫北港村，村前可停泊大船二十余只，北港往东十里就到文昌地界。

盐灶港：位于海口港西面二里左右。

沙上港：位于盐灶港以西五里，也叫小港，港外有沙洲，不能泊船。

小英湾：位于沙上港往西五里，可停泊大船十余只，再往西是白庙港、红沙港、丰盈港，港口都较小，不能停靠大船。

神应港：在琼山县北十里，旧名白津。宋代元帅王光祖曾在此开港，未成功。后来宋理宗淳祐八年（1248年），飓风大作，海水自然将该地冲成港口，时人以为是神助，故取名神应港。⑤

东营港：在琼山郡城东二十里，右有沙豆港、博茂港、芒寮港、沙上港

① 陈铭枢总纂，曾蹇主编，郑行顺校订：《海南岛志》，海南出版社2004年版，第89页。
② 陈铭枢总纂，曾蹇主编，郑行顺校订：《海南岛志》，海南出版社2004年版，第89页。
③ 陈铭枢总纂，曾蹇主编，郑行顺校订：《海南岛志》，海南出版社2004年版，第90页。
④ 朱为潮、徐淦等主修，李熙、王国宪总纂：《民国琼山县志》第二册，海南出版社2004年版，第515页。
⑤ 朱为潮、徐淦等主修，李熙、王国宪总纂：《民国琼山县志》第二册，海南出版社2004年版，第516页。

至海口港，左有新溪港达文昌铺前港。

北洋港：位于琼山县东三十里兴仁都，港东建有墩台，派兵驻守。

新溪港：在琼山县东五十里的演顺都，与文昌交界。明万历年间此地发生地震，七十余村沉没，与铺前港相通，海船可以出入。

白沙河：在海口东三里，乾隆六年，监生陈国安及生员钟世圣、杨翔凤呈请当道，由白沙村尾疏通海口，内可容小船往来。

博茂港：位于琼山县博茂，但有人考据认为博茂港就是沙豆港。

烈楼港：在琼山县以西四十里左右，此港是海南岛港口中距离雷州半岛徐闻最近的港口。

麻锡港：在琼山县城东北四十里，再往东十里为芒寮港。[①]

2. 文昌区域

文昌区域港口数量众多，但多为小港，甚至只是小溪入海口，难以称得上港口，且部分早已废弃，成为遗迹，根据地方志书所载，主要介绍如下：

长岐港：位于文昌县城以南五十里，海岸为当地百姓煮盐之地，白延都所属水流由此流入大海，现已废弃。[②]

陈村港：位于文昌县城东南四十里地方，东距长岐港十五里，该港为泊船与晒盐两用，潮涨可停泊船只，潮退则可堆沙煮盐。[③]

口衕港：位于清澜港以东六里。

豹山港：位于口衕港以东四里。

曲轭港：在豹山湾以东四里。

大八（人）沟：在曲轭港以东五里，由明朝邢祚昌开通，潮涨时小船可出入港口。[④]

南沙港：位于大八（人）沟东七里之地。该港原来港面宽阔，水深较深，泊船条件较好，后来由于往港口填沙垦田，致使水深变浅，船只在港口

---

① 朱为潮、徐淦等主修，李熙、王国宪总纂：《民国琼山县志》第二册，海南出版社2004年版，第517页。

② 李钟岳等监修，林带英纂修：《民国文昌县志》上册，海南出版社2003年版，第268页。

③ 李钟岳等监修，林带英纂修：《民国文昌县志》上册，海南出版社2003年版，第269页。

④ 李钟岳等监修，林带英纂修：《民国文昌县志》上册，海南出版社2003年版，第49页。

内无法停靠，在港口外尚能停靠。

涩渚港：位于南沙港东四里，可停靠船只六七艘。清代道光戊申年间，海盗进港抢劫商船，为害极大，乡人惊悚惧怕，时人搬运六十余船石头填塞港口以阻挡海盗。距离港口半里有一个名为三公垅的地方，高数十丈，可对海面进行瞭望，设有望海楼，每当海盗船至，民众可在望海楼边击鼓聚众防御。

淇水湾：在涩渚港以东二里地，该港在一高地上，名为淇水高地，高达数十丈，周围皆可看见。

内村潭：在淇水湾以东五里。

打石井：在内村潭东二里，多大石。

塘洪港：在打石井以东四里地，可停靠较多船只。

小澳塘：在塘洪港以北四里地，铜鼓岭以东。可停泊较多船只。

大澳：小澳塘以北二里地，能够停靠船只十余艘，海盗船只经常光顾该港口，伺机劫掠商船。

抱陵港：在大澳以北五里，吉水溪北。牛溪、虾塘、铜鼓山诸水由此入海，可泊船十余艘。

淡水港：在抱陵港以北十余里。

赤水港：在淡水港以东十余里。由于该港口岸土壤为红色，涨潮时水也变为红色，所以取名为赤水港。

新洋港：在赤水港以北二十余里。[①]

东坡港：在新洋港以北十里。

白平港：在东坡港以北十里，港中设有一座报警台，该台是清澜埠、铺前埠分界线，现在还有遗址。

田头河港：在白平港以北十里。

秃港田：在头河港北十五里，又叫葫芦港。

大昆港：在秃港以北七里。

---

① 李钟岳等监修，林带英纂修：《民国文昌县志》上册，海南出版社2003年版，第50页。

郭婆港：在大昆港以北十余里。

鸡羽湾：在郭婆港以北二十里。抱虎山诸水由此入海。

五龙港：在抱虎港以西三十里。

乌石仔港：在五龙港西北方向三十里，可泊船四五只。

澳隈：在乌石仔港以西五里，螭虎山下，可泊船数十只。

木栏港：在澳隈以西十里，遇东南风，可泊船百余只。

白峙港：致木栏港以西十余里，与新埠港相连，山高水深，可停靠船只，也叫"北峙"。

新埠港：即新埠澳，在七星岭下。

铺前港：在新埠港以南十余里，县北诸水俱由此入海，是海南岛较大的港口，港口可泊大船数百艘，是商旅、渔户的聚集之所。清政府重视该港防守，派驻巡检司，设立一座大炮台，炮台规格与清澜港炮台一样，另外海口水师营派千把总一员专防，外委一员协防，带兵三十名防守。

东寨港：在铺前港内十余里。

边港：在铺前港东南方向三十里。

后港：在清澜港内。

官霄港：后港以东五里。

抱土港：在东区，距离县城二十五里，文昌县署碑记载，该港实际上是清澜港内西南方向一块沙土：又叫"下东沙"。①

迈犊东西两港：在文昌县以北约一百二十里远的地方，距铺前港东南三里，往来铺前、罗豆、锦山等地的商船都要经过这两个港口。东港旁边有卤沟，东港后有盐灶，今废，西港南经迈犊桥，流入深溪尾，到莺鸣村，两个港口旁均有农田。

云庄岽：在文昌江西面。

霞丹岽：在南区霞丹村，距离文昌县城三十五里，是文昌重要港口，林

---

① 李钟岳等监修，林带英纂修：《民国文昌县志》上册，海南出版社2003年版，第51页。

木水草茂盛，船舶往来，非常便利。①

3. 澄迈区域

古代澄迈海上运输较为发达，澄迈县治以北约三里就是大海，往东半日路程就能到达琼山白沙港和文昌铺前港，往东北海路一日可到达徐闻麻鞋港，往西北方向水路三日可到达钦州、廉州，往东南海路方向可到达占城，往西半天路程到达临高博浦港，西南二三日可到儋州、崖州、昌化、感恩等处。②澄迈主要有以下古代港口。

东水港：位于澄迈县治西北十里处，由海潮水、澄江水汇合成港，涨潮落潮落差约五尺，涨潮时船只才可入港。该港对于澄迈至为重要，临近县城，乘大风涨潮，船只可直抵澄迈城下。

石矍港：在澄迈县治以西二十里封平都外，由西峰、沙地、湳滚、稍阳四水与海潮汇合而成，港口条件较好，两岸环抱，障海藏风，中为湖套，无崖石之阻，无风涛之险，浪静水深，不待潮候，随时随处可泊巨舰，可登陆岸，且交通便利，可通白沙、儋州、崖州及东南亚地区占城诸国，故商船多停泊于此，但海贼也多从此凟劫掠，明成化元年（1465年）、嘉靖三十年（1551年）、清康熙十八年（1679年），贼船皆泊此入寇。③

泉凿港：位于澄迈县治以西五十里处的南楚都。

颜张港：与泉凿界相接。

麻颜港：位于澄迈县治以西五十里的那托都。

材坡港：在南楚都，与石矍港相对，港内有烟墩，遇有海盗劫掠可报海警。

玉抱港：在南楚都，与临高搭界。④

4. 临高区域

相对于海口、文昌区域，临高区域港口数量不多，也以小港为主，主要

① 李钟岳等监修，林带英纂修：《民国文昌县志》上册，海南出版社2003年版，第52、第267页。
② 龙朝翊主修，陈所能纂修：《光绪澄迈县志》，海南出版社2004年版，第253页。
③ 龙朝翊主修，陈所能纂修：《光绪澄迈县志》，海南出版社2004年版，第260、第279页。
④ 龙朝翊主修，陈所能纂修：《光绪澄迈县志》，海南出版社2004年版，第255页。

如下。

马臬港：在临高县治以东五十里处，与澄迈接界。来自罗洋岭水从此入海，可停泊大船十余艘。马臬港口有海口营台汛，名照壁洋，与炮台相望，外通龙门、涠洲、斜阳诸岛。

新安港：在临高县治以东四十五里的安历都。

石牌港：在临高县治以东四十里处，旧名三家港，东塘水在此入海。港口可以行船，只能停泊大船六七艘，港口两侧相距有五六里，港内风平浪静，可以停泊船只。因该港是海盗常出入之处，港内设有海口营炮台。

朱碌港：在临高县城以东二十里博文都，该港不能停泊船只。

博铺港：在临高县城以北二十里处，可停靠船只六七艘，设有巡检司署。

安善港：位于博铺港以南四十里处，可停泊大船数十艘。

将军港：位于安善港以南三十里处，南面与儋州接界，可停泊大船数十艘。

乌石港：在临高县城以北二十里的英丘都，不可停泊船只。

博述港：位于临高县城西北二十五里的西塘都，不可停泊船只。

博泊港：位于临高县城西北四十里处，不可停泊船只，设有河泊所。

黄龙港：位于临高县城以西五十里的西塘都，不可停泊船只。

吕湾港：位于临高县城以西五十里的罗绵都。

博顿港：位于临高县城以西五十里处，与儋州接界，港内可停泊船只。该港设有儋州营陆路汛，道光十六年（1836年）改水师，移驻昌化海头港。①

（二）沿海城镇

1. 海口

海口起源于汉代，但"海口"一词最早出现于宋代，历史上隶属琼山县，其后名称屡有变更，包括海口浦、海口港、海口都、海口所、海口所城、琼州口等。

---

① 聂缉庆、张延主修，桂文炽、汪瑔纂修：《光绪临高县志》，海南出版社2004年版，第396-398页。

对外交往的频繁，催生了海口地区沿海城镇、墟市的发展繁荣，其中最为著名的城镇是琼山。汉代朝廷在东潭都设置珠崖郡治，在颜村建立颜卢县城，唐代在琼山县境设置崖州，下设颜城县，唐贞观年间改称舍城，并开始使用琼山名称。宋代将郡治迁到府城，筑城凡三里，宋绍兴年间又再次扩建。此后历朝一直对城池进行扩建、修缮，尤其是明清两代，或因台风巨浪冲毁，或因年久失修，或因防务需要，数次对城池加以扩建、修缮，规模越来越大。明代主要以扩建为主，如明洪武年间扩建三次，第一次扩建府城城墙周围六百丈，高二丈五尺，辟东、西、南三门，城北无门，建望海楼，南筑长堤引溪为濠。第二次扩建，城墙周围达一千二百五十三丈，高二丈七尺，宽一丈八尺，雉堞一千八百三十个，窝铺三十七个，城墙壕堑周长一千二百八十七丈，深三丈二尺，宽四丈八尺。第三次扩建又在西城外增筑土城三百零八丈。后来明朝又进行了两次扩建，成化癸巳年增建栏马墙，崇祯辛巳年在东门外建月城。清朝时以扩建为辅，主要是修复年久失修或风浪毁坏的部分。如顺治乙未年（1655年），增高雉堞一尺，厚五寸，康熙六年丁未重修，庚戌年被风雨损坏，辛亥年又重修，此后多次遭风雨损害重修。[①]

海口所城虽然没有府城规模大，但仍是海口地区规模较大的城镇。海口所城在琼山郡北十里左右，明代洪武年间为防止倭寇入侵而建，城墙周长五百五十五丈，高一丈七尺，宽一丈五尺，雉堞六百五十又三个，窝铺十九个，建四个城门，东北临海，石砌海岸九十丈，又从东南到西北开挖城池四百六十五丈，城池宽一丈五尺，深五尺，后来明代又几次扩建。到清代，由于年久失修及台风巨浪毁损等因素，政府对海口所城的建设主要是修复或重修。如康熙十一年（1672年）、廿四年（1685年）、四十七年（1708年）、雍正七年、乾隆四年（1739年）等，海口所城数次遭台风巨浪破坏，也多次修复，尤其是康熙四十七年海口所城被台风破坏十分严重，几乎重修。[②]

---

① 朱为潮、徐淦等主修，李熙、王国宪总纂：《民国琼山县志》第一册，海南出版社2004年版，第197—199页。

② 朱为潮、徐淦等主修，李熙、王国宪总纂：《民国琼山县志》第一册，海南出版社2004年版，第200页。

除琼山县城、海口所城外，海口地区经济的发展，对外贸易往来、人员交流的增加，催生了墟市的繁荣，海口墟市数量众多，主要分布如下。

那抽市、石桥市、旧州市、烈楼市、东山市、塘萌市、东头市、大林市、迈敖市、博庵市、道畔市、干桥市、岭脚市、群荡市、龙塘市、新那邕市、新市、塔市、灵山市、坡茅市、五原市、雷虎市、谭文市、苍释市、博堂市、迈党市、石山市、崩溪市、那邕旧市、那邕市、茄柄市、崩沟市、大井市、迈犊市、桥兰市、大埇市、屯昌市、三江市、甲子市、下水市、迈盛市、山头市、文盛市、培龙市、北门官市、十字路市、咸琼市、龙窝墟、塔市墟、道崇市、龙山市、黄岭市、新兴市、山马市、坡寮市、大昌市、大坡市、钟税市、会文新市、调龙市、安仁市、美党市、水上市、文岭市、金墩市、咸来市、云龙市、三元市、龙荫市、岭脚新市、坡寮新市、益来市、美本市、天长市、仙山市、仙沟市、灵山新市、永都市、雷虎市、峰江市、大山市、龙发市、道堂市、长发市、施茶市、福安市、琼界市、亚岭市、藤寨新市、岭肚市、洗马市、艾钞市、水会所市。[①]

2. 文昌

文昌古城，汉代位于紫贝山南，元代迁到现在县城所在地，外城建设初具雏形。明朝开始扩建，隆庆六年（1572年），文昌知县顾乃猷用石块垒建，县城墙周长达三百五十丈，宽一丈，高一丈五尺，城墙外侧垛墙达七百个，建有南北两座城门，南门叫南熏门，北门叫拱北门，[②]西南、东北城墙挖有护城河。明万历、崇祯年间又多次扩建。到了清代，由于年代久远，加上大水侵蚀、冲毁，城墙坍塌严重，清代顺治年间多次修葺城墙，雍正、嘉庆年间亦多次修复，道光年间清政府还进行了扩建，扩建后城墙周长达四百二十丈，高二丈二尺，宽七尺五寸，垛口八百一十个，城墙除了宽度有所减少外，长、高及垛口数量都增加了。[③]除城墙外，文昌县署自汉代至明

---

① 朱为潮、徐淦等主修，李熙、王国宪总纂：《民国琼山县志》第一册，海南出版社2004年版，第304—308页。

② 李钟岳等监修，林带英纂修：《民国文昌县志》上册，海南出版社2003年版，第101页。

③ 李钟岳等监修，林带英纂修：《民国文昌县志》上册，海南出版社2003年版，第102页。

清也随城墙一样迁移、建设、修葺、扩建。^①

除文昌县城外，清澜所城也是文昌县另一座重要的城镇，但其建设历史比文昌县城短多了。清澜所城旧治在文昌县的青蓝都，由千户陈良在明洪武年间建造。明万历年间，海盗林凤毁坏了清澜所城，不得已另选新址重建，城墙由石块建成，周长三百五十丈，宽一丈，高一丈八尺，垛墙九百个。清朝康熙元年（1662年）秋，由于大水，城墙倒塌百余丈，康熙七年（1668年），清澜所城千总倪灏修补。^②

铺前城是古代文昌县另一座较为重要的沿海城镇，与清澜所城一样，也是在明代修建，但晚于清澜所城，而且建设铺前城的原因与文昌县城、清澜所城不同，初始原因是防备海盗、倭寇侵犯，故而铺前城所在地为海南岛易受攻击之所。^③明朝嘉靖甲寅年，鉴于倭寇、海盗猖獗，肆行劫掠，郡守张子弘在铺前城治所在地设防，即在南帕岭建成一座土城，作为防卫之用。然而，明代隆庆年间，该土城居然被海盗攻占，平定海盗后，明朝政府增加土城守卫，新增参将率兵据守。隆夫辛卯年间，明政府为加强对海盗的防守打击，在原土城的基础上用石块重新建筑城墙，但不久又倒塌，新任参将黎国耀将城池迁往他处——李茂旧穴，但由于明政府废除了守官，该处城池也被毁。^④

除了上述主要城池外，基于对外贸易、人员交流发展的需要，为便利交易，文昌县沿海各地建立和发展起了大量的墟市，这些墟市包括如下：便民市、陈家市、迈号市、白延市、冠南市、大冲市、蛟塘市、潭牛市、土湾市、抱芳市、文教市、昌洒市、翁田市、抱罗市、溪梅市、东坡市、林梧市、铺前市、烟墩市、重兴市、石壁市、土来市、新桥市、公坡市、龙马市、东郊新市、凤尾新市、冯家坡市、龙坡市、宜民市、东阁坡市、沙牛坡市、龙楼市、罗豆市、高龙市、关马市、大路市、中心市，此外，还有长

---

① 李钟岳等监修，林带英纂修：《民国文昌县志》上册，海南出版社2003年版，第103页。
② 张霈等监修，林燕典纂辑：《咸丰文昌县志》上册，海南出版社2003年版，第94页。
③ 李钟岳等监修，林带英纂修：《民国文昌县志》上册，海南出版社2003年版，第267页。
④ 张霈等监修，林燕典纂辑：《咸丰文昌县志》上册，海南出版社2003年版，第94页。

岐、宾宰、迈柳、东坑、李村、下崀等市，但都较早地被废弃了。[①]

3. 澄迈

一直到明代，澄迈县未建有城池。明英宗正统十二年（1447年），按察郭巡督委托澄迈县典史李黎生建筑土城，城墙周长达百丈，但由于年久失修，城墙倒塌。明宪宗成化元年，由于海盗猖獗，邑城内外又一次化为一炬。为防备盗贼劫掠，杨姓主簿重新筑起土城，周长约两里。成化二十年（1484年），知县韦裒开始用砖石筑城，城墙周长五百八十余丈，前后花费大约6年时间，明孝宗弘治三年（1490年）才告完成，完成后的砖石城池西南沿江而建，东北筑城池，城墙上设置瞭望设施，开辟三条城门，城门上均建有城楼，北门还建有望海楼，但随后多年未修葺，城池垮塌。明武宗正德七年（1512年），知县李茂重修并扩建城池，将城墙垛口增高一尺多。明世宗嘉靖三十一年（1552年），澄迈古城池遭遇海贼袭击，被知县许应龙等率众击退，为防患贼寇以后劫掠，澄迈古城池继续扩建，用砖石结构坚固城墙，深挖护城壕沟，增高城墙垛口，设立望海楼用于及时发现通报贼寇行踪。明神宗万历二十年（1592年），县丞陈来旬加强管理，将城楼南门迁到县署之前，取名向明门。万历三十四年，知县徐民俊听信风水先生言，认为南门位置不利科举，欲开前南门，称青云门，但未完工而作罢。崇祯十一年（1638年），知县田寅国、教谕曾宜高复开南门，称文明门，并在其上建文昌阁。崇祯十三年，知县解学皋于东西南三门各筑子城以便防守，崇祯十七年，因黎人作乱将南门堵上，文明门楼阁也坍塌。清代顺治十五年（1658年），吴姓知县重修城墙垛口，将之增高一尺，城楼修葺一新并得以加固。康熙四十五年（1706年），知县高魁标重修南城楼及城门，嘉庆十五年（1810年），海寇袭扰，知县盖运长整修城墙垛口，力守保全。[②] 从明宪宗成化元年以来，由于海贼猖獗，澄迈一直存在"迁治"与"保治"之争，但由于各种原因"迁治"未成功，直到光绪二十一年（1895年），知县薛贺图将县署从老城

---

① 李钟岳等监修，林带英纂修：《民国文昌县志》上册，海南出版社2003年版，第134—135页。

② 龙朝翊主修，陈所能纂修：《光绪澄迈县志》，海南出版社2004年版，第95页。

墟迁到金江镇金江行署办公，历经426年的迁治与保治之争，以"迁治派"的愿望实现而告终。[①]

除城池、城墙的修筑，澄迈县治各机构建筑也都有建设，包括县官署、学宫、幕厅、知县宅、县丞署、典史署、主簿署等，此外，澄迈县还建有巡检司、河泊所、金江行署、老城衙署、金江巡查署、乐善堂、澄江书院、金江书院、鹊峰书院、盐场、通潮驿、西峰驿、阴阳学、医学、教场、养济院、漏泽园、公馆等。

澄迈发展起来的墟市主要有西门市、东门市、石塔市、多峰市、金江镇、桥头市、王村市、福山市、下郎市、瑞溪市、西商市、马裊市、新吴市、花场市、加乐市、石浮市、七里市、朝阳市、颜村市、倘村市、那洪市、八百市、买厩市、安仁市、那拖市、买顶市、北畔市、林表市、石头市、北迪市、坑口市、浦忽市、麻览市、太彦市、迈岭市、罗猛市、坡尾市、永安市、北垅市、美厚市、芬茶市、海君市、那舍市、迈安市、仁兴市、太平市、金墩市、加烈市、中和市、龙鳌市、和洋市、西峰市等。[②]

4. 临高

虽然临高县的前身毗善县早在隋文帝开皇初年就已经设立，后改富罗县、临机县，唐玄宗开元年间改临高县，县治也一再迁徙，但县治之所一直未建，之前的地方志也未见有记载。南宋高宗绍兴壬子年（1132年），临高县治建于莫村，也即现今临高县治所在地，但也是因河为池，历经三百余年也未建有城池。直到明英宗正统八年（1443年），按察使郭智㭬、知县徐暄开始建筑城池，用石块建成周长达六百丈、高一丈的城墙，而且城楼、护城河都完整建成。明孝宗弘治十六年（1503年），知县林彦修重建城池。明武宗正德年间，知县周让、梁高相继扩建城池，城墙增高至二丈三尺，城墙垛口八百五十八个，开启东、西、南三门，护城河宽两丈，深四尺，周长二百一十丈七尺。正德末年，河水暴涨，东、西、南三门都被淤泥堵塞，知

---

① 《澄迈县志卷一·建置区划》第一章，海南史志网，http://www.hnszw.org.cn/data/news/2011/08/49876/。

② 龙朝翊主修，陈所能纂修：《光绪澄迈县志》，海南出版社2004年版，第126-128页。

县吴大裕开通北门。明世宗嘉靖二十八年（1549年），知县陆汤臣重建城门城楼，嘉靖四十五年，掌县事通判杨表增建东西月城，分别为"东安""西阜"。明穆宗隆庆二年（1568年），知县李栋增建城墙垛口，隆庆六年，掌县事通判阮琳、典史林邦达进一步疏通护城河。明神宗万历八年（1580年），县丞黄思德将城池北门移到西巷。清朝顺治十七年（1660年），又遇河水暴涨，东南城墙、垛口全部坍塌，知县蔡嘉祯修复，恢复门楼。康熙十一年闰七月，大风、洪水毁坏城楼、垛口，知县陈垂修复。康熙二十五年，东门月城倒塌，知县李绳祖修复。康熙三十三年，知县史流芳重修城墙，城门。康熙四十二年，临高县城又遇大洪水，冲毁东门城墙垛口，知县樊庶动手修复，为防临高水患多，樊庶采集硬木加固堤闸，在高度、宽度上各增加八尺多，修茸西门、南门的城墙垛口。雍正七年，知县鲁遐龄捐资修茸各城楼，乾隆三十五年（1770年），知县王人骥增高南门楼，乾隆三十八年，署知县谭崇基修建坍塌城墙二十七丈。嘉庆八年（1803年），清政府重新修建城池，嘉庆二十一年，知县邓寅春续修。[①]

除临高县治之外，临高县还有如下墟市：东门市、波莲市、东英市、沙潭市、新兴市、多文市、和舍市。此外还有：三营市、新盈市、商富市、新兴市、南宝市、兰洋市、德彩市、博厚市、波莲市、美台市、嘉来市、皇桐市、调良市、浪波市等。[②]

第二节　南部（三亚）区域

一、自然环境与条件

以三亚为中心的海南岛南部区域居琼南之极，多高山大林，气候与海南

---

① 聂缉庆、张延主修，桂文炽、汪瑝纂修：《光绪临高县志》，海南出版社2004年版，第111-113页。
② 聂缉庆、张延主修，桂文炽、汪瑝纂修：《光绪临高县志》，海南出版社2004年版，第142-143页。

岛其他区域大体类似，通常四时常花，三冬无雪，一岁之间，蒸热过半，一日之内气候屡变，白天炎热，夜晚多寒，天晴则热，阴雨则寒。[①] 而且，相对于海南岛其他区域，海南岛南部区域更接近赤道，阳气更盛，上下熏蒸，更为炎热。[②]

二、古代建置发展沿革

（一）三亚

三亚历史悠久，因三亚东西二河在此汇合形成"丫"字形，故名。三亚早就纳入中国版图，秦始皇统一中国后，在岭南地区设置桂林、南海、象郡三郡，三亚即属于象郡。汉武帝元鼎六年，中央王朝再次平定南越之地，在海南岛设置珠崖、儋耳两郡。西汉元帝时候，废珠崖郡，其地隶属合浦郡。东汉光武帝年间，设立珠崖县，仍隶属合浦郡，归交州管辖。[③] 三国吴大帝赤乌五年，又设珠崖郡，属交州。此后一直到隋代，现三亚所在地或叫珠崖郡或叫珠崖县，行政隶属上虽然在名称上迭有变化，诸如隶属越州、扬州，但其行政历史发展沿革与整个海南岛的发展沿革基本一致。[④]

隋代，隋文帝期间设置临振郡，隋炀帝大业三年又改崖州为珠崖郡，隶属扬州，大业六年，在珠崖郡西南设置临振郡，下辖延德、宁远二县，即现今三亚地。唐高宗武德五年，改临振郡为振州，下辖宁远、临川二县。唐太宗贞观二年（1628年），增置吉阳县，唐玄宗天宝元年，改振州为延德郡，又增置落屯县。唐肃宗至德元年（756年），又改为宁远郡。唐肃宗乾元元年，又改回振州，下辖五个县分别是宁远、延德、临川、吉阳、落屯，属岭南东道，唐懿宗咸通三年，又改属岭南西道。五代南汉时期沿袭唐代称呼，仍称振州，宋朝宋太祖赵匡胤开宝五年，开始改振州为崖州，隶属于琼州。

---

① 钟元棣创修，张嶲等纂修：《光绪崖州志》（外一种）上册，海南出版社2003年版，第26页。
② 钟元棣创修，张嶲等纂修：《光绪崖州志》（外一种）上册，海南出版社2003年版，第26页。
③ 朱为潮、徐淦等主修，李熙、王国宪总纂：《民国琼山县志》第一册，海南出版社2004年版，第30页。
④ 钟元棣创修，张嶲等纂修：《光绪崖州志》（外一种）上册，海南出版社2003年版，第19-21页。

宋太宗至道三年，属广南西道。至此，据史家考证，宋朝的所称的振州、崖州所在地即古称崖州的现今三亚，但此崖州既不是古代的珠崖郡，也不是南北朝时期的陈朝、梁朝及后来隋唐和南汉所称的崖州。宋神宗熙宁六年，改崖州为珠崖军，改吉阳县为藤桥镇，改宁远县为临川镇。宋徽宗崇宁五年（1106年），设置延德县，后改为延德军，宋徽宗政和元年（1111年），将延德军并入感恩县，政和七年，将珠崖军改为吉阳军，南宋高宗绍兴六年（1136年），又将吉阳军改为宁远县，藤桥镇仍恢复为吉阳县，绍兴十三年，又恢复吉阳军，宁远县、吉阳县隶属吉阳军。元代元世祖忽必烈至元十五年，吉阳军归琼州路，隶属于湖广中书省。明太祖洪武元年十月，改吉阳军为崖州，下辖宁远县，属琼州府，隶广西。三年，改隶广东。明英宗正统五年，划感恩县归属崖州。清朝光绪三十一年（1905年），升崖州为直隶州，下辖万县、陵水、昌化、感恩四个县。[①] 1912年在三亚地设置崖县，1984年5月，设立三亚市（县级），1987年三亚市升格为地级市。

（二）陵水

陵水黎族自治县位于海南岛的东南部，东北连万宁市，北部与琼中县交界，西北与保亭县接壤，西南与三亚市毗邻，东南濒临南海。

陵水在汉代为儋耳郡地，乃西汉武帝元封元年设置，西汉昭帝始元五年废弃，三国吴大帝赤乌五年设置儋耳太守，并设置珠崖郡，西晋武帝太康年间珠崖郡并入合浦郡，南北朝时期南朝宋文帝元嘉八年，再次设立珠崖郡，不久又并入合浦郡，隶属于越州，南朝梁武帝大同年间，在原儋耳郡地设置崖州，隋炀帝大业三年，改崖州为珠崖郡，并从珠崖郡地分设临振郡，陵水地即属于临振郡。唐高祖武德五年，设置陵水县，隶属于振州，陵水县名即从此开始。唐高宗龙朔二年（662年），设置万安州，陵水县改属万安州，五代时期沿袭。北宋神宗熙宁六年，改万安州为万安军，仍管辖陵水，南宋高宗绍兴六年，废除万安军，陵水县改属琼州，绍兴十三年，恢复万安军，陵

① 钟元棣创修，张嶲等纂修：《光绪崖州志》（外一种）上册，海南出版社2003年版，第21-23页。

水县还属万安军，元朝沿袭，明太祖洪武九年（1376年），废除万安军，陵水改属万州，清代陵水县专属琼州府。古陵水县宽九十里，长一百五十里，陵水县治以东三十里是大海，以西六十里是黎峒，以南六十里与崖州接界，以北九十里与万州接界，东南至海三十里，西南至崖州界六十里，东北至万州界九十里，西北至黎峒一百三十里。[①]

三、古代港口（沿海城镇）的历史演变

（一）古代港口

三亚位于海南岛南端，背靠海南岛和大陆，南临南海，是海南岛距离东南亚最近的地区。经济发展、对外交流的需要演绎出了一系列优良港口，这些港口是海南岛周边地区港口群中不可或缺的组成部分，现分述如下。

榆林港，在三亚港以东，两港相距五里，中间隔着鹿回头岭，是三亚乃至海南岛的主要港口。在崖州城以东一百三十里处，西南与越南陀林湾隔海三百里遥遥相对。榆林港周围群山环抱，山势陡峭，港口分内外两处，内港口处左有乐道岭，右有独田岭，两山相对耸峙，距离从三百丈至三百六十丈不等，港内峰峦环绕，海岸平铺，虽遇风涛亦无危险。但港口附近两旁暗礁成带，互相插抱，且宽度较窄，其间暗礁密布，水深约三丈，宽仅六七丈。涨潮落潮水深落差达五尺，航行者必以对面山腰石为标识，船只航向若稍有偏差，就不能进入，而且入口处长达一百五十余丈，更增加了航行的危险性。内港口到外港口入口处距离约十里，在外港口，右岸有陆地呈斜状突兀伸入水中，该陆地高三四十丈，犹如一把锁锁住入口，相距约三英里半，港口处较窄，宽度只有三十丈余，但港口内宽度激增，东西宽一千三百丈有余，南北约宽四百丈，水深达两丈以上，甚至达到三到九丈，能容纳大轮船十多艘，中小轮船三四十艘，尤其值得称道的是，可停泊万吨级轮船。港口东岸土质坚硬，可建造船坞。而且港口两岸均有改造空间，只需要稍加扩

建，就可以多容纳轮船十多艘。而且，榆林港入海口水质较好，往来轮船基本都在该港取水。夏季从东南亚返航的商船，都必入榆林港报验。榆林港周围地域地势平坦，分布村落三十多处，渔船常常停泊港内，冬春季节渔业繁荣，可供十万人生活，且附近有数十处晒盐田，可谓天然良港。①

三亚港，在崖州城以东一百二十里处，西距保平港一百里，东与榆林港隔一山，仅六里，是三亚河、大陂河、临川水的入海口，三亚港东接万州，西达昌化，常有南洋番船沿海登岸抢掠，是防守要地，更是商船云集之处。② 三亚港为一大湾，西向，东西长数百丈，南北宽约两百丈。港口水深约1丈余，千余担之帆船可以出入，港口外则暗礁密布，仅有一条航道可通，该港口平时有小船到达崖县县城，但到县城后不能直接到岸卸货，须在离岸约一英里处停泊进行接驳转运，如果遭遇暴风雨，装卸驳运非常困难。③

保平港，距离崖州城八里，西南方向，距三亚港约百里，宁远河道入海口，是崖州州治的关口、门户。④ 港口水深较浅，船只乘潮出入，潮涨时船只可到达崖州城南门外半里。因宁远河中流沿岸一带森林迭遭滥伐，砂石流下填塞河床，退潮时船只不能通行。⑤

藤桥港：在崖州与陵水县交界处，港口大，但港内狭小，宽约数十丈，退潮时大船不能进入港口。⑥

除了上述主要港口之外，海南岛南部区域还有以下小港：

大疍港：在崖州城西南八里地处，港口较浅，不能停靠船只，古时是崖州要隘。⑦ 保平港与大疍港相距四里，两港东西相对，都是防守崖州城的要

---

① 钟元棣创修，张嶲等纂修：《光绪崖州志》（外一种）上册，海南出版社2003年版，第66、第67、第305页；陈铭枢总纂，曾蹇主编，郑行顺校订：《海南岛志》，海南出版社2004年版，第83页。

② 钟元棣创修，张嶲等纂修：《光绪崖州志》（外一种）上册，海南出版社2003年版，第66、第304页。

③ 陈铭枢总纂，曾蹇主编，郑行顺校订：《海南岛志》，海南出版社2004年版，第84、第85页。

④ 钟元棣创修，张嶲等纂修：《光绪崖州志》（外一种）上册，海南出版社2003年版，第66页。

⑤ 陈铭枢总纂，曾蹇主编，郑行顺校订：《海南岛志》，海南出版社2004年版，第85页。

⑥ 陈铭枢总纂，曾蹇主编，郑行顺校订：《海南岛志》，海南出版社2004年版，第82页。

⑦ 钟元棣创修，张嶲等纂修：《光绪崖州志》（外一种）上册，海南出版社2003年版，第66页。

地，都建有炮台。

禁港：在崖州城以东八十里处，是烧旗沟的入海口，由于该港经常堵塞，港口沙土淤积，即便涨潮，船只也不能轻易驶入。①

铁炉港：在崖州城以东一百七十里，临近林旺村，港口水深宽阔，可停泊大船。

合水港：在崖州城以东二百里处，是藤桥东、西水的入海口，建有藤桥炮台。

头铺灶港：在崖州城以西十六里处，经常堵塞。

龙栖港：在崖州城以西五十里处，经常堵塞。

石牛港：在崖州城以西六十二里处，是抱陀水入海口。②

抱龙港：在崖州城以西六十里处，亦是抱陀水入海口。

罗马港：在崖州城以西七十五里处，潮涨潮落，港口时浅时深，只能容纳小船，且涨潮时才可进入，是九所沟水的入海口。

望楼港：中崖州城以西九十里处，涨潮时水较深，达八九尺，可停泊大船，是望楼水的入海口。

新村港：在崖州城以西一百二十五里处，是抱峒岭水、赤龙溪水的入海口，可停靠小船。

红塘湾：在南山岭以东。

天涯湾：在马岭以西。

乐盘湾：在乐盘峒以南，海边有巨石，石上有泉水，尝之甘甜，终年不竭。过往船只常在此处取水。

珜琅湾：在榆林港以东五十里，湾内礁石甚多，风浪较大。

海棠湾：在铁炉港以东，风浪较小，可停泊船只。

角头湾：在梅西村的西南。

龙栖湾：在角头湾以西。

---

① 钟元棣创修，张嶲等纂修：《光绪崖州志》（外一种）上册，海南出版社2003年版，第66页。
② 钟元棣创修，张嶲等纂修：《光绪崖州志》（外一种）上册，海南出版社2003年版，第67、第305页。

浦帽湾：在抱陀水以东。

莺歌海湾：在崖州城西一百四十里处，在其上游海边有块巨石，名为酒杯石，长二十丈，宽一丈有余，巨石上有水流，形成水井，深达二尺，水质甘甜。[①]

（二）沿海城镇

1. 三亚

三亚最重要的城镇无疑是崖州城。崖州城在宋朝以前只是一座土城，宋宁宗年间开始用砖砌城墙，南宋理宗年间扩建城墙，城墙周长达二百四十二丈，高一丈六尺，开东、西、南三门。[②] 元代元惠宗年间，判官李泌在城楼上建立瞭望台。明太祖洪武年间四次修建、扩建三亚城，先是知州刘斌用石块重新筑城，后是千户李迁、李兴、周宗礼分别扩建城墙，扩建后城墙周长五百十三丈五尺，高二丈，宽九尺，设置东、西、南三门，各门都建有敌楼，城墙外挖通护城河，增筑月城等。后来明代又进行了两次扩建、修葺，分别是建吊桥后重修城墙，并增高三尺。清代三次重建和修葺，顺治十八年（1661年），知州梅钦重建东城楼，康熙十一年，知州张擢士、游击张德远重修西城楼和南城楼，道光十二年（1832年），知府王玉璋、知州秦镛再次修葺。[③]

乐安新城是三亚古城镇中另外一座较为重要的城镇，该城镇位于崖州城以北一百五十里处。明神宗万历四十四年（1616年），剿灭抱由、罗活二峒的黎族叛乱后，明政府开始在此筑城以屯兵戍守，在一个叫红烂沟的地方建立砖城，城墙周长二百八十丈，高一丈二尺，开三条门，分别是南顺昌门、东绥定门、西镇安门，参将何斌臣又增建南门靖远楼，北门真武楼等。清朝乾隆十七年（1752年）又重修，光绪二十三年（1897年），由于黎族叛乱，城墙被毁，光绪二十九年，知州王亘重修城墙并进行了扩建，扩建后周长达

---

① 钟元棣创修，张嵩等纂修：《光绪崖州志》（外一种）上册，海南出版社2003年版，第68页。
② 钟元棣创修，张嵩等纂修：《光绪崖州志》（外一种）上册，海南出版社2003年版，第139页。
③ 钟元棣创修，张嵩等纂修：《光绪崖州志》（外一种）上册，海南出版社2003年版，第140页。

三百四十丈。[①]

除了上述两座城镇外，三亚古代也发展出了较多的墟市，但在数量上不如海口等地多，主要有东关市、西关市、三亚市、三亚港市、榆林港市、藤桥市、临高市、港门市、九所市、乐罗市、望楼市、抱旺市、油柑市、抱岁市、黄流市、佛罗市等。[②]

2. 陵水

虽然唐高祖武德五年设置了陵水县，但陵水地是否建有城池，无据可考。明朝时期开始多次修建、修葺陵水城。明洪武年间，明政府将治所置于南山港，曲堑用木栅。明永乐年间，指挥张恕将陵水县治迁往岭黎乡马鞍山之北，即现今治所，用砖石筑城，城墙周长三百四十四丈，建有城墙垛口三百九十九个，开城门四条，城门都建有城楼，护城河周长四百九十七丈，明成化年间，指挥舒翼、千户王玉进行扩建，将城墙增高一尺多，并堵塞西门。由于年代久远，陵水城墙坍塌毁坏现象严重，到清朝康熙癸丑年，知县高首标进行修葺，城墙又归完整坚固。[③] 陵水县墟市不多，主要有十字市、宝停市、北门市、南城市。[④]

第三节　东部（琼海）区域

一、自然环境与条件

以琼海、万宁为主体的海南岛东部区域气候与海南岛其他区域差不多，清康熙时期史志记载，"气候与琼相似，夏不甚暑，冬不甚寒"，同样也引

---

① 钟元棣创修，张巂等纂修：《光绪崖州志》（外一种）上册，海南出版社2003年版，第140页。

② 钟元棣创修，张巂等纂修：《光绪崖州志》（外一种）上册，海南出版社2003年版，第158、第159页。

③ 潘廷侯纂修：《康熙陵水县志》；瞿云魁纂修：《乾隆陵水县志》，海南出版社2004年版，第143、第144页。

④ 潘廷侯纂修：《康熙陵水县志》；瞿云魁纂修：《乾隆陵水县志》，海南出版社2004年版，第117页。

用苏轼的诗句"四时皆是夏，一雨便成秋"来描述海南岛东部地区气候。[①]
古时该区域被称为瘴乡，到清朝嘉庆期间，由于人口增多，人类活动增加，
导致"林疏洞豁，久无瘴患"。[②]但由于地处沿海，土地潮湿，不但一年之
中冷热不均，冬寒不过三四日就会转暖，即便是一天之内，气候也易变。[③]
另一个特点是风多，春多东风，夏多南风，秋多西风，冬多北风。尤其是飓
风暴雨较多，多发于芒种以后到立冬以前，飓风被称为四方之风，"凡飓必
夹雨""有雷则不成飓""飓必乘潮"，但若是有雷的飓风，飓风必大而且
持续时间较长，称为"铁飓"，[④]正如苏轼所述，飓风来时，海鸟惊飞，或
海吼声大震，或天脚有晕如半虹，或逾时大作，暴雨挟之，撼声如雷，木拔
沙扬，牛马不敢出牧，人仆不能行立。[⑤]

二、古代建置发展沿革

（一）琼海

琼海位于海南岛的东部，今琼海市大体由古乐会县、会同县演变而来。
元鼎六年，汉武帝平定南越之后在海南岛设置珠崖、儋耳两郡。唐太宗贞观
五年（631年），唐王朝设置琼州，琼海市所属之地即属琼州，贞观十三年
（639年）在琼山南境设置容琼县，后改容琼县为乐会县。唐高宗乾封二年
（667年）以后，乐会县被黎峒统治者占领124年。唐德宗贞元年间，唐
王朝平定黎峒叛乱，恢复乐会县建置。宋徽宗时期，乐会县先属万安军，
后改属琼州。元世祖时期，县治迁至太平都的调懒村，后又迁到万泉河之
地，元成宗大德年间因贼寇作乱，县治又迁到万泉河以南地域阴阳山，即

---

① 于煌等纂修：《乾隆会同县志》；陈述芹纂修：《嘉庆会同县志》，海南出版社2006年版，
第18页。

② 于煌等纂修：《乾隆会同县志》；陈述芹纂修：《嘉庆会同县志》，海南出版社2006年版，
第260页。

③ 于煌等纂修：《乾隆会同县志》；陈述芹纂修：《嘉庆会同县志》，海南出版社2006年版，
第260页。

④ 于煌等纂修：《乾隆会同县志》；陈述芹纂修：《嘉庆会同县志》，海南出版社2006年版，
第261页。

⑤ 于煌等纂修：《乾隆会同县志》；陈述芹纂修：《嘉庆会同县志》，海南出版社2006年版，
第18页。

现在治所所在地。① 海南古会同县本是乐会县的一部分，元世祖志元年间，在乐会县西北部的乌石埇设置会同县，隶属琼管安抚司，元仁宗皇庆元年（1312年），土酋王高烧毁县治，元政府原来打算将县治建在太平都斗牛乡，但到元顺帝至正年间将县治迁至现在所在地，即端山牛角墩（今塔洋镇）。②

（二）万宁

万宁位于海南岛东南部沿海，东濒南海，西毗琼中，南邻陵水，北与琼海接壤。

万宁在汉代属珠崖郡紫贝县地。汉武帝元鼎六年平定南越，在海南岛设置珠崖郡、儋耳郡，万宁属珠崖郡地界。唐高宗武德年间在海南岛设置崖州、儋州、振州，其中珠崖郡改为崖州，万宁属于崖州的平昌县。唐太宗贞观年间，在崖州之地增置琼州，平昌县以现万宁区域范围设立万安县，隶于琼州，万宁建县从此开始，后万安县改属崖州。唐高宗龙朔二年，万安县改为万安州，下辖万安、陵水、富云、博辽四个县。唐玄宗天宝年间改万安州为万安郡。五代十国时期，万安郡属南朝南汉政权，辖万安县和陵水县。北宋神宗熙宁年间改万安州为万安军，宋徽宗大观年间军治移到今万城镇，后废万安军，恢复万安州。南宋高宗绍兴年间改万安州为万宁县，历史上第一次出现"万宁县"名称。元代时万安军隶海北海南道宣慰司，下辖万宁和陵水。明代太祖洪武年间万安军改为万州，仍领万宁县，隶属于琼州府。明英宗正统年间废万宁县，万宁县地域直属万州。清代沿袭明制，并把州县管辖范围扩展到黎族聚居的僻远地区，光绪年间改万州为万县，隶属崖州。③

---

① 林子兰总辑，陈宗琛等纂：《康熙乐会县志》（康熙八年本）；程秉恺等纂修：《康熙乐会县志》（康熙二十六年本）；林大华等纂修：《宣统乐会县志》，海南出版社2006年版，第295页。

② 于煌等纂修：《乾隆会同县志》；陈述芹纂修：《嘉庆会同县志》，海南出版社2006年版，第265页。

③ 明谊修，张岳崧纂：《道光琼州府志》（第一册），海南出版社2006年版，第39-43页；《万宁县志》卷一建置区划，海南史志网，http://www.hnszw.org.cn/data/news/2010/09/47359/；李琰纂修：《康熙万州志》；胡端书总修，杨士锦、吴鸣清纂：《道光万州志》，海南出版社2004年版，第13、第14页。

据记载，古时万州西北距离琼州府四百七十里，面积长二百零五里，宽一百二十里，东面距离大海二十五里，西至鹧鸪山一百八十里，南面至海二十五里，北至乐会县界九十五里。东南至海三十里，西南至陵水县界一百里，东北至莲岐岭七十里，西北至乐会县纵横峒黎界一百六十里。[①]

三、古代港口（沿海城镇）的历史演变

（一）古代港口

1. 琼海

潭门港：潭门港旧名调懒港，在琼东县城东二十里，位于博鳌港以北三十里处，处于沙涌、竹山两溪水入海处。潭门港口宽阔，涨潮时可以停泊船只，退潮时则可见沙滩。[②]潭门港旧时处于乐会县和会同县的分界线上，沙涌、竹山两溪水分别由会同县、乐会县流下，至入海口合并为一条溪水入海，两县以溪港中流分界，两县船只都在该港停泊，但两县民众为争利，诉讼不休，到光绪三十年（1904年），会同县主林振光断批，判以潭门港中流为界，海利分属两县。[③]

博鳌港：博鳌港在乐会县治东南约三十里，万泉、龙滚两河由此入海。港门向东，前临大海，港宽约三十丈。[④]博鳌港是琼海最重要的进出口岸，咽喉之地，汇聚万泉河诸流之地，东有圣石捍海，西有三江合注，南与万县接壤，北面是博鳌墟，凡是乐会、会同两县出入口之船舶，都停泊在博鳌港。[⑤]虽然博鳌港可停泊大船数十艘，但港内巨石林立，大者如门户，称为神石，入港船只若不小心碰撞，将立刻沉入水中，商船进港必须雇用本

---

① 明谊修，张岳崧纂：《道光琼州府志》（第一册），海南出版社2006年版，第88-89页；李贤等纂修：《一统志琼州府》（四种），海南出版社2006年版，第175页。

② 陈铭枢总纂，曾蹇主编，郑行顺校订：《海南岛志》，海南出版社2004年版，第81页。

③ 林子兰总辑，陈宗琛等纂：《康熙乐会县志》（康熙八年本）；程秉悈等纂修：《康熙乐会县志》（康熙二十六年本）；林大华等纂修：《宣统乐会县志》，海南出版社2006年版，第424页。

④ 陈铭枢总纂，曾蹇主编，郑行顺校订：《海南岛志》，海南出版社2004年版，第81页。

⑤ 林子兰总辑，陈宗琛等纂：《康熙乐会县志》（康熙八年本）；程秉悈等纂修：《康熙乐会县志》（康熙二十六年本）；林大华等纂修：《宣统乐会县志》，海南出版社2006版，第441、第442页。

港小渔艇为向导，[①] 所以船只进出汲为困难，不是深谙该港地形的人驾驶不易。[②]

除上述主要港口外，琼海还有如下小港。

新潭港：为乐会县县属港口，可停泊大船数十艘。

调懒港：在会同县治东南三十里的太平都，该港涨潮时可停泊船只，退潮时可晒沙煮盐。

鬼颠港：在会同县治以东三十里的太平都，多异岭小涧入海与潮水汇合成港口。

欧村港：在会同县治以东四十里的太平都，文昌日檀岭水流至欧村与潮水汇合形成港口。

望白港：在会同县治以东四十里太平都。

冯家埠：在会同县治东北六十里太平都。村多冯姓，故名，但海中多石，船只难以停靠，居民多以捕鱼为生。[③]

2. 万宁

由于地理位置原因，万宁所属港口并不多，与海口、文昌比起来更是如此，主要港口如下。

港北港：港北港是万宁的重要港口，在万宁县城之东北约四十里，距和乐市六里，太阳溪、金仙河从此入海。面向东北方向，该港中间有一小岭将港口分为南北二门。港口宽大，但港内沙泥淤积，深度无常。[④]

港门港：又名莲塘港，也叫小海港，在万宁城以东三十里地，该港口地理位置险峻，港口两边各耸立一座高山，犹如两扇大门一南一北守护着港口，船只进出港口较为惊险。

周村港：在万宁城以东十里，盛产鱼虾蟹，又名叫小海。其中源出黎

---

① 林子兰总辑，陈宗琛等纂：《康熙乐会县志》（康熙八年本）；程秉慥等纂修：《康熙乐会县志》（康熙二十六年本）；林大华等纂修：《宣统乐会县志》，海南出版社2006年版，第423页。

② 陈铭枢总纂，曾蹇主编，郑行顺校订：《海南岛志》，海南出版社2004年版，第81页。

③ 于煌等纂修：《乾隆会同县志》；陈述芹纂修：《嘉庆会同县志》，海南出版社2006年版，第272页。

④ 陈铭枢总纂，曾蹇主编，郑行顺校订：《海南岛志》，海南出版社2004年版，第81页。

山，流经万宁城北的金仙河最后从周村港入海，据《大清一统志》记载，金仙河畔有石盘，上有马蹄、人迹、葫芦痕，相传交趾道士曾在金仙河畔炼丹。

南港：在万宁城东北一百五十里地，陂都溪从此入海，溪水与涨潮海水汇合形成港口。

陂都港：在万宁城西北九十里地，也是由陂都溪水流到龙滚渡与涨潮海水汇合形成。

前后澳：位于万宁城以东二十里临涛都，是水上居民的捕鱼之所，该港口此前并不征税，但明朝成化八年，居民因利起争执，要求划定陆上居民和水上居民的生产生活分界线，于是以樟树岭为界，樟树岭以北为后澳，属水上居民，樟树岭以南为前澳，属陆上居民，且明政府也开始征税。其中，前澳即大塘，可停泊船只，渔业资源也较为丰富。

东澳，在万宁城以南二十里的新安都，与陵水港相通，来往万宁的商民都经过该港。①

（二）沿海城镇

1. 琼海

乐会县治：乐会县沿海城镇主要是乐会县治。元成宗大德年间因为寇乱，乐会县治迁到万泉河之南的阴阳山，初始时候并未建有城镇。明穆宗隆庆年间用石块建筑城池，城墙周长三百七十二丈，开辟南北两门。明万历、崇祯年间多次修葺、扩建城池，清代康熙年间知县谢锳增建子城及门楼，雍正元年（1723年）知县赵光绪重修城墙。② 除乐会县治外，经济的发展还催生了诸多墟市，主要有南门市、北门市、朝阳市、西门市、新寨市、中原

---

① 李琰纂修：《康熙万州志》；胡端书总修，杨士锦、吴鸣清纂：《道光万州志》，海南出版社2004年版，第308页；阮元总裁，陈昌齐总纂：《道光广东通志琼州府》上册，海南出版社2003年版，第364、第365页。

② 林子兰总辑，陈宗琛等纂：《康熙乐会县志》（康熙八年本）；程秉恺等纂修：《康熙乐会县志》（康熙二十六年本）；林大华等纂修：《宣统乐会县志》，海南出版社2006年版，第337页。

市、坡襘市、椰子寨市、边滩市、新市。①

会同县治：元顺帝至正年间元政府将会同县治迁到端山，但一直到明孝宗弘治年间都没有建城池，后因县治府库被贼寇劫掠，到明世宗嘉靖元年时，明政府才用土块筑城，土城又被贼寇毁坏，明政府才开始用砖石筑城。明万历、崇祯年间明政府又几次重建、修建、修葺城池，包括增砌窝铺，建筑东门、西门及瓮城，将南门城楼命名为"萃和门"，北门城楼命名为"拱极门"，东门城楼命名为"宾炀门"，后改称"永安门"，西门城楼命名为"长乐门"。清代由于城墙年久失修，康熙年间几次修葺。②

会同县墟市主要有东关市、嘉积市、黄藤市、福田市、镇安市、海丰市、烟塘市、南白市、黎溢坡市、山竹树市。③

2. 万宁

万宁古城池历史悠久，但汉朝完整城池所在地已无可考，唐朝初年在通化都选址建筑土城，定为万州城治所，称为旧州，后来又迁到陵水。宋初，万州治所迁到博辽，宋徽宗大观年间，才在现在万城所在地建筑土城，南宋宋理宗绍定年间，开始用砖瓦建筑城墙，但规模较小，长宽都不到一百丈，只开南门。元代元惠宗至正年间，摄州事土官郑宽为防备海盗骚扰劫掠，用石块筑城，并增加城墙的长度和宽度，城墙周长达到三百三十丈，高一丈八尺，开东西南三门。明太祖洪武七年（1374年），千户刘才重修城墙，长宽高都得到了拓展，明宪宗成化七年，指挥李泰又加以扩建，在东西南三门外增筑月城门楼。明世宗嘉靖六年（1527年），指挥徐爵疏通护城河，设置吊桥，护城河周长四百九十七丈，宽二丈五尺，深七尺，石桥通行，池水环

① 林子兰总辑，陈宗琛等纂：《康熙乐会县志》（康熙八年本）；程秉慥等纂修：《康熙乐会县志》（康熙二十六年本）；林大华等纂修：《宣统乐会县志》，海南出版社2006年版，第53、第54页。

② 于煌等纂修：《乾隆会同县志》；陈述芹纂修：《嘉庆会同县志》，海南出版社2006年版，第281、第282页。

③ 于煌等纂修：《乾隆会同县志》；陈述芹纂修：《嘉庆会同县志》，海南出版社2006年版，第281、第289页。

流，此后又多次修葺，一直延续到清朝。①

万州州署的建设也是历经波折，不断修葺甚至重修。自从宋徽宗大观年间州治迁到万城后，州署被多次修建与重修，堂宇、廨舍、仓库、禁狱等都初具规模。元代一再增修、再建，又一再被贼寇毁坏。明代洪武、成化、万历、崇祯年间同样又是重建、增修、修葺，反复多次，清朝从康熙到嘉庆皇帝又多次修建，学正署、训导署、龙滚司巡检署、吏目署、万州游击署、万州营守备署、万州营军装火药司等机构相继修建起来。②

贸易的发展，万州墟市也发展起来，主要有东门市、南门市、周村墟、番浦墟、南山墟、万陵墟、林村墟、龙滚墟、黄竹墟、保定墟、合岭墟、和乐市、南福市、第三水市。③到了近代，万宁市镇的发展主要集中在几处，分别是分界、龙滚、和乐、后安、县城、兴隆等，其中发展较为繁盛的是万宁县城、和乐、分界三个市镇。

第四节　西部（东方）区域

一、自然环境与条件

海南岛西部地区气候与岛上其他区域大体无异，如东方市史志描述，一年之间炎热过半，一日之内气候多变，昼热夜凉，天晴则燠，天雨则凉。④东方市地域周年多南风，夏秋之间多飓风，其特征是一年一次或数次，但也有无飓风的年份，飓风起时或东北而转西，或起西北而转东，风雨骤急，飓风之害，禾稼为之伤残，树木为之摧折，庐舍为之倒塌，田园为之崩埋，人

---

① 李琰纂修：《康熙万州志》；胡端书总修，杨士锦、吴鸣清纂：《道光万州志》，海南出版社2004年版，第324页。
② 明谊修，张岳崧纂：《道光琼州府志》第一册，海南出版社2006年版，第303—304页。
③ 李琰纂修：《康熙万州志》；胡端书总修，杨士锦、吴鸣清纂：《道光万州志》，海南出版社2004年版，第280页。
④ 周文海重修，卢宗棠、唐之莹纂修：《民国感恩县志》，海南出版社2004年版，第25页。

有戒心而亦莫可如何也。[①] 昌江县史志则记载，周岁多东风，秋夏间飓风，或一岁累发，或累岁一发，或起东北转西，或起西北转东，[②] 除飓风风向不同外，其他无异。另外，也有不同的地方，如东方市当地人占验风雨、寒暑、水旱之法，往往有验，而推诸他处则不验。[③]

二、古代建置发展沿革

（一）东方

海南省东方市位于海南省西南部，今海南东方市主要由古感恩县演变而来。秦朝平定南方后，设置桂林、南海、象郡，海南岛属象郡。西汉武帝元封元年，海南岛设珠崖、儋耳二郡，其中儋耳郡下设九龙县，县治设在九龙山（今感城镇入学村西侧海滨），九龙县即后来的感恩县。西汉昭帝始元九年（前78年），儋耳郡并入珠崖郡，九龙县改隶属珠崖郡。西汉元帝初元三年废珠崖郡，置朱卢县，废九龙县，九龙旧地转属朱卢县，隶属合浦郡。东汉光武帝建武十九年废朱卢县，置珠崖县，九龙旧地又隶属珠崖县。三国吴大帝孙权赤乌三年（239年）复置珠崖郡，九龙旧地又隶属珠崖郡。西晋武帝太康元年珠崖郡并入合浦郡，九龙旧地再次转隶合浦郡。南北朝宋文帝元嘉八年复置珠崖郡，九龙旧地隶属珠崖郡。梁武帝大同年间在儋耳地置崖州，九龙旧地又隶属崖州。隋炀帝大业三年崖州改为珠崖郡，下辖五个县，其中之一即是在汉代九龙县旧址设置的感恩县（县治在原九龙县治旧址上）。唐高祖武德五年海南岛设置崖州、振州、儋州，感恩县隶属儋州。北宋太祖开宝五年，感恩县隶属儋州。北宋神宗熙宁六年，废儋州置昌化军，降感恩县为镇，并入宜伦县，隶属昌化军；北宋神宗元丰四年（1081年），复置感恩县。宋徽宗崇宁五年，在珠崖军下置延德县，宋徽宗大观元年（1107年），改延德县为延德军，宋徽宗政和元年，延德军并入感恩县，隶属昌化军。南

---

① 周文海重修，卢宗棠、唐之莹纂修：《民国感恩县志》，海南出版社2004年版，第25页。

② 方岱修，璩之璨校正：《康熙昌化县志》；李有益纂修：《光绪昌化县志》，海南出版社2004年版，第18页。

③ 周文海重修，卢宗棠、唐之莹纂修：《民国感恩县志》，海南出版社2004年版，第27页。

宋高宗绍兴元年（1131年），感恩县隶属琼州。绍兴六年，废昌化军，感恩县隶琼州。绍兴十四年（1144年）复置昌化军，感恩县隶属昌化军。南宋理宗端平二年（1235年）废昌化军置南宁军，感恩县隶属南宁军。元朝感恩县仍隶属南宁军。明太祖洪武二年改南宁军为儋州，感恩县隶属儋州。明洪武十九年（1386年）感恩县改属崖州。明英宗正统五年，感恩县治从九龙县治旧址迁到中和乡（今感城镇），隶属琼州府。清世祖顺治十三年（1656年）感恩县隶属琼州府至清末。①

（二）昌江

昌江黎族自治县位于海南省西北偏西部。昌江，古代称至来县，后称昌化。汉武帝元鼎年间平定南越，在海南岛设置珠崖郡、儋耳郡，其中儋耳郡下辖玳瑁、苟中、紫贝、至来、九龙五县，昌江其地即在古至来县。西汉昭帝时昌化隶属合浦郡。三国吴大帝赤乌年间，昌化隶属交州。晋武帝太康元年又将珠崖郡并入合浦郡。南北朝时期南宋文帝元嘉八年再次设置珠崖郡，不久并入合浦郡，隶属于越州，南朝梁武帝大同年间在原儋耳地设置崖州，昌化转隶属于崖州，南朝陈朝沿袭。隋炀帝大业三年，将崖州改为珠崖郡，在西汉至来县故地设义伦、昌化、吉安三县，又在珠崖郡西南部设立临振郡，义伦、吉安属珠崖郡，昌化属临振郡。唐高祖武德年间，设置儋州，下辖义伦、昌化、感恩、富罗四县。唐太宗贞观年间，又在昌化县地增置吉安县，隶岭南道。唐玄宗天宝年间，改儋州为昌化军，又废吉安，增置洛场县，属儋州。五代十国时期昌化属南汉，海南岛分为琼州、崖州、儋州、万州四个州，其中昌化地属儋州。宋太祖开宝五年，洛场县并入昌化，宋太宗改义伦为宜伦。宋神宗熙宁六年，儋州改为昌化军，昌化县并入藤桥镇，隶属琼州，宋神宗元丰三年又设置昌化县。宋高宗绍兴六年废昌化军，昌化县属琼州，随后又恢复昌化军，昌化县仍属昌化军，后太守孙丹奏改昌化军为南宁军。元世祖忽必烈时期琼州路安抚司改为琼州路军民安抚司，元文宗改

---

① 周文海重修，卢宗棠、唐之莹纂修：《民国感恩县志》，海南出版社2004年版，第19—21页；《东方县志》，海南史志网，http://www.hnszw.org.cn/data/news/2011/11/50924/。

为乾宁军民安抚司。明太祖洪武二年，改南宁军为儋州，下辖宜伦、昌化、感恩三县，洪武三年，昌化县隶属儋州，清代沿袭明制。①

（三）儋州

儋州市位于海南省的西北部，濒临北部湾。儋州历史悠久，古称儋耳。秦朝统一之际，海南岛仍处于越郡外境，后秦朝平定岭南地区，设置桂林郡、南海郡、象郡，其中象郡地域涵盖海南岛。汉武帝元封元年，中央王朝平定南越之地，在海南岛设置珠崖、儋耳两个郡，属交州管辖。西汉昭帝始元五年，儋耳郡并入珠崖郡。西汉元帝初元三年，罢珠崖郡，汉明帝永平十八年（75年），任命童尹为儋耳太守。三国吴大帝赤乌五年，陆凯为儋耳太守。南北朝宋文帝元嘉八年，又在徐闻设置珠崖郡，遥统海南之地。梁武帝大同年间在儋耳之地设置崖州，即现今之儋州。隋炀帝大业三年改崖州为珠崖郡，并将珠崖郡治设在义伦，即现在儋州地。唐高祖武德五年，以珠崖郡的义伦、感恩、毗善、吉安，加上临振郡的昌化共同组成儋州，唐玄宗天宝元年，儋州之地改为昌化郡，唐肃宗乾元元年，再改为儋州。北宋神宗熙宁六年，将感恩县、昌化县降格并入藤桥镇，属琼州。宋神宗元丰三年，又恢复昌化县、感恩县，仍属昌化军。南宋高宗绍兴六年，废除昌化军，将义伦、感恩、昌化三县划归琼州管辖。绍兴十四年，恢复昌化军，仍旧管辖义伦、感恩、昌化三县。南宋理宗端平二年，昌化军改为南宁军。元世祖至元十五年，南宁军属琼州。明太祖洪武年间，废除南宁军，恢复儋州，仍下辖义伦、感恩、昌化三县，归广东管辖，洪武三年，改属琼州府，洪武十九年，将其中的感恩县划归崖州。清朝初年，琼州府下辖三州十县，三州分别是儋州、万州、崖州，因崖州黎防紧要，光绪年间升崖州为直隶州，儋州、万州为散州。②

① 方岱修，璩之璨校正：《康熙昌化县志》；李有益纂修：《光绪昌化县志》，海南出版社2004年版，第135～138页；《昌江县志》概述，海南史志网，http://www.hnszw.org.cn/data/news/2010/09/47114/。
② 彭元藻、曾友文修，王国宪总纂：《民国儋县志》；王云清初稿：《儋县志初探》（上册），海南出版社2003年版，第23～24页。

三、古代港口（沿海城镇）的历史演变

（一）古代港口

1. 东方

东方的主要港口为北黎港。北黎港又名墩头港，是一小港口，位于昌化港以南三十里处，北黎河入海口，该港西面有鱼鳞洲，又有浮沙一片，该港东面有八所、九所两个港口，但该港口航路短浅，清朝史志记载，涨潮时船只才能进港停泊，[1] 到民国时期，史志记载，该港已经是大船难泊，货物装卸已经需要接驳转运，且耗时较长。[2]

史志记载，除北黎港之外，古时东方地域还有以下小港：

县门港：在感恩县城以西三里处，雨龙江水从此入海，是商船聚集之处，该港两岸有巨石。

板桥港：又称石排港，在感恩县城以南十五里处，滩汉沟入海口，水中有巨石横列，港口狭小，经常淤积堵塞，只能停泊小船。

南港：在感恩县城以南三十里处，南湘江水的入海口，港口水深时可停泊商船。

白沙港：在感恩县城以南七十五里处，流沙易淤积，港口有沙礁，小船可容，大船难进，疏通时商船亦常在此运货。

响地港：即丹村港，在感恩县城以南九十里处，玉耀塘沟入海口。

盐汀港：又叫小南港，在感恩县城以北三十里处，通天河入海口，常有商船停泊。

八所港：又叫大南港，在感恩县城以北七十里处，居龙河入海口，常常遭淤塞，港侧有"八所滩"，小贩聚集之始，也叫通海滩，春夏之间，渔船都聚此滩捕鱼。

延澄港：在八所港以南四十里处，涨潮时船只才能进港。

---

① 方岱修，璩之璨校正：《康熙昌化县志》；李有益纂修：《光绪昌化县志》，海南出版社2004年版，第209～210页。

② 陈铭枢总纂，曾蹇主编，郑行顺校订：《海南岛志》，海南出版社2004年版，第85页。

北沟港：在延澄港以南二十里处、经常淤积堵塞。

岭头湾：在感恩县城以南六十里处，该湾比较长，达十余里，刮北风时可以停泊船只，渔船常到此捕鱼。

双沟湾：在感恩县城以南四十里处，渔船来此较多。

青草湾：在感恩县城西南五里处，刮北风时可停泊船只，湾西部有浮沙一直延伸入海。

逆塘湾：在感恩县城以南八十里处。

高排湾：在感恩县城以北五十里处，该处刮北风时可停泊船只。[1]

2. 昌江

昌江，发源于五指山，流经昌化城以南十里处，昌化城西北与古镇州水和九峰溪水汇合，到县城东南的居侯村分成南北二支：一支流经赤坎村南，与海潮汇合形成港口，名南崖江；另一支绕县城南以后，又西流至乌泥浦会潮成港，名北港，俱入于海。[2]

昌江港是昌江比较大的港口，又名英潮港，在昌化县城西南十里处，位于昌江入海处，清代史志记载昌江港并不突出，位列昌江县一系列小港口之间，地位应与其他小港口差不多，[3]但在民国史志中该港记载突出起来，位居海南岛主要港口之列。如民国海南岛史志记载，昌江港是昌江商旅出入要道，但港口水深较浅，大船不能进入，港口附近有茅屋二三十间，鳞次栉比，居民以渔业为生，每年二三月间渔船云集，鱼客集聚，热闹非凡。[4]

昌江另一主要港口是海头港，海头港介于儋州、昌江两地分界处。该港内接海头江，可通黎境，港道两旁巨石林立，港口水中浮沙淤积，船只出入

---

① 周文海重修，卢宗棠、唐之莹纂修：《民国感恩县志》，海南出版社2004年版，第55-57、第257页。

② 方岱修，璩之璨校正：《康熙昌化县志》；李有益纂修：《光绪昌化县志》，海南出版社2004年版，第147页。

③ 方岱修，璩之璨校正：《康熙昌化县志》；李有益纂修：《光绪昌化县志》，海南出版社2004年版，第147页。

④ 陈铭枢总纂，曾骞主编，郑行顺校订：《海南岛志》，海南出版社2004年，第85页。

港口以潮水涨落为依据。[①] 港口北岸有海头市，属于儋县，港口南岸有新昌市，属于昌江，港口中间有一沙洲，周围约六里，上面建有海头新市。港口东西长三里，南北宽约两里。水深四至十余尺，每年帆船往来于北海、安铺、阳江、江门、铺前、海口、临高、昌江、感恩、崖县各埠者约八十艘。[②]

除此之外，昌江还有一系列小港如下。

沙洲港：在昌化县城以西二十里处。

乌泥港：在昌化县城西北二十余里处，需涨潮的时候船只才可出入港口。

棋子湾：在昌化县城西北二十里处，大陈山后面，海边有像棋子一样的石块，沙滩上有淡水泉涌出，过往海船经常在此取水，但不能停泊船只。

龙潭：在昌化县城以南三十里的马岭东，传说有龙潜伏其中，旱季求雨一般比较灵验。[③]

南港：又名三家港，在昌化县城西南四十五里处，南江水的入海口。

蛋场港：水深较浅，难以停泊船只。

小员港：上游水发源于那豪岭，经该港入海。

大员港：上游水发源于禾白黎，经该港入海。

大村港：上游水发源自黎婆山，经七坊峒到大村，分南北两个方向入海。[④]

海尾港：位于儋州海头港以南五十五里处，该港狭小，低潮水浅时大船不能入港，渔船钓艇停泊较多。

沙鱼塘：位于海尾港以南五十里，需南风大方可停泊船只。

昌化港：该港为一小港，位于沙鱼塘以南五十里处，距离昌化县城较近，不能停泊大船，但可停靠中小船只十余艘。

---

① 彭元藻、曾友文修，王国宪总纂：《民国儋县志》；王云清初稿：《儋县志初探》（上册），海南出版社2003年版，第81—85页。

② 陈铭枢总纂，曾蹇主编，郑行顺校订：《海南岛志》，海南出版社2004年版，第86页。

③ 方岱修，璩之璨校正：《康熙昌化县志》；李有益纂修：《光绪昌化县志》，海南出版社2004年版，第147页。

④ 方岱修，璩之璨校正：《康熙昌化县志》；李有益纂修：《光绪昌化县志》，海南出版社2004年版，第148页。

墩头港：位于四更沙以南二十里处，道光三十年（1850年）后新开的港口，水深较深，港面宽阔，可停靠大船，该港还可建造渔船，每年二月至七月常有远路商船入港做买卖。

延澄港：又叫白沙港，港外有一沙洲，叫大莺哥角，稍南有西玳瑁洲，也都不能停泊船只，该港与崖州洋面接界。[①]

3. 儋州

新英港是古时儋州区域主要港口，也叫白马井港，是西部各港口中的第一商业港，是有名的渔业地带。[②] 该港在儋县西部，距儋县县治十里左右，北门、新昌两江由此入海，水深较浅。新英港南西北三面临海，南面以大鹅港为济渡处，北面以小央港为济渡处，港口北面沿海多石块，泥沙不多，而港口南部海滨则多浮沙，而且每每经大雨冲刷，浮沙悉数冲入港内，船只虽然能够乘涨潮之际进出港口，但仍难免搁浅。[③] 该港分为内外两港，内外港分界处两岸突出如虎牙状，各有旧炮台一座。内港坐东向西，东西长约二十里，南北宽约十里。靠近新英市方向港口水深较浅，靠近白马井方向港口水深较深。外港坐北向南，建有洋浦市，该港内外港都无码头，但港口面积很大，港口水深虽然因积沙而较浅，但四五百吨级轮船还是可以出入。[④]

古时儋州还有一系列小港，主要有：

洋浦港：距离儋州县治三十余里，港口周围都为石块构成，水深数丈，可容大小船只数百艘，轮船、军舰皆可停泊。该港面南背北，西面石山围绕，故而北风北浪对港口船只影响不大，虽有风浪，亦安稳如常。

神碙港：位于延瑞里神碙乡，该港水深较浅，港口也较狭窄，涨潮时可供小船出入。[⑤]

---

① 方岱修，璩之璨校正：《康熙昌化县志》；李有益纂修：《光绪昌化县志》，海南出版社2004年版，第209—210页。

② 陈植：《海南岛新志》，海南出版社2004年版，第44页。

③ 彭元藻、曾友文修，王国宪总纂：《民国儋县志》；王云清初稿：《儋县志初探》（上册），海南出版社2003年版，第81页。

④ 陈铭枢总纂，曾蹇主编，郑行顺校订：《海南岛志》，海南出版社2004年版，第86页。

⑤ 彭元藻、曾友文修，王国宪总纂：《民国儋县志》；王云清初稿：《儋县志初探》（上册），海南出版社2003年版，第82页。

峨蔓港：在登龙里之北，距儋州县治五十里，该港港口入口狭窄，但港内却宽阔，涨潮时船只出入较易，但港口外面礁石较多，退潮时水深较浅，即便是小船也难以入港。

洄滩港：在州治西四十里处，该港港口水浅，港内却水深，涨潮时港内水深过一丈有余，可停泊大船，退潮时能够看到水底泥沙，人甚至可涉水而过。

干冲夏兰港：港口狭窄，涨潮时即便大船也可轻易出入，但港外多礁石，最大的礁石六尺高，且体积庞大，不利于船只进入港口，退潮时只能容纳小船进出。

莪廉港：该港分为两部分，分别是沙堤和石堤，都长约三十丈，涨潮时水淹没堤岸，可允许大小船只进出，但若潮退，船只就只能停泊在港口之中。

黄沙港：距大禄域村约四里，该港周围四十余丈，礁石较多，涨潮时淹没礁石，易发生船只触礁事件。民国六年（1917年）美国轮船在此港触礁沉没，损失巨大。距离礁石不远靠近海岸的地方有个碗口大的水池，深仅三寸，泉水涌出，夏凉冬温，可以医愈疮毒。[①]

光村港：在光村镇前一里处，涨潮时可以停泊大船。

顿积港：距光村港二三里，港口接近大海，船只进出方便。

东场港：在光村东北方向，与临高地接界，港口水深较浅，只能停泊小船。港前水不深，只容捕鱼小船停泊。[②]

泊潮港：也是在光村市东北方向，与东场港隔一海汊对面相望，该港除停泊渔船外，还有渡船停泊，也是儋州和临高的分界线。

煎茶港：在儋州州治以南六十里处。在德庆、同庆两里交界处，该港水深较浅，只可停泊小船。

观音峭：在煎茶港附近，该处常有海盗出没。

---

① 彭元藻、曾友文修，王国宪总纂：《民国儋县志》；王云清初稿：《儋县志初探》（上册），海南出版社2003年版，第83页。

② 彭元藻、曾友文修，王国宪总纂：《民国儋县志》；王云清初稿：《儋县志初探》（上册），海南出版社2003年版，第84页。

海头港：该港内接海头江，可通黎境，港道两旁巨石林立，港口水中浮沙淤积，船只出入港口以潮水涨落为依据。[①]

田头港：在儋州州治以南四十里处，发源于由落贺黎山地面流水汇聚而成的小河流经田头驿入海，从而形成港口。

沙沟港：在儋州州治以南五十里处。

大村港：在儋州州治以南八十里处。

大员港：在儋州州治以南一百二十里处。

禾田港：在儋州州治以北四十五里处，该港常常遭到海盗洗劫。[②]

（二）沿海城镇

1. 东方

感恩故城：西汉武帝元封年间，当时设置的九龙县将县治建在九龙山（今感城镇入学村西侧海滨），但此后一直到明代，治所城池的建设记载不多。直到明英宗正统五年，感恩县治所从九龙山迁到中和乡（今感城镇），县治才开始筑土城。明神宗万历十年（1582年），因该处距离大海较近，浮沙较多，知县秦中权将治所迁到大雅坡，并建成城池、官署、庙宇。万历二十五年（1597年），知县朱景和因大雅坡所在地岚瘴严重，不服水土，易生疾病，乃将治所迁回中和乡原址，建筑城墙，城墙周围开挖护城河。后因年久失修，城墙倒塌，清康熙四十三年（1704年），知县姜悼重修。感恩县县署在隋朝就已经建立，历唐、宋数百年，元代沿袭。明太祖洪武二年，知县黄忠信建置廨宇，县丞杨干协助建设。但到明孝宗弘治年间，县署、廨宇皆被盗贼所破坏。明武宗正德十二年（1517年），知县庞麟重修县署。到清康熙三十七年，知县姜悼捐造堂宇，并将屋顶换成瓦盖。同样由于年久失修，城墙倒塌，乾隆三十一年（1766年），清政府批示重新修建。光绪十五年，知县邱仁询重修仪门，光绪二十八年，知县聂宗诗修造西书房。民国七

---

① 彭元藻、曾友文修，王国宪总纂：《民国儋县志》；王云清初稿：《儋县志初探》（上册），海南出版社2003年版，第81-85页。

② 曾邦泰等纂修：《万历儋州志》，海南出版社2004年版，第27页。

年，县长黄长豫召集县城绅士，劝捐建修，到民国十七年（1928年），县长周文海修大堂，改为礼堂一座；又修改东书房为监狱，至此，感恩县城略具规模。[①]

九龙县：县治在感恩县城城东北四里近海旁，即现在九龙山，西汉平南越后，西汉武帝元鼎年间，在九龙山设置县治，汉元帝三年被废。[②]

古镇州：宋代设置，在感恩县城东北九十里处，有石城遗址。宋徽宗大观三年（1109年），宋朝政府在黎母山中设置治所，称龙门县，大观四年，该治所被废，元代南宁军在此设镇州，下辖三个县，分别是龙门、四达、感恩。[③]

水会所故城：距离感恩县城三百里，明神宗万历二十八年，按察副使林如楚建设该城，城墙周长达三百七十五丈，跨度七十二丈，开辟三条城门，即东安门、南平门、西安门，城门上均建有城楼，民国时期已废。[④] 此外，感恩县还有以下墟市：县门市、佛罗市、北黎市、桥市。[⑤]

2. 昌江

昌江先称至来，后名昌化，县治屡有变迁。西汉设置至来县时，县治设在昌化县城旧县村，宋朝时候县治移到昌江二水洲中（即今东方县旦场村东侧），宋徽宗大观元年六月，在黎母峒（今东方县东方村附近）设立镇州，为靖海军节度使，管辖宜伦、昌化、感恩等县域黎峒。明太祖洪武二十四年，指挥桑昭奏请建筑城池，洪武二十五年，千户俞凯、百户曾安烧制砖块筑城，但未完工。明成祖永乐九年（1411年），因海贼肆行劫掠，指挥徐茂重新建造城池并加固，建成敌楼四座。明英宗正统八年，昌化县治迁到千户所（即今昌城乡昌城村，时称昌化城），但多年后城墙坍塌。崇祯二年（1629年），知县张三光重修、加固城墙，又遇大风，城墙倒塌，知

---

① 周文海重修，卢宗棠、唐之莹纂修：《民国感恩县志》，海南出版社2004年版，第107、第108、第135页。

② 周文海重修，卢宗棠、唐之莹纂修：《民国感恩县志》，海南出版社2004年版，第135页。

③ 周文海重修，卢宗棠、唐之莹纂修：《民国感恩县志》，海南出版社2004年版，第135页。

④ 周文海重修，卢宗棠、唐之莹纂修：《民国感恩县志》，海南出版社2004年版，第135页。

⑤ 周文海重修，卢宗棠、唐之莹纂修：《民国感恩县志》，海南出版社2004年版，第126页。

县黄立修、典史黄嘉庆重新修建。后又遇叛乱，虽然明政府平定叛乱，但城墙遭劫难毁坏。清顺治十二年，县令汪天敏再次修筑城池，未完工，继任陆观光续修。康熙五年，知县严于屏捐资修建并加固，康熙十一年遭遇风灾，城池完全破坏，知县高日旦修葺，加固城墙垛口城楼等，但久经十余年风雨不无损坏，康熙三十年，飓风摧毁城墙，知县璩之璨、典史陈汉捐献俸禄修葺。清道光二十一年（1841年），县治改置新城（即今昌城乡新城村，又称新县），道光二十六年，代理知县乌应昌置老城于不顾而捐修新城，但陷入新城没修好而不能居住，又无力修建老城的尴尬局面，不得已在清光绪十年（1884年）将县治重新迁回昌化老城。①

昌江历史悠久，经济开发较早。在新石器时期就有黎族先民在昌江这块土地上繁衍生息。汉代开始有了手工制造业，唐宋时有制陶、煮盐，沿海农民种植甘蔗、花生、小棉花、蓖麻、芝麻等，榨油、煮糖、纺纱、酿酒、刺绣、编织等家庭手工业有了发展，明清时期，家庭手工业较为发展，农民利用铜、银、金等金属锻打各种儿童、妇女装饰品，如耳环、手镯、脚圈等，经济贸易自明代开始萌芽。明代昌化城、海尾墟已建成杂货市场，清初南昌市（今南罗）、北黎市建成。② 正是在此背景下，古代昌江发展了较多的墟市，主要有东门市、后蛋市、东澳市、万安市、和乐市、分界市、三水市、新兴市、中兴市、南门市、南福市、牛漏市、周村墟、番浦墟、溪头墟、南山墟、万陵墟、多辉墟、林村墟、横山墟、龙滚墟、莲塘墟、黄竹墟、草子坡墟、保定墟、黎寮墟、合岭墟、南昌街等。③

3. 儋州

西汉设立儋耳郡，一开始楼船将军杨仆将郡治建筑在宜伦县高麻都湳滩浦，但规模很小。此后郡所一直在此，一直到唐朝初年，唐高祖武德年间将

---

① 方岱修，璩之璨校正：《康熙昌化县志》；李有益纂修：《光绪昌化县志》，海南出版社2004年版，第153—154页；《昌江县志》概述，海南史志网，http://www.hnszw.org.cn/data/news/2010/09/47114/。

② 《昌江县志》概述，海南史志网，http://www.hnszw.org.cn/data/news/2010/09/47114/。

③ 方岱修，璩之璨校正：《康熙昌化县志》；李有益纂修：《光绪昌化县志》，海南出版社2004年版，第163页。

郡治从宜伦县高麻都浦滩浦迁到三十里外的高坡，即现在的地址，宋代、元代沿袭唐制，一直未有什么变化。明太祖洪武二年，知州田章开始扩建郡治，在原址上扩大建筑范围，夯实地基，指挥周旺挑拣石材，召集工匠，郡治规模比原来扩大许多。[①] 此后，守帅徐真、徐春等进一步扩建、修葺城门城墙、楼铺、壕堑、吊桥等。明穆宗隆庆年间，知州陈儇创建四角楼。清康熙二十四年，遭遇大雨，城墙坍塌。康熙二十七年，知州沈一诚捐资修建。乾隆六年，清政府批准立项重建儋州郡治。道光七年（1827年），知州汪阜捐资修建东南北三门月城及瓮城门，修葺城墙、城楼垛口等。[②] 此外，郡治内建筑物及多个机构历经修建、修葺、重建等。

儋州州署：唐朝初年设置儋州时在高坡曾建有州治，一直到元代，虽然名称有变化，州改郡，又改军，但治所未有变化。直到明洪武二年知州田章修建。洪武二十九年，知州王彦铭修建堂廊、库狱、吏舍、仪门，外设土地祠、迎宾馆，郡治规模初具。后知州林洪、罗杰、陈衮、毛鹓、萧弘鲁、潘时宜、吴泮、陈儇、潘楠、曾邦泰，历次修葺。清康熙二十九年，知州沈一诚修。乾隆六年，知州姚建题准动项修葺。嘉庆十三年，知州曹世华修。道光四年，知州朱棻修，光绪二十六年，知州王之翰增建军械、文案等室。[③]

儋州墟市有十字街市、州前市、小街市、阜民市、长坡市、木堂市、归姜墟、松林墟、郎了墟、田头墟、浦滩市、抱敕墟、新英墟、高堂市、太和墟、三坛墟、黄五市、[④] 王五镇、长坡镇、龙山市、东山市、太成市、和庆市。[⑤]

① 彭元藻、曾友文修，王国宪总纂：《民国儋县志》；王云清初稿：《儋县志初探》（上册），海南出版社2003年版，第229页。
② 彭元藻、曾友文修，王国宪总纂：《民国儋县志》；王云清初稿：《儋县志初探》（上册），海南出版社2003年版，第230页。
③ 彭元藻、曾友文修，王国宪总纂：《民国儋县志》；王云清初稿：《儋县志初探》（上册），海南出版社2003年版，第230页。
④ 曾邦泰等纂修：《万历儋州志》，海南出版社2004年版，第39-40页。
⑤ 曾邦泰等纂修：《万历儋州志》，海南出版社2004年版，第86-91页。

第五节　港口和沿海城镇对海南
社会经济发展的影响

一、海南古代港口、城镇发展的推动因素

（一）政治因素

关于海南古代港口和沿海城镇兴起、发展的原因，可借用有关学者总结的古代城市兴起原因的观点。有关学者认为，城市兴起的一个重要原因是出于防御和保护的需要，认为城市是统治阶级为保护自身利益，防御敌方侵袭需要而兴起、发展的，认为城市兴起的具体地点虽然不同，但是作用却相同，即都是为了防御和保护的目的而兴建起来的。[①] 从前述对海南岛环岛港口和沿海城镇的发展、演变历史来看，可以说防御和保护的需要是推动海南岛港口和沿海城镇兴起、发展的一个主要因素。以海口地区为例，自宋朝起，封建政府开始在海口沿岸港口设立水师，建设水寨、兵舰，统一海防，明代设立巡视海道副使并都指挥，清初设海口水师左右营，乾隆年间改为海口营，参将专驻海口城，水师人数达四百余名，定时巡防海上。[②] 可见，各个封建王朝维护统治的首要方式即是在一个地区的咽喉要道设立军事设施和军事力量。史志记载，琼山郡城北的白沙港是琼山郡治咽喉要道，与海口唇齿相依，宋代因此在白沙港设立水师，明朝隆庆初设立白沙寨，派驻兵船防守。[③] 而铺前港与白沙港呈犄角之势，其重要性与白沙港完全等同，但铺前港是海盗出没之地，危害很大，[④] 清政府重视该港防守，派驻巡检司，设立

① 顾朝林：《中国城镇体系：历史现状展望》，商务印书馆1992年版。
② 朱为潮、徐淦等主修，李熙、王国宪总纂：《民国琼山县志》第二册，海南出版社2004年版，第513页。
③ 朱为潮、徐淦等主修，李熙、王国宪总纂：《民国琼山县志》第二册，海南出版社2004年版，第514页。
④ 朱为潮、徐淦等主修，李熙、王国宪总纂：《民国琼山县志》第二册，海南出版社2004年版，第514页。

一座大炮台,炮台规格与清澜港炮台一样,另外海口水师营派千把总一员专防,外委一员协防,带兵三十名防守。[1] 此外,北洋港为海口区域的一小港,但封建王朝也在此设立墩台,派兵驻守。

除了设置军事设施派兵驻防外,由于注重防御和保护功能,历代王朝往往在港口和沿海城镇选择高筑墙深挖池,[2] 这也是海南岛港口和沿海城镇早期发展的一个重要特征。历代封建王朝都要对港口和沿海城镇进行建设、扩建、修葺,周而复始。同样以海口地区为例,琼山县城是海口地区主要城镇,汉代在东潭都设置珠崖郡治,在颜村建立颜卢县城,唐代在琼山县境设置崖州,唐贞观年间开始使用琼山名称,但到此时为止,还未见记载建设城池,宋朝将郡治迁到府城后,开始了城镇建设,史志记载,当时筑城三里。此后历朝一直对城池进行扩建、修缮,或因台风巨浪冲毁,或因年久失修,或因防务需要,数次对城池加以扩建、修缮。到明代洪武年间,府城规模已经越来越大了,史志记载,府城城墙周长六百丈,高二丈五尺,同时在城南筑长堤,引水为濠,此后继续扩建,城墙周长达一千二百五十三丈,高二丈七尺,宽一丈八尺,雉堞一千八百三十个,窝铺三十七个,城墙壕堑周长一千二百八十七丈,深三丈二尺,宽四丈八尺,洪武甲子年明朝又在西城外增筑土城三百零八丈,成化癸巳年,增建栏马墙。[3] 从修建、扩建、修葺的内容来看,主要是加长、加高、加宽城墙,增加雉堞、窝铺、栏马墙,深挖城池,全部都是围绕加强防御和保护功能而进行的。

(二)地理因素

地理因素在海南岛港口和沿海城镇的发展演变过程中也起到了不可忽视的作用。在港口和沿海城镇的初始发展过程中,地理因素是影响港口、沿海城镇选址的最初因素。毫无疑问,在古代科技不发达、交通工具简陋、基本靠人力的情况下,港口与沿海城镇的选址首先要考虑交通方便,即考虑到由

① 李钟岳等监修,林带英纂修:《民国文昌县志》上册,海南出版社2003年版,第51页。
② 顾朝林:《中国城镇体系:历史现状展望》,商务印书馆1992年版。
③ 朱为潮、徐淦等主修,李熙、王国宪总纂:《民国琼山县志》第一册,海南出版社2004年版,第197~199页。

海到陆和由陆到海的方便，尽可能减少人力劳累，还需要考虑淡水等容易取得的因素，在此情势下，选择河流、溪水入海口建设港口和城镇就非常必要。另外，安全也是重要考量因素，即避免自然灾害的侵扰，需要选择避风条件良好、地质条件优良的湾口地域建立港口和城镇。同时，考虑到航行便利，选址水深较深的沿海水域建立港口、城镇也是重要影响因子。

如海口港门内接五指长江，外达汪洋大海，中接南渡河流，是以水道深通，[①] 可停泊大船数十艘。铺前港在文昌之西北隅与琼山交界，安仁溪入海处。清澜港地势平坦宽广，港口宽阔且水深较深，港内可泊大船百余艘，[②] 可同时容纳多艘大船到港，更是天然的避风良港。榆林港周围群山环抱，山势陡峭，港内峰峦环绕，海岸平铺，即便遇有风浪也无危险，避风条件好，而且榆林港外港宽阔，东西宽一千三百丈有余，南北约宽四百丈，水深甚至达九丈，能容纳大轮船十多艘，中小轮船三四十艘，还可停泊万吨级轮船，港口东岸土质坚硬，可用于建造船坞。可见，榆林港更是满足上述多数条件，不愧为良港。

（三）经济因素

经济因素是推动港口和沿海城镇兴起、发展的一个基本因素。有关学者认为，城市起源于贸迁和市集之地，是作为初期市场中心地而兴起、发展的，其认为早期简单的物物交换推动了集市的出现，而集市交换的经常化，在一定的地点便形成了以交换为主的城镇。[③]

在海南岛港口和沿海城镇的发展过程中，经济因素的身影无处不在。史志记载，海口港商旅云集，海舶辐辏。[④] 到民国时期，由于港口淤泥堵塞严

---

① 朱为潮、徐淦等主修，李熙、王国宪总纂：《民国琼山县志》第一册，海南出版社2004年版，第426页。
② 李钟岳等监修，林带英纂修：《民国文昌县志》上册，海南出版社2003年版，第268页。
③ 顾朝林：《中国城镇体系：历史现状展望》，商务印书馆1992年版。
④ 朱为潮、徐淦等主修，李熙、王国宪总纂：《民国琼山县志》第一册，海南出版社2004年版，第426页。

重，大船进出港口不便，① 货物人员上下需接驳转运，② 耗时费力，为此，商民主动集资呈请政府疏浚，政府经实地勘察，将牛矢旧港和盐灶旁支小港堵塞，使水集中流向盐灶大港，③ 最终改善了港口条件，这是经济需要推动港口发展的典型事例。商业的繁荣也推动了海口集市的发展，民国琼山县志记载，海口集市多达数十个。④

清澜港是通往海口、嘉积以及其他各地的要冲和物资集散地，具有通往欧亚航路的便利，是往来内地以及安南船只的停泊之地。⑤ 古代澄迈海运发达，县治以北约三里就是大海，往东半日路程就能到达琼山白沙港和文昌铺前港，往东北海路一日可到达徐闻麻鞋港，往西北方向水路三日可到达钦州、廉州，往东南海路方向可到达占城，往西半天路程到达临高博浦港，西南二三日可到儋州、崖州、昌化、感恩等处，⑥ 交通如此便捷，自然有利于商旅来往，推动澄迈的繁荣，更是促进了墟市的发展，据《光绪澄迈县志》记载，澄迈的墟市多达五十余处。⑦

经济因素推动港口和沿海城镇的发展还表现为渔业需要和盐场的存在。如文昌的陈村港，为泊船与晒盐两用，涨潮时可停泊船只，退潮时可堆沙煮盐。⑧ 榆林港周围分布村落三十多处，渔船常常停泊港内，冬春季节渔业繁荣，可供十万人的生活，附近有数十处晒盐田。⑨

再如万宁的前后澳，是居民的捕鱼之所，明朝成化八年，因渔产丰富，居民因利起争执，要求划定陆上居民和水上居民的生产生活分界线，政府划

---

① 陈献荣：《琼崖》，海南出版社2004年版，第339页。

② 陈铭枢总纂，曾蹇主编，郑行顺校订：《海南岛志》，海南出版社2004年版，第79页。

③ 朱为潮、徐淦等主修，李熙、王国宪总纂：《民国琼山县志》第一册，海南出版社2004年版，第426页。

④ 朱为潮、徐淦等主修，李熙、王国宪总纂：《民国琼山县志》第一册，海南出版社2004年版，第304—308页。

⑤ 陈植：《海南岛新志》，海南出版社2004年版，第43页。

⑥ 龙朝翊主修，陈所能纂修：《光绪澄迈县志》，海南出版社2004年版，第253页。

⑦ 龙朝翊主修，陈所能纂修：《光绪澄迈县志》，海南出版社2004年版，第126—128页。

⑧ 李钟岳等监修，林带英纂修：《民国文昌县志》上册，海南出版社2003年版，第269页。

⑨ 钟元棣创修，张嶲等纂修：《光绪崖州志》（外一种）上册，海南出版社2003年版，第66—67、第305页；陈铭枢总纂，曾蹇主编，郑行顺校订：《海南岛志》，海南出版社2004年版，第83页。

定以樟树岭为界，樟树岭以北为后澳，属水上居民，樟树岭以南为前澳，属陆上居民。①

二、港口和沿海城镇对海南社会、经济发展的影响

海南岛历史的发展、演变是岛上原始居民和移民共同建设的结果。今天海南成为岛屿地理形态是地质史上多次板块运动、造山活动的结果。学者认为，地质学研究表明，在一千多万年以前，海南岛与大陆连在一起，在地质年代新生代的第三纪末到第四纪的更新世末，亚洲南部发生剧烈的喜马拉雅造山运动，由于受到喜马拉雅造山运动的影响，海南岛和雷州半岛之间的地层发生断陷，地质史上第一次形成琼州海峡，海南岛与大陆分离，此后多次离合，全新世早期海南岛再次与大陆分离，海南岛作为独立的地理单元最终形成。②尽管学术界有分歧，分别认为黎族、壮族、"小黑人"是海南岛最早的居民，③但海南岛黎族的口头传说和神话故事表明，很久以前黎族的祖先就生活在海南岛上，是海南岛最早的居民。④此后，汉族、苗族、"临高人"、回族由于不同的原因以不同的方式迁居海南岛，各族人民经过杂居、融合，成为海南岛民族大家庭的一员，共同开发、建设海南岛。

（一）港口和沿海城镇所在区域是古代海南岛发展演变的政治经济中心

海南岛的开发最先是从沿海地区开始的。由于海南岛长期处于与大陆隔绝状态，缺乏与大陆的交流和影响，黎族社会经济发展缓慢，直到明代中期以后，黎族社会的绝大部分地区才逐渐向封建社会转化。⑤统治者和移民的

---

① 李琰纂修：《康熙万州志》；胡端书总修，杨士锦、吴鸣清纂：《道光万州志》，海南出版社2004年版，第308页；阮元总裁，陈昌齐总纂：《道光广东通志琼州府》上册，海南出版社2003年版，第365页。
② 林日举：《海南史》，吉林人民出版社2002年版，第1页。
③ 杨德春：《海南岛古代简史》，东北师范大学出版社1988年版，第3—4页。
④ 杨德春：《海南岛古代简史》，东北师范大学出版社1988年版，第22页。
⑤ 杨德春：《海南岛古代简史》，东北师范大学出版社1988年版，第27页。

到来，带来了中原地区先进的生产工具和生产技术，加速了海南岛经济、社会的发展。但移民的到来首先就是聚居在港口和沿海城镇等交通便捷的地区，并将这些地区逐渐发展成为海南岛政治经济中心。

封建统治者在海南岛的行政设置表明海南岛的政治经济中心集中在岛内沿海地带。统治者初到海南岛时期，仅仅集中在沿海交通便利之处，而这些交通便利之处，无疑是他们初到海南岛的原始港口及他们在附近建立的城镇。南越王赵佗死后，公元前112年，汉武帝派兵南越平叛，汉军分兵追击南越叛乱势力进入海南岛，从海南岛北部沿海登陆，由北而南沿着海南岛西海岸前进，占据临高、儋州、昌江，到达东方南部沿海以及近海平原地带。[①] 平定叛乱后的公元前110年，西汉王朝在海南设立珠崖、儋耳两个郡，统治海南岛北部、西部和南部。[②] 史书还记载，后世宋朝在海南岛设置四个州十个县，但其实"四郡各占岛之一陲，其中黎地不可得，亦无路可通"。[③] 无疑，宋朝在海南岛设置的四个州十个县是当时海南岛的政治经济中心，但其地理范围却仅仅涵盖沿海地区，不包括海南岛中部地区的所谓"腹心"地带。

另一方面，从汉武帝开设郡县以后，海南岛、雷州半岛和广西同属于一个行政区，明代洪武三年，海南岛划归广东管辖，而且明代广州已经发展成珠江三角洲的经济中心，从广州出发前往东西洋的航线将海南岛港湾作为航线上的停泊所和补给站，有利于海南岛经济的发展。[④] 无论是海南岛与广西同属一个行政区，还是划归广东，海南岛都不是与广东、广西平行的行政区域，加之封建统治者统治范围长期局限于海南岛沿海地区，对海南岛中部"腹心"地带影响不大，这些都说明海南岛沿海地区当时只是广西或广东行政区划下的次政治经济中心区域。

封建统治者在海南岛的城镇建设、交通、人口聚居和田亩开垦、财税收入的主要来源等方面的特征显示，也说明了港口和沿海城镇地区是经营重

---

① 林日举：《海南史》，吉林人民出版社2002年版，第27页。
② 林日举：《海南史》，吉林人民出版社2002年版，第28页。
③ 杨德春：《海南岛古代简史》，东北师范大学出版社1988年版，第23页。
④ 杨德春：《海南岛古代简史》，东北师范大学出版社1988年版，第25、第80页。

点，是海南岛的政治经济中心。

城镇建设方面，封建统治者从汉代进入海南岛起就开始着手进行城镇建设，但在唐代之前，限于当时建筑建设水平，各州县城池一般以木栅栏圈起，也有少量土城，到唐朝的时候，城镇建设已全部改为土城。到宋代的时候，宋朝四州军开始对州城城池进行整治、扩建，开始用土石增筑，琼州府城、万安军、吉阳军都开始使用砖石结构筑城。① 城池建设从木栅栏向土筑发展，继而向砖石结构发展，反映了沿海城镇作为海南岛政治经济中心已经得到确认。

当时封建统治者初到海南岛即开始进行环岛交通道路建设，唐王朝确立对海南岛的环岛统治后，开始着手海南岛上的交通开发，首次形成了联系各州县治所的环岛道路，开辟了一条以琼州为中心的横贯东西的交通线，向西北通往临高治所，连接联系大陆的口岸，向东南通往乐会县治与东部航线沟通。② 还有学者认为，唐朝开发路线，大约从崖州向西到儋州一带，向东到文昌开辟本岛东北部一带，在中部潮南渡江到中游开辟沿河两岸，东边沿海开发万安陵水到振洲，西边由义伦沿海南下开发昌化、感恩等，因此，沿海地区的农业生产得到发展，沿海黎族、汉族杂居的地区逐步扩大，生产水平有了较大的提高。③ 明代，海南岛内的交通又有发展，在海南岛内各州县之间既有陆路、海路相通，又有驿站相通，据记载，1370年琼州府就随驿设立铺舍邮亭。④

人口聚居和田亩开垦也集中在沿海地区，而且主要集中在海南岛北部区域。海南岛是一个移民岛，秦王朝派遣50万大军戍守岭南，其中也包括海南岛，随后从汉代开始，汉族移民不断迁移海南岛，主要聚集在海南岛东北部、北部的沿海地区的海口、琼山等地，人口密度较大。⑤ 明时期，海南岛人口集中在海南岛北部和西北部，人口最多的是琼山县，有87000多人，依次

① 林日举：《海南史》，吉林人民出版社2002年版，第126页。
② 林日举：《海南史》，吉林人民出版社2002年版，第61页。
③ 杨德春：《海南岛古代简史》，东北师范大学出版社1988年版，第42页。
④ 林日举：《海南史》，吉林人民出版社2002年版，第239页。
⑤ 唐玲玲、周伟民：《海南史要览》，海南出版社、南方出版社2008年版，前言部分。

而下是儋州的宜伦县，有53000多人，临高县有42000多人，澄迈县有39000多人，这四个县的人口加在一起，占海南岛总人口的66%。① 田亩开垦方面，明朝时期也使琼山、儋州、澄迈、临高四个县田地面积较多，如正德八年（1513年）海南岛田地面积20295顷，但这四个县的面积加在一起达到10561顷，占海南岛田地面积的52%。② 海南岛人口聚居和田亩开垦的集中程度也足以说明沿海地区是海南岛当之无愧的经济中心地区。

在古代商品经济不发达、自给自足的自然经济占主导地位、财税来源有限的历史条件下，海南岛沿海地区税收成为封建统治者的主要财政收入来源。

首先是盐税。盐业是具有沿海特点的特色经济，直接关乎国计民生，是人民生活和生产的必需品，没有特别复杂的生产环节，只要临海，就具备基本的生产条件，成本低而利润高，从事盐业的手工业者无不暴富。③ 盐是海南岛的重要资源，且无疑是分布在沿海地区，而且也一般是集中在港口与沿海城镇附近，各港口一般都有盐田，甚至是泊船与晒盐两用，涨潮时泊船，退潮时煮盐。如明朝洪武初年，海南岛有琼山的大小英感恩盐场、临高的三村马袅盐场、文昌的陈村乐会盐场、儋州的博顿兰馨盐场、万州的新安盐场、崖州的临川盐场等六处。④ 还有如文昌的长岐港、陈村港，琼海的调懒港，三亚的榆林港（周边有数十处盐田）等。盐产丰富，自然会成为封建统治者税收主要来源。为此，各封建王朝设立盐业管理机构，对盐业征税增加政府收入。宋代盐业管理分官卖和商卖两种，官卖指由官府将盐直接贩卖给人民，商卖即由商人将官府的盐转卖给消费者，但在海南岛实行官卖，由官府按等级分配一定量的盐的强制性销卖法，官府为了增加收入，还随意增加销售额，使产盐户负担过重。⑤ 元代则于1293年在琼州设置海北海南博易提举司，税法依照市舶司的条例。⑥ 明朝则将海南盐场置于海北盐课提举司管

---

① 杨德春：《海南岛古代简史》，东北师范大学出版社1988年版，第91页。
② 杨德春：《海南岛古代简史》，东北师范大学出版社1988年版，第93页。
③ 张炜、方堃主编：《中国海疆通史》，中州古籍出版社2003年版，第67页。
④ 杨德春：《海南岛古代简史》，东北师范大学出版社1988年版，第100页。
⑤ 杨德春：《海南岛古代简史》，东北师范大学出版社1988年版，第60页。
⑥ 杨德春：《海南岛古代简史》，东北师范大学出版社1988年版，第60页。

辖之下，在每个盐场设置盐课司，派专职官员管理。①

其次是商税和船舶税。由于海南岛农业和手工业有了一定程度的发展，汉、黎两个民族杂居地区以及汉人居住地的商品交换已经发展起来，各州县治所就是该地区商品交换和商业贸易的中心，海南岛与大陆的经济联系加强，贸易频繁，海南岛输出大陆的商品为海南土特产，大陆输出到海南岛的基本上是手工业品及大米等生产生活必需品，琼山、乐会，儋州、临振、万宁等州县都是重要的商品贸易地点，其中北部的琼、崖两州和西部的儋州是重要的贸易重地。② 商品流通的发展，让封建统治者看到了利益，设立专门征税机构以增加财政收入。宋朝在琼州、万安军、珠崖军各设税务机构，征收商税，一切进入贸易的物品都是收税的对象，琼州征收海南岛输出的槟榔税大约占商税总额的一半，对停靠在港口的商船按照船身尺寸的长度分为三等课税。③

海南岛沿海地区墟市的发展也证实港口和沿海城镇为岛内经济中心所言非虚。农业特别是手工业的发展，对外贸易、人员交流的频繁，推动了海南岛沿海地区墟市的发展和繁荣，且有其发展特点。如宋元两代的墟市都设在城内，明朝的墟市则多设在水陆交通方便、物资丰富的地方；在地域分布上，北部和西北部较多，南部和东南部较少。《正德琼台志》卷十二中记载，全岛共有一百二十二个较大的墟市，其中琼山四十个、澄迈二十个、临高十四个、定安八个、文昌九个、会同六个、乐会三个、昌化两个、万州六个、崖州两个、儋州十个等。④ 又如《民国琼山县志》记载，光是琼山县墟市几乎上百个。⑤《光绪澄迈县志》记载澄迈县墟市有五十多个。⑥

① 杨德春：《海南岛古代简史》，东北师范大学出版社1988年版，第100页。
② 林日举：《海南史》，吉林人民出版社2002年版，第64页。
③ 杨德春：《海南岛古代简史》，东北师范大学出版社1988年版，第60页。
④ 杨德春：《海南岛古代简史》，东北师范大学出版社1988年版，第101页。
⑤ 朱为潮、徐淦等主修，李熙、王国宪总纂：《民国琼山县志》第一册，海南出版社2004年版，第304—308页。
⑥ 龙朝翊主修，陈所能纂修：《光绪澄迈县志》，海南出版社2004年版，第126—128页。

（二）港口成为海南岛商品、贸易的进出口通道，以及对外贸易、航运的中转站

海南物产丰富，光是谷类有粳米、糯米两种，粳米包括香粳、珍珠稻、白芒、乌芒、鼠齿、黏稻、早禾、山禾，糯米有光头、九里香、白糯、黄糯、大糯、小糯。黍类有金黍、牛黍。稷类都称为粟，有鸭脚粟、狗尾粟。麦类只有小麦。粱类有白粱、赤粱。菽类有赤豆、黄豆、白豆、乌豆、绿豆、柳豆、刀豆、扁豆等，蔬菜、瓜果品种繁多。[①] 特别是由于地理位置、气候的特殊性，海南岛盛产热带作物，土特产如珍珠、玳瑁、香料、槟榔、荔枝、龙眼、益智子、金堂香等，因为在大陆罕见而被封建统治者视为珍品，吸引着中原统治者和商人到海南岛来。[②] 随着大陆市场的需要，刺激了海南岛的贸易活动，海南岛货物输出主要是土产，如沉香、槟榔、椰子、赤白藤、黄腊、高良姜、花梨木和水晶等，囿于海南岛经济发展水平，输入的商品主要是海南岛居民所需要的生产工具、生活必需品，如铁器、米、面粉、纱、瓷器等，尤其是粮食，远远不足用，而且有许多日用品生产工具也都是依赖商人从大陆运进。[③] 由此促进了岛内外贸易的发展，但鉴于古代交通技术水平，港口成为岛内外商品贸易唯一的进出口通道，对海南岛经济发展影响巨大。

宋代，海南岛四州往北可到达广州、泉州、福州、化州，有商路到达海南岛所属的大陆政治经济文化中心桂州及东路的高化等地，海南岛所需的牛畜之类商品就是通过这一商路源源不断运进岛内的。[④] 宋代商船停靠的港口主要有澄迈的石𥐟港，琼州府的海口浦、白沙津等。元朝海南岛对外贸易又有所发展，海南岛与泉州、广州、杭州等地的贸易也比宋代频繁。[⑤] 明朝时

---

① 朱为潮、徐淦等主修，李熙、王国宪总纂：《民国琼山县志》第一册，海南出版社2004年版，第115页。
② 杨德春：《海南岛古代简史》，东北师范大学出版社1988年版，第41页。
③ 杨德春：《海南岛古代简史》，东北师范大学出版社1988年版，第57页。
④ 林日举：《海南史》，吉林人民出版社2002年版，第122页。
⑤ 杨德春：《海南岛古代简史》，东北师范大学出版社1988年版，第58页。

期，海南岛与大陆贸易又超过前代，海南岛的槟榔、椰子、牛群以及其他土特产作为商品大量输出，海南岛的对外贸易港口已增加到二十八个。[①] 当时和大陆联系的主要港口是海口港，此外还有白沙古渡，烈楼私渡都可以到达徐闻，[②] 澄迈的石矍港，临高的马袅港，文昌的清澜港、铺前港，乐会的博鳌港，儋州的大村港、新昌港，陵水的水口港，感恩的北黎港，崖州的临川港，万州的乌场港等，都是海南岛内外的交通贸易港口。[③] 并且促进了海南岛墟市的发展，明朝万历年间全岛墟市达到一百九十多处。[④]

港口的发展，交通的便利，既为海南岛农业生产的发展提供了必要的生产、生活资料，又大大促进了海南岛商业贸易的发展。[⑤] 但同时导致海南的经济发展严重依赖对外贸易活动，有人甚至认为对外贸易一旦停止，便会使海南岛遭遇"关市之征，岁入不足"，军事开支和官吏的俸禄都会发生困难，人民也会面临"衣食不足，饥寒从之"的大问题。[⑥]

另一方面，在海南岛与国外贸易、航运中，港口也发挥了中转站的作用，其中主要体现在海上丝绸之路的发展史上。《汉书·地理志》最早记载了"海上丝绸之路"，航线为从徐闻、合浦出发，经南海进入马来半岛、暹罗湾、孟加拉湾，到达印度半岛南部，从广东番禺、徐闻，广西合浦等港口起西行，与从地中海、波斯湾、印度洋沿海港口出发往东航行的海上航线，就在印度洋上相遇并实现了对接，形成真正意义上的古代"海上丝绸之路"，广东成为海上丝绸之路的始发地。[⑦] 到唐朝的时候，广州不但是中国的主要出口海岸，也是世界著名的港市，每年夏季，各国商船乘东南季风，装载着香药、珍珠、琥珀、玳瑁、玻璃、犀角、象牙到广州贸易，中国商船则从广州、屯门山西行经过海南岛东岸、东南岸的九洲石和象石，越西沙，

---

① 杨德春：《海南岛古代简史》，东北师范大学出版社1988年版，第77页。
② 杨德春：《海南岛古代简史》，东北师范大学出版社1988年版，第101页。
③ 杨德春：《海南岛古代简史》，东北师范大学出版社1988年版，第102页。
④ 杨德春：《海南岛古代简史》，东北师范大学出版社1988年版，第77页。
⑤ 林日举：《海南史》，吉林人民出版社2002年版，第122页。
⑥ 杨德春：《海南岛古代简史》，东北师范大学出版社1988年版，第58页。
⑦ 《海上丝绸之路千年兴衰史》，人民网2014年5月20日。

穿马六甲海峡到达阿拉伯地区，又远到非洲东海岸。[①] 波斯、阿拉伯等国的商船来往于广州、扬州、泉州等港口，海南岛是南海航行必经之地，一些港湾也成为往来商船避风的场所。[②] 南宋乾道年间海南设立琼州市舶分司，隶属广州市舶司，是琼海关雏形。[③] 元朝的时候，海南与占城、安南等东南亚地区有物资交流，一些域外的特产被引入海南，如波罗蜜在元朝中叶传入海南，元代还在海南岛设立了类似于市舶司的机构，即博易提举司，专门管理海南的贸易事务。[④] 明代对外贸易更是发达，许多外国朝贡船只停靠海南岛，当时海南岛的港口除了作为南海航线上避风港和补给站以外，还承担吞吐港任务，改变了唐宋时期海南岛港口单纯的中继站性质。[⑤] 明代海上丝绸之路进一步延伸，海南地处南海航线上，对中外文化交流起着重要的作用，郑和下西洋航线经过海南琼州府的海域。[⑥] 清代的对外贸易则更进一步，海口港每年有船只开往暹罗、新加坡、交趾、柬埔寨等地，英国、法国、荷兰和日本等国的轮船也常以海口港为停泊港和代运货物，为适应对外贸易的发展，清政府于1685年在广东省设立粤海关，在海口设立分关（总口）下设铺前、清澜、沙笼、乐会、万州、儋州、北陵、陵水、崖州九个子口。[⑦]

还有一个说明海南岛是古代"海上丝绸之路"中转站的例子是经过海南岛附近"番船"之多，以致海南岛海盗靠打劫"番船"而发财，公元748年鉴真和尚东渡日本，因为台风漂流到海南岛，发现万安州大首领冯若芳家靠打劫"番船"聚集了巨额财富，这些财富的重要来源之一是"每年常劫波斯船舶二、三艘，取物为己货，掠人为奴婢"。[⑧]

---

① 林日举：《海南史》，吉林人民出版社2002年7月，第64页。
② 杨德春：《海南岛古代简史》，东北师范大学出版社1988年版，第41页。
③ 唐玲玲、周伟民：《海南史要览》，海南出版社2008年版，第278页。
④ 林日举：《海南史》，吉林人民出版社2002年版，第176页。
⑤ 杨德春：《海南岛古代简史》，东北师范大学出版社1988年版，第77页。
⑥ 唐玲玲、周伟民：《海南史要览》，海南出版社2008年版，第203、第204页。
⑦ 杨德春：《海南岛古代简史》，东北师范大学出版社1988年版，第140页。
⑧ 杨德春：《海南岛古代简史》，东北师范大学出版社1988年版，第42页。

三、港口和沿海城镇是移民聚居中心，移民对环岛经济发展起了重要作用

移民对海南岛经济发展的促进作用毋庸置疑，他们带来了先进的生产力和生产关系、生产工具和生产技术，推动了海南岛经济的发展。随着封建统治者在海南环岛统治的确立，汉族人口移民海南岛日益增多，最先开发了海南岛北部、西部，又逐渐扩展到海南岛南部、东南部以及东部，使这些地区封建政治文化具有绝对优势，进一步促进了这一地区黎族人的封建化，促进这里的土地开发。① 先期进入海南岛的是商人，他们被海南岛丰富的热带作物资源和各种海产品所吸引，福建、广东、浙江等地不少商人就定居在海南，专门从事贸易，也有些商人因为航行海上遇到风浪失去货物，漂落到海南岛，没有办法再出去经商，于是就在海南岛内耕作不归。② 随后进入海南岛的是被贬谪海南岛的官员，还有不堪忍受统治者压迫而逃往海南岛的人。③ 明代是大陆汉族人口移居海南岛的重要时期，除官、商、兵落籍者外，明廷向海南移民达47万人之多，大多数是福建、广东人，移民大多数聚居海南岛北部，逐渐沿海南岛东西两路扩展到沿海平原地带。④ 清代随着满族入主中原，又一次引起大陆人口向海南岛迁移，成为海南岛居民，也有部分汉人为避免祸乱或经商而迁入海南岛，大多在渡海后先落籍海南岛北部、东北部地区，由于可垦土地有限，不少人逐渐流向海南岛西部、东南部、南部甚至内陆山区。⑤

除了大陆移民，移居海南岛的还有"番人"。唐代旅居广州的外国人大多数是阿拉伯人和波斯人。《太平广记》记载，波斯、阿拉伯的商船进入振州境时，遇到海南岛海盗的袭击、抢劫而被迫落籍海南岛，成为海南岛回族中的一部分，现今三亚市和陵水县之间沿海沙滩上发现的伊斯兰古墓群，说

---

① 林日举：《海南史》，吉林人民出版社2002年版，第61页。
② 杨德春：《海南岛古代简史》，东北师范大学出版社1988年版，第52页。
③ 杨德春：《海南岛古代简史》，东北师范大学出版社1988年版，第53页。
④ 林日举：《海南史》，吉林人民出版社2002年版，第214页。
⑤ 林日举：《海南史》，吉林人民出版社2002年版，第284页。

明在唐代海南岛南端沿海地区是外籍穆斯林的落籍区。[1] 又由于交趾和占城之间发生战争，986年，占城人蒲罗遏率其族百口迁到儋州，之后还不断有占城人迁归宋朝。[2] 明初又有外籍穆斯林从广东番禺等地迁到海南岛，其中琼山的海氏家族就是这时候落籍的。[3]

---

① 林日举：《海南史》，吉林人民出版社2002年版，第71页。
② 林日举：《海南史》，吉林人民出版社2002年版，第113页。
③ 林日举：《海南史》，吉林人民出版社2002年版，第222页。

---■ 第四章 ■---
CHAPTER 04

中华人民共和国成立以来
三省（自治区）主要港口
的发展

2013年，习近平主席提出"一带一路"倡议后，我国南海沿岸三省（自治区）迅速制订规划，积极参与建设，确定新的发展目标和确立重点建设项目。广东省在全国率先推出对接规划，2015年6月，制定《广东省参与丝绸之路经济带和21世纪海上丝绸之路建设实施方案》，方案列出九项重点任务，其中第一项是"促进重要基础设施互联互通"，主要内容包括加强广东省港口建设、举办港口城市发展合作论坛、建立港口与物流合作机制，参与沿线国家港口园区建设等。海南省在2015年制定了《海南省参与建设丝绸之路经济带和21世纪海上丝绸之路的实施方案》，主推互联互通，深化港口合作。2016年6月，广西壮族自治区政府发布《广西参与建设丝绸之路经济带和21世纪海上丝绸之路的思路与行动》，有关港口方面的内容是重点加强与东南亚地区港口合作，建设中国—东盟港口城市合作网络，推进海上互联互通和海上合作。将根据南海港口区位选取广州港、湛江港、汕头港、钦州港、海口港以及部分东南亚港口，分别阐述各港口的发展演变及其参与建设的进展与特征。

第一节　广州港

广州港由广州海港和广州内河港组成。其中广州海港又划分为内港港区、黄埔港区、新沙港区、南沙港区和珠江口水域。广州港是华南地区对外贸易的重要口岸和国家综合运输体系的重要枢纽，是我国集装箱运输干线港之一，是华南地区最大的大宗散货（能源、原材料等）中转港和集装箱运输干线港。

广州港是我国古代"海上丝绸之路"的始发港，是我国华南地区最大的综合性海上枢纽。广州港位于珠江出海口，东江、西江、北江汇聚于此，流入南海。广州港有四代主要港区，分别是广州内港港区、虎门港区、新沙港区、黄埔港区，分布在广州、东莞、中山、珠海等城市的珠江沿岸或水域，通过珠江三角洲水网与珠三角各大城市以及与香港、澳门相通，通过西江连通我国西南地区，经伶仃洋出海航道与我国沿海及世界诸港相连。中华人民共和国成立以来，广州港的重要性在全国港口中位居前沿，为华南地区、西南地区乃至全国的经济发展做出了重要的贡献，具有举足轻重的地位和作用。在这一过程中，广州港也得到飞速发展，无论是基础设施建设、码头泊位数量、经营业务种类、港口吞吐量等，在全国港口乃至世界港口排名中都名列前茅，国内影响辐射范围涉及几乎长江以南的广东、广西、云南、贵州、湖南、湖北、江西、四川等经济腹地。

一、中华人民共和国成立前广州港的建设

尽管广州港是我国古代"海上丝绸之路"的始发港，对推动广州成为我国华南地区的政治、经济、文化中心作用和影响巨大，但随着古代"海上丝绸之路"的衰落，广州港所在位置河海的地理变迁，西方殖民主义列强的入侵，相对于广州港在古代"海上丝绸之路"上的荣光和影响，近代广州港的地位与作用大不如前，其中原因，除了西方殖民列强的经济掠夺及政治控制、国内经济凋敝落后、民生困苦、财政困难之外，一个重要的因素是广州港基础设施落后，由于技术、经济等方面的原因，古代乃至近代，对港口的利用处于自然状态，港口一旦处于淤塞状态，基本上是将其废弃，这就需要另外寻找较为有利的地方建立新的码头、泊位，而不是浚深航道、修建码头，进行基础设施建设，统治者无心也无能力于此。

中华民国政府为推动地方经济发展，开展对外贸易，在一定程度上加强了对广州港的建设。首先是治理水患、浚深水道。民国初期，广东连年水患，广东成立治河事宜处，着手拟定对东江、西江、北江的防潦工程方案，并提出了"改良广州港进口水道计划"。[1] 1917年，治河事宜处拟定治理珠江计划，包括改良元冈沙北岸水道、改良大石浅沙、改良大尾汉上下、改良广州港界内水道，但实际完成的工程不多。[2] 20世纪20年代和30年代，

---

① 程浩编著：《广州港史（近代部分）》，海洋出版社1985年版，第170页。
② 程浩编著：《广州港史（近代部分）》，海洋出版社1985年版，第176页。

广东政府继续整治水道，广东治河委员会和广东水利局对广东水道进行全面勘察，制订多项河道整理计划，主要进行的项目有1921年开始的芦苞建闸工程，1931年的陈村水道的疏淤，甘竹滩炸礁工程，1937年江门河道的整治等，这些工程对水上运输起到了一定的疏通作用。[①] 1933年1月，广东政府颁布《广东三年施政建设计划》，内容包括疏浚珠江航道。[②]

其次是修建黄埔港。从1925年开始，广东当局为实施孙中山将黄埔港建成"南方大港"的计划筹集资金和制订规划，但因为北伐而中断。[③] 1930年5月开始筹办修筑洲头咀码头，到1936年基本完工，[④] 1933年广东政府颁布《广东三年施政建设计划》，也提出要修建黄埔港，兴建内长码头。[⑤] 总体来说，1930年到1937年，黄埔港建设计划先后拟定了两个，即是1934年2月通过的"黄埔港计划"与1937年10月制订的"黄埔港开埠计划书"，二者基本一致，但是后者比前者更加庞大宏伟。抗战胜利后，国民党政府又制订了许多黄埔港建设计划，1947年3月，广东国民政府与美商潘宜公司达成"接纳外资办法"的30项协约，允许该公司在广东经营包括黄埔港和广州商港建筑工程在内的21项企业，但一直未动工，1947年9—10月，宋子文亲自出面先后与洛克菲尔及潘宜公司副总裁商洽有关美国在广东投资建筑港口的问题，确定1948年雨季以前完成黄埔港的全部工程，并支付1000万美元的建设费和30亿美元的黄埔公路修筑费、70亿元的珠江水道浚修经费中的一部分。然而，旧中国黄埔及广州内港筑港始终未能完成。[⑥] 除宋子文外，孙科也提出过设立黄埔港建设委员会，直接隶属于行政院管辖的主张，也企图借助美国帮助建设黄埔港，但内战爆发后，国民党政府根本无力从事黄埔港工程建设，只进行了一些小规模的建设。[⑦]

---

① 黄增章：《民国广东商业史》，广东人民出版社2006年版，第71页。
② 程浩编著：《广州港史（近代部分）》，海洋出版社1985年版，第230—234页。
③ 黄增章：《民国广东商业史》，广东人民出版社2006年版，第71页。
④ 黄增章：《民国广东商业史》，广东人民出版社2006年版，第71页。
⑤ 程浩编著：《广州港史（近代部分）》，海洋出版社1985年版，第230—234页。
⑥ 《广州文史资料》第六十三辑，方忠英：《近代西方资本主义对广州航运业的侵夺》，http://www.gzzxws.gov.cn/gzws/gzws/ml/63/。
⑦ 吴家诗：《黄埔港史（古、近代部分）》，人民交通出版1989年版，第278页。

再次是修建港口内外交通设施。1926年5月，广州港建立起第一个由中国人创办和管理的港口卫生检疫机构——广州海港检疫所，1927年初建成连接广州到黄埔的中山公路，成为连通黄埔—广州以及外地陆路运输的主要通道。① 1929年开始建设海珠桥，1933年2月正式开放，改变了市区南北交通不便的状况。② 1933年颁布的《广东三年施政建设计划》提到架设海珠铁桥，修筑公路干线，沟通广东全省腹地，注重铁路管修，密切水铁衔接等。③

需要指出的是，孙中山提出的"南方大港"计划，对广州港的建设做了详细的规划，提出要将广州港建设成为如同纽约似的世界性大商港，在一定程度上也推动了广州港的建设。孙中山认为，广州不失为中国南方商业中心，是中国南方内河水运中轴，是海洋交通之枢纽。具有成为世界大港的有利条件，其在《建国方略》中对广州港的建设、改造提出了详细的规划，并提出了改良广州水路系统和建设中国西南铁路系统，打通广州与西南、中南地区的铁路交通，扩大广州港的货源与大陆向经济腹地。④ 孙中山逝世后不久适逢1925年6月的省港大罢工，推动了建设"南方大港"的热潮，做了建港的前期工作。国民政府与民众团体先后成立了"中华各界开辟黄埔商埠促进会""黄埔开港计划委员会""黄埔商埠股份有限公司"，拟定了《广州黄埔（北帝沙、狗仔沙）开港初步计划》《开辟黄埔（新洲）计划》《开辟沙路商埠计划》《开辟虎门大虎商埠计划》《开辟黄埔（狮子山）商埠速成计划》（又称"鱼珠计划"）5个建港计划。⑤

总之，到20世纪30年代前半叶，广州港航运有不少进步，困扰航运多年的匪盗抢掠风气大为改善，但广州内港建设很差，从珠江外海进来的载重海轮只能在黄埔卸下货物，再经过十一公里的驳运才能到达广州，大大影响了广州的对外贸易。② 而且，国民党政府进行的港口建设不是立足于国计民

---

① 程浩编著：《广州港史（近代部分）》，海洋出版社1985年，第219页。
② 黄增章：《民国广东商业史》，广东人民出版社2006年8月，第71页。
③ 程浩编著：《广州港史（近代部分）》，海洋出版社1985年版，第230-234页。
④ 孙中山：《建国方略》，第三计划中第一部"改良广州为一世界港"，1917—1919年。
⑤ 广州市地方志编纂委员会编纂：《广州市志·卷三：城建卷》，广州出版社1995年版，第36页。
⑥ 黄增章：《民国广东商业史》，广东人民出版社，2006年8月，第71页。

生，发展港口业务，而是为了反革命的内战需要和官僚资本对港口的掠夺，以及国民政府行政机关内部的分肥，因此，黄埔港的建设十分有限。[①]

二、改革开放前广州港的发展

中华人民共和国成立后，党和政府十分重视广州市的经济建设，先后制定多个城市发展规划，用以指导广州市的发展，这些城市规划相应地也制定了广州港发展的指导方针。

从第一个五年计划开始就积极规划广州发展方案，积极推动广州经济的发展，提出了在相当长的时间内，逐步使广州由消费城市基本上转变为社会主义的生产城市的建设指导方针，广州城市总体规划前后制定了十多个方案。[②] 由于广州港在广州经济发展中的重要地位，广州港的建设是广州城市总体规划的重要内容之一，是推动广州经济发展的一个重要方面。在1954年下半年编制的第四方案中，重点推动七个方面的建设，其中第七个方面的内容就是有关广州港的建设，主要内容是适当增加码头仓库的用地面积，远期规划港口、仓库用地总面积为9平方公里（当时为1.8平方公里），其中内港分布在河南、芳村，石围塘、南岸，黄沙沿江一带，外港（即黄埔港）规划发展不超过乌涌河口。[③]

1953年，广州港开始启动建设。通航能力是衡量港口发展潜力的标志之一，而通航能力取决于航道水深，航道深浅影响着港口的发展。虽然民国成立初期也提出了众多浚深航道的规划，但由于种种原因，实际完成的工程不多，航道水深基本处于自然状态，只能进出5000吨级的船舶，因此河道浅窄一直制约广州港的发展，因而从第一个五年计划开始广州港除了首先改造内河区，结束市区长堤一带客货混杂、交通拥挤、三步一堆场五步一码头的局面之外，主要对出海航道进行了大规模疏浚，使航道水深达到7米，达到了

---

① 《广东航运史》编审委员会：《广东航运史（近代部分）》，人民交通出版社1989年版，第340页。

② 广州市地方志编纂委员会编纂：《广州市志·卷三：城建卷》，广州出版社1995年版，第42页。

③ 广州市地方志编纂委员会编纂：《广州市志·卷三：城建卷》，广州出版社1995年版，第42页。

万吨级船舶进港的标准，万吨货轮可直达黄埔港区。[①] 1954年按规划将原有的码头改建成能停泊三千吨级轮船的钢筋混凝土码头。1954年7月，建成黄沙码头，与铁路南站组成水、铁联运。[②] 可见，从一开始党和政府十分重视广州港的建设，从第一个五年计划开始就大力投资建设广州港，疏航道、筑堤岸、造码头，迅速改变广州港的落后面貌。[③]

此后，广州市的建设指导方针多次改变。1956年6月，广州市第一次人民代表大会提出"广州将发展成为以轻工业为主，交通运输业，商业又占有一定比重的城市"的建设方针。1958年，中共中央提出"多快好省地建设社会主义"的方针，全国上下掀起"大跃进"和人民公社化浪潮。1958年5月，广州市第三届人民代表大会提出的"把广州建设成为华南工业基地"的建设方针为指导思想，修订城市性质，急于由商业城市向工业城市转变。[④] 在上述建设方针指导下，1959年，编制了广州城市总体规划第十方案，其内容之一是在员村、芳村，河南建设铁路专用线以配合新开辟工业区及黄埔港的建设。[⑤] 1958年开始建内港、外港，内港方面，拆除长堤沿江一带木码头，调整码头布局，货运集中在黄沙如意坊，客运在大沙头。1959年黄沙中级码头建成投产，1960年动工兴建如意坊码头（第一期工程），同年，大沙头客运站建成，成为广州市内河客运的中心枢纽。外港方面，1960年2月，黄埔港建成三个万吨级杂货泊位，同年9月，两个万吨级煤炭泊位建成。[⑥]

因此，中华人民共和国成立后至20世纪60年代，广州港不断改造港口装卸机械设备，龙门吊、机动搬运车等机械大量增加，港口装卸逐步达到半机械化水平，广州港港口货物吞吐量大幅度上升，至20世纪60年代中期，广州港年吞吐量已有700万吨左右，成为我国华南地区最大的枢纽港，并且已与33

---

① 黄国胜：《南方大港的崛起——广州港五十年巨变》，《珠江水运》，1999年第12期，第16-17页；莫东成：《老港口新辉煌 广州港奏响改革开放强音》，《中国水运》，2008年第6期，第4-5页。

② 广州市地方志编纂委员会编纂：《广州市志·卷三：城建卷》，广州出版社1995年版，第72页。

③ 邓端本、程浩：《前景灿烂的广州港》。《航海》，1983年第1期，第34-35页。

④ 广州市地方志编纂委员会编纂：《广州市志·卷三：城建卷》，广州出版社1995年版，第43页。

⑤ 广州市地方志编纂委员会编纂：《广州市志·卷三：城建卷》，广州出版社1995年版，第43页。

⑥ 广州市地方志编纂委员会编纂：《广州市志·卷三：城建卷》，广州出版社1995年版，第72页。

个国家和港口有贸易运输往来，是我国当时最主要的对外贸易口岸之一。[①]

随着国民经济和对外贸易的日益发展，1965年11月，广州港重新对外开放，进出港内的外轮逐渐增多，[②] 但由于"文革"的原因，20世纪60年代后半期，广州市城市规划工作一度陷于停顿。1971年到1972年间，在原规划基础上，重新编制总体规划，即第十二方案，提出将广州市建设成一个具有一定重工业基础、以轻工业为主、对外贸易占一定比重的现代化的社会主义工业生产城市，强调"对外贸易"的职能。[③] 据此，根据周总理提出三年改变港口面貌的指示，规划增辟墩头东基和沥滘等对外港口。1973年10月广州港动工建设了5个两万吨以上深水泊位的新港码头，其中包括粮食、原油专用码头泊位，使港口通过能力大幅度提高。[④] 与此同时，20世纪70年代，广州港航道第二次疏浚，使2万吨级船舶可乘潮进港。[⑤] 1966年到1975年间，新建和改建的内港码头有新风码头、沿江码头、大干围码头、芳村3、4号码头等，增加码头岸线约1100米。新风码头于1969年设两股铁路，成为广州内港第一个水铁联运的码头。[⑥] 1975年12月，新港第一期工程建成投产，建有5个万吨级深水泊位，一座由21个巨型圆筒组成的43.5米的散粮仓库和四座大型大跨幅仓库（面积4万多平方米）。1977年2月，广州港洲头咀华南沿海客运站建成投产，结束了广州至海口等地要用轮渡到江心过驳的历史。[⑦]

1978年广州市开始编制广州城市总体规划第十四方案，按照1979年广州市提出的新的城市建设方针，广州港港口规划贯彻"深水深用，浅水浅用，合理使用岸线"的原则，黄埔外港除完成新港东江口八个深水泊位及两个煤

① 黄国胜：《南方大港的崛起——广州港五十年巨变》，《珠江水运》，1999年第12期，第16—17页；莫东成：《老港口新辉煌 广州港奏响改革开放强音》，《中国水运》，2008年第6期，第4—5页。

② 邓端本、程浩：《前景灿烂的广州港》，《航海》，1983年第1期，第34—35页。

③ 广州市地方志编纂委员会编纂：《广州市志·卷三：城建卷》，广州出版社1995年版，第44页

④ 黄国胜：《南方大港的崛起——广州港五十年巨变》，《珠江水运》，1999年第12期，第16—17页。

⑤ 莫东成：《老港口新辉煌 广州港奏响改革开放强音》，《中国水运》，2008年第6期，第4—5页。

⑥ 广州市地方志编纂委员会编纂：《广州市志·卷三：城建卷》，广州出版社1995年版，第72页。

⑦ 广州市地方志编纂委员会编纂：《广州市志·卷三：城建卷》，广州出版社1995年版，第72页。

炭码头建筑外，还规划引铁路及公路过东江，开辟新沙一带深水港区，内港码头拟在新东洛围、合利围、员村、洲头咀、新造等地增建新港，续建沥滘港。[1] 而且还对广州港的管理体制进行了改革，1978年将原广州港与黄埔港合并成立新的广州港，实现了"一城一港"，进一步发挥了中央和地方的积极性，扩大了港口的经营自主权，加速了港口的建设和技术改造。[2] 在港口吞吐量方面，20世纪70年代后期，广州港的货物吞吐量达到1300多万吨，相比十年前的700多万吨，广州港吞吐量增长将近一倍。总体来说，中华人民共和国成立后30年广州港的建设和发展，虽然限于经济发展水平和技术方面的限制，还加上政治因素的影响，略显曲折和缓慢，但为改革开放后广州港的繁荣，打下了基础，提供了经验借鉴。

三、改革开放后广州港的发展进入新的阶段

改革开放时期，由于体制方面的改革，进一步推动了地方的积极性，广州港在港口建设方面的步伐明显加快。同时，改革开放推动了广州对外贸易的快速发展，广州港的业务也更加繁忙。1981年4月，广州港开始承接集装箱运输业务，专门成立了集装箱运输公司；客运方面，广州港在承担两广内河和沿海客运的同时，1980年1月还恢复了中断三十年的广州至香港客运航线。[3] 广州港原有的基础设施明显不适应新形势的发展，加快码头、泊位建设势在必行。在具体实施方式上，根据实际情况，分两条腿走路，一方面继续改造老港区，另一方面规划新港区的建没。

改革开放后的第一个五年计划——"六五"计划期间，1982年开始分期分批建设广州港合利围、东洛围水铁联运中级码头，黄埔港建成新港6~8号码头五个深水泊位和老港两个水转水码头。[4] "七五"计划期间，1986年，西基建成两个3.5万吨级煤炭专用码头，是当时华南地区规模最大、现代化

---

① 广州市地方志编纂委员会编纂：《广州市志·卷三：城建卷》，广州出版社1995年版，第46页。
② 吕同壎：《再度发掘广州港的活力之源》，《探求》，1991年第6期，第4~5页。
③ 邓端本、程浩：《前景灿烂的广州港》，《航海》，1983年第1期，第34~35页。
④ 广州市地方志编纂委员会编纂：《广州市志·卷三：城建卷》，广州出版社1995年版，第73页。

程度最高的煤炭专用码头，标志着广州港从半机械化向专业化、现代化前进。^① 1987年开始动工兴建国家"七五"计划的重点建设项目——新沙港区一期工程，计划建3.5万吨级深水码头，泊位32个，到1990年，新沙港第1到第5号3.5万吨级码头的水工主体工程竣工。^② 总体来说，20世纪80年代广州港新建并投入使用的3000吨级以上码头泊位达19个，新增通过能力近千万吨，并相应增加了仓库、堆场、机械设备，以及公路、铁路等基础设施，建港规模超过前30年。^③ 到1990年，广州港已经拥有黄埔老港、黄埔新港、芳村港、新风港、东风港、河南港、新沙港七个港区，两万吨级海轮可乘潮直接进入黄埔港，各港区码头泊位总长8875米，设置泊位90个，万吨级以上深水泊位就达22个，开辟内河航线39条，沿海航线116条，远洋航线可到达全球130多个国家和地区的九百多个港口。^④

到20世纪90年代，广州港重点建设新沙港区，1987年开始建设的一期工程10个3.5万吨级泊位工程中的5个泊位在1995年8月投入使用，^⑤ 包括煤炭专用泊位2个，散装、杂货、通用泊位各1个，全长1000米，这五个泊位的建成投用，可使广州港总通过能力提高1/3。^⑥ 1997年，广州港验收了新沙港6~10号泊位水工工程，其中6~7号泊位年底交付使用，8~10号泊位主体项目土建全面铺开；验收了新港11万伏变电站工程和危险品码头工程；广州港出海航道浚深预备工程和港口环保项目竣工等。^⑦ 1999年底，新沙港6~10号泊位全面竣工，连同原来的五个泊位总共为广州港新增加一千多万吨的通过

---

① 莫东成：《老港口新辉煌　广州港奏响改革开放强音》，《中国水运》，2008年第6期，第4~5页。

② 广州市地方志编纂委员会编纂：《广州市志·卷三：城建卷》，广州出版社1995年版，第73页；莫东成：《老港口新辉煌　广州港奏响改革开放强音》，《中国水运》，2008年第6期，第4~5页；广州市地方志编纂委员会编纂：《广州市志·卷十三：军事卷》，广州出版社1995年版，第14页。

③ 黄国胜：《南方大港的崛起——广州港五十年巨变》，《珠江水运》，1999年第12期，第16~17页。

④ 广州市地方志编纂委员会编纂：《广州市志·卷十三：军事卷》，广州出版社1995年版，第14页。

⑤ 黄国胜：《南方大港的崛起——广州港五十年巨变》，《珠江水运》，1999年第12期，第16~17页。

⑥ 《广州港新建五个深水泊位》，《中国远洋航务公告》，1995年第10期，第42页。

⑦ 《广州港今年建港计划》，《珠江水运》，1997年第7期，第22页。

能力。^① 继航道浚深预备工程竣工后，1998年11月，投资7.5亿元人民币的浚深出海航道工程正式动工建设，预计建成后，5万吨级船舶可进出港口。^② 而且，20世纪末广州港已经开始规划新沙港二期工程建设。经过20世纪90年代的十年建设，广州港已拥有码头泊位900多个，万吨级泊位达到41个，万吨级装卸锚地36个，最大锚泊能力为15万吨，库场总面积100多万平方米，^③ 1999年港口吞吐量达到1亿吨，是中华人民共和国成立前的最高300多万吨的30多倍。总体来说，20世纪90年代，尤其是90年代后半期是广州港有史以来发展最快的一个时期。

进入21世纪后，广州港基础建设继续深入发展。"十五"期间，广州港共投资59.84亿元，光是2005年全年完成港口建设项目达18项，完成投资总额约28亿元，其中包括总投资为7.92亿元的广州港出海航道二期工程，从黄埔西基调头区至桂山岛引航锚地全长115公里，满足5万吨级船舶乘潮进港的规模建设。^④ 2005年还投资6亿元大幅度改装三大煤炭码头工程，尤其是西基深水码头泊位可满足两艘5万吨级散货船同时停泊作业，^⑤ 还把港口出海航道从水深11.5米浚深到13.5米，包括洪圣沙码头升级改造工程把码头由9米浚深到15米，在南沙龙穴岛新建南沙集装箱港区，共新增泊位44个，以及完成新沙和西基煤炭系统、新港散粮系统、新沙集装箱系统等改造工程。^⑥ 港口吞吐量一年一个台阶，2003年达到1.72亿吨，2004年超过2亿吨，2005年超过2.5亿吨，集装箱吞吐量达到468万标准箱，分别比上一年同期增长16.3%和41.5%，港口货物吞吐量居全国沿海港口第3位，世界十大港口前列，已成为具备装卸储存、多式联运、物流运输、保税加工等多功能的现代化和国际性大港，其

① 黄国胜：《南方大港的崛起——广州港五十年巨变》，《珠江水运》，1999年第12期，第16-17页。
② 黄国胜：《南方大港的崛起——广州港五十年巨变》，《珠江水运》，1999年第12期，第16-17页。
③ 黄国胜：《南方大港的崛起——广州港五十年巨变》，《珠江水运》，1999年第12期，第16-17页。
④ 胥国建：《广州港货物吞吐量突破2.5亿吨位》，《珠江水运》，2006年第2期，第23-24页。
⑤ 李品：《广州港升级三大煤炭码头》，《中国交通报》，2005年6月16日。
⑥ 周小溪：《广州港吞吐量预测》，《中国港口》，2006年第9期，第31-33页；李品：《广州港升级三大煤炭码头》，《中国交通报》，2005年6月16日。

华南地区最大的综合性主枢纽港地位日益增强。①

2006年，广州市出台"十一五"规划，明确提出依托广州港南沙港区建设南沙国际枢纽物流园区；推进广州保税区与黄埔港、新沙港的区港联动，打造以广州保税区为中心、一区多园的黄埔国际物流园区；合理规划广州港各港区功能布局，建立以南沙港区为龙头，以新沙、黄埔港区为辅助的新格局，积极推进南沙港区扩建工程，扩大吞吐能力；加快广州港出海航道疏浚工程建设，提高航道的通行能力；引进大型航运公司和物流公司，发展海铁联运、集装箱多式联运，逐步推进"区港一体化"，强化龙穴岛区域国际中转、配送和采购功能。② 2006年，广州港还正式实施《广州港总体规划》，要求在"十一五"期间，广州港口建设计划投资约249.7亿元，建设20万吨级出海航道和39个深水泊位，增加运能6924万吨和604万标准箱，建成以新建扩能为主线，改造和港区功能调整为补充，重点建设航道、集装箱、石油、粮食和矿石等项目。③ 两大规划明确了广州港的发展方向，广州港计划"十一五"期间用三到五年的时间投资约200亿元重点建设包括南沙港区二、三期工程，新沙二期工程，航道二、三期工程，南沙港区粮食、矿石、煤炭码头工程，桂山岛30万吨油码头工程，沙仔岛多用途码头工程，小虎石化码头工程，龙穴造船基地等十多项重点工程。④

在上述规划和计划下，广州港发展迅速。2006年，新增码头泊位22个，其中万吨级泊位8个，包括建成全国最大的汽车滚装船泊位的沙仔岛汽车滚装船码头、大型油品化工泊位的广州小虎石化码头、南沙港区二期工程的5、6号集装箱泊位等。⑤

继1996年到2000年广州港出海航道一期工程完工后，2004年3月开始出海

① 胥国建：《广州港货物吞吐量突破2.5亿吨位》，《珠江水运》，2006年第2期，第23-24页。
② 《广州市国民经济和社会发展十一五规划纲要》，2006年6月30日，http://www.gd.gov.cn/govpub/jhgh/sywgy/200607/t20060703_3484.htm。
③ 陈国雄：《广州港集团走过这辉煌三年》，《中国水运报》，2007年10月8日。
④ 胥国建：《广州港货物吞吐量突破25亿吨位》，《珠江水运》，2006年第2期，第23-24页；耿旭静：《广州港实现河港到海港大跨越》，《广州日报》，2007年9月29日；《广州港向大海港迈进》，《水路运输文摘》，2006年第1期，第6页。
⑤ 丁志明：《广州港未来发展的方向和重点》，《广东造船》，2007年第1期，第16-18页。

航道二期预备工程，2006年竣工，航道深达13米，5万吨级船舶可双向进出南沙港区，但仍无法满足船舶大型化的需要，尤其是无法满足广州港南沙港区总体规划的需要。[①] 2007年广州港出海航道三期工程建议书获批，总投资约26.6亿元，按照10万吨级集装箱船舶不乘潮通航兼顾12万吨级散货船舶乘潮单向通航、5万吨级船舶双向通航的航道要求浚深航道。[②]

2007年9月，南沙港二期剩余4个泊位全部投产，[③] 至此，南沙港区10个泊位全面投入使用，初步形成了集装箱干线港的码头格局。[④] 2009年广州港出海航道二期工程（大濠水道入口处航道起至西基调头区止，范围包括大濠航道、伶仃航道、川鼻航道、大虎航道、坭洲头航道、莲花山东航道、新沙航道及西基调头区等）竣工，航道水深已达15米，可满足10万吨级船舶乘潮进出南沙港区，同年7月，广州港出海航道三期工期计划开工建设。[⑤]

2008年，广州港年吞吐量达到了3.47亿吨，集装箱吞吐量1100万标准箱，跻身世界集装箱港十强，超越荷兰鹿特丹港、中国台湾高雄港，世界排名从2007年的第12位上升至第7位，成为世界第七大集装箱港。[⑥] 2010年"十一五"结束之际，广州港货物吞吐量突破4亿吨，成为我国继上海港、宁波舟山港之后第三个跨入4亿吨行列的国际大港。[⑦] "十一五"期间，广州港累计完成投资约110亿元，出海航道浚深拓宽可通航10万吨级船舶，新增生产用深水泊位15个，增加运能约4800万吨和253万标准箱，港口综合设计通过能力预计达1.93亿吨、701万标准箱。3.5万吨级及以上泊位能力占港口总能力的比例由"十五"末的40%提高到"十一五"末的52%。"十一五"期间广

---

① 陈小南：《适应经济发展加深拓宽广州港出海航道》，《交通企业管理》，2007年第9期，第70—71页。

② 《广州港出海航道3期工程项目获批》，《集装箱化》，2007年第11期，第12页。

③ 耿旭静：《广州港实现河港到海港大跨越》，《广州日报》，2007年9月29日。

④ 李品：《百尺竿头再创辉煌广州港集团2007年货物吞吐量集装箱量大幅增长》，《珠江水运》，2008年第4期，第13—15页。

⑤ 《广州港出海航道二期通过竣工验收》，《水运工程》，2009年第4期，第72页。

⑥ 孔华：《广州港60年前后年吞吐量不到30万吨——集装箱吞吐量世界第7》，《广东建设报》，2009年9月18日。

⑦ 杨玲：《四亿吨新突破——广州港时代跨越很给力》，《珠江水运》，2010年第15期，第88—89页。

州港累计完成货物吞吐量约17.6亿吨、集装箱吞吐量5011万标准箱，分别是"十五"期间的2倍和3.4倍。"十一五"末广州港货物吞吐量与集装箱吞吐量分别较"十五"期末增长61%和163%，年均增长率分别达10%和21.3%。进一步巩固了广州港作为华南地区主枢纽港的地位，并逐步确立了国际集装箱干线港地位。[①]

随着"十一五"规划的顺利完成，广州港形成了"十二五"港航经济发展总体规划和目标，即"十二五"期间，广州港计划投资约200亿元，重点建设出海航道和大型深水泊位，预计可新增货物吞吐能力1.5亿吨、新增集装箱吞吐能力600万标准箱，使3.5万吨级及以上泊位吞吐能力在港口总能力中的比例由"十一五"末的52%提升至72%，5万吨级及以上泊位吞吐能力由32%提升至50%以上，到"十二五"末，力争港口货物年吞吐量达5亿吨、集装箱年吞吐量达1800万标准箱的目标。[②]

四、广州港的发展与"21世纪海上丝绸之路"建设的融合

随着中国与东盟合作的加强，越来越需要同东盟国家各领域务实合作，互通有无、优势互补，同东盟国家共享机遇、共迎挑战，实现共同发展、共同繁荣。中国需要实行更加积极主动的开放战略，加强15个沿海城市的港口建设，广州港为其中之一。而且还提出充分发挥广州南沙开放合作区在深化与港澳台合作，打造粤港澳大湾区中的作用，这必然也要发挥广州港的作用，广州港面临新的发展机遇。

广州港是古代"海上丝绸之路"的始发港，又是华南地区政治经济文化中心，具有独特的区位优势，无论是港口规模，还是货物吞吐量和航道通过能力，广州港无疑已是世界性大港，加上国家和地方的发展战略、规划的推动和支持，可以说，广州港的发展具有"天时、地利、人和"优势。主要从以下几个方面入手：一是继续做好广州本地港区的优化和建设；二是进一步

---

① 杨玲：《四亿吨新突破——广州港时代跨越很给力》，《珠江水运》，2010年第15期，第88-89页。

② 邝展婷、周汉鹏：《广州港剑指国际航运中心》，《中国船舶报》，2011年3月4日。

开展精细化管理，细化广州港内各港口码头的专业化分工；三是做好远洋航线和珠三角驳船快线开发工作；四是继续推进粤西茂名建港及昆明、衡阳等内陆无水港项目；五是提升港口科技水平，建设现代智慧港口；① 六是稳步推进与相关国家在贸易、投资、交通设施、社会文化交流、旅游、海洋经济等领域的合作，特别是道路联通。②

总体来说，广州港的建设主要体现在以下几个方面。

首先，制订了规模宏大的发展规划。2015年9月，广州市政府对外发布了《建设广州国际航运中心三年行动计划（2015—2017年）》，总目标是到2017年，广州港货物吞吐量达到5.5亿吨，集装箱吞吐量达到2000万标准箱；完成固定资产投资150亿元，新增港口通过能力8000万吨；新增国际班轮航线20条，新增喂给港、内陆港20个；海洋工程装备制造实现年产值300亿元，船舶修造年产值200亿元；与航运产业相关联的企业注册数达到8000家以上，船舶注册拥有量1500万载重吨；航运及关联产业增加值占全市GDP比重提高0.5个百分点，初步形成了广州国际航运中心的基本框架，奠定了发展的坚实基础。③

其次，在港口建设上，广州港继续投入巨资浚深航道。2014年10月，广州港出海航道三期工程竣工，进一步扩大了广州港出海航道的通过能力。④然而，尽管经过多次改造、浚深，广州港出海航道仍然不能满足日新月异发展的需要，2015年5月，广州港又计划投资30亿元对伶仃洋至珠江口海域，北起广州港南沙港区，南至珠江口外隘洲岛西侧的天然水深区的深水航道进行拓宽，满足10万吨级集装箱船（满载）与15万吨级集装箱船（不满载）双向通航，⑤ 2016年9月正式开工，计划全部工程三年内完成。

建立国内国际港口"朋友圈"，主要表现为建立、发展国际友好港，开

---

① 陈洪先：《用转型扩大优势续写海上新丝路》，《中国交通报》，2014年5月27日。
② 吴哲：《粤将构建"海上丝路"沿线4小时航空交通圈》，《南方日报》，2014年10月22日。
③ 成希：《后年广州港货物吞吐量将达5.5亿吨》，《南方日报》，2015年9月12日。
④ 《广航局参建的广州港出海航道三期工程通过国家竣工验收》，《水运工程》，2014年第11期，第27页。
⑤ 郭军：《广州港计划投资近30亿元拓宽深水航道》，《珠江水运》，2015年第13期，第41页。

辟新的国际国内航线。国内方面，加快建设内陆无水港的步伐。2014年9月，广州港与郴州市签署内陆港建设战略合作框架协议，郴州至广州黄埔"五定"（定点、定线、定车次、定时、定价为特征的快运货物列车）班列开始试运行。[①] 2015年3月，广州港在钦州设立办事处，有利于两港的业务发展，更有利于西南客户的货物运输时效性提高，节约成本，让客户享受到更便捷、优质和经济的物流服务。[②] 2015年一季度，广州港集团在滇贵湘等地开设"无水港"、办事处的基础上，再在内陆腹地开设10个无水港或办事处。近年来，广州港在珠三角、桂、琼等地开通了以南沙港区为中心的集装箱定点驳船快线"穿梭巴士"。[③]

国际方面，广州港的"国际朋友圈"近年迅速扩大。2015年，广州港共建立了10个国际友好港，与30个国际港口建立了友好港合作关系，与美国洛杉矶港、新西兰奥克兰港签署了三港港口合作协议，与加拿大温哥华港签署了港口合作备忘录。[④]《中国水运报》报道，2016年3月，"黄埔老港—东南亚"件杂货班轮航线（沿途挂靠越南胡志明、印尼雅加达、菲律宾马尼拉、达沃、马来西亚巴生、泰国曼谷等东南亚沿线港口）的启动，是广州港实施《建设广州国际航运中心三年行动计划（2015—2017年）》的首项成果。在三年行动计划的指导下，2015年，广州港就与科威特港、土耳其伊兹密尔港、印度蒙德拉港、马来西亚巴生港、英国布里斯托尔港、塞内加尔达喀尔港、泰国林查班港、法国波尔多港、俄罗斯圣彼得堡港、比利时安特卫普港10个港口缔结了国际友好港，[⑤]《中国证券报》报道，2016年又将国际友好港扩展到美国纽约新泽西港、萨凡纳港、新奥尔良港，德国汉堡港，波兰格但斯克港，意大利塔兰托港、热那亚港，马来西亚马六甲港，友好港数量达到38个。《第一财经日报》报道，到2017年6月，广州港与10多个欧亚沿海国

---

① 何一航：《郴州铁路口岸成为广州港的内陆港》，《郴州日报》，2014年9月15日。

② 李艳晔：《广州港集团驻钦办事处揭牌》，《钦州日报》，2015年3月27日。

③ 成希：《广州港将在内陆腹地设10个无水港》，《南方日报》，2015年4月23日。

④ 壮锦、李霄：《广州深耕"海丝"打造国际航运中心》，《珠江水运》，2016年第4期，第14—15页。

⑤ 龙巍：《广州港的"朋友圈"效应》，《中国水运报》，2016年7月18日

家有集装箱货物贸易往来，主要有泰国、马来西亚、越南、新加坡、印度、巴基斯坦、阿曼、埃及、土耳其等，货物对接主要港口达20多个，沿线集装箱班轮航线66条。据有关统计，广州港"国际朋友圈"35年的发展史直到2015年才有爆发式的增长，2015年以来，增加的国际友好港的数量，是此前30多年的总和。而且不仅仅是数量的增加，更重要的是，港口合作内容更加丰富，从浅层交流到深度合作、再到产业共融，提升了广州港的影响力。[①]国内国际"朋友圈"到建立，一是能为企业提供便捷的服务，节省了通关时间，降低了费用，提高了效率，为企业带来了实实在在的利益，提高了企业的竞争力；二是推动了国际航线的开辟，扩大了市场，增加了出口。

最后，还需要指出的是，为促进包括广州港在内的广东省港口群的发展，广东省在谋划更大的"朋友圈"。2017年6月，《第一财经日报》认为，这体现在：一是推动国际货运物流网络的形成；二是依托粤港澳大湾区，打造"粤港澳大湾区世界级港口群"。2017年7月，广东省印发《广东省推进基础设施供给侧结构性改革实施方案》，规划2017—2020年投资约380亿元建设包括广州港在内的港口群，规划到2020年广东港口货运吞吐能力达20亿吨，集装箱年通过能力6500万标准箱，巩固全国领先地位，打造"21世纪海上丝绸之路"国家门户，[②]为广州港参与"21世纪海上丝绸之路"描绘了良好的前景。

第二节　湛江港

湛江港是中华人民共和国成立后我国第一个自行设计、建造的深水海港。湛江港于1956年开港，经过60年的发展，已成为中国沿海25个主要港口之一。

---

① 江珊：《广州港"国际朋友圈"的成员增至40个》，《南方日报》，2017年7月18日。
② 龙巍：《广东谋划世界级港口群》，《中国水运报》，2017年7月31日。

一、中华人民共和国成立前湛江港的发展

湛江港原名广州湾港，位于广东省雷州半岛的东岸，在法国殖民者强行租借之前，湛江港纯粹是一个自然港口，没有任何现代化的港口设施。1899年法国殖民者强行租借广州湾之后，将其开辟为商埠，致使广州湾一带走私猖獗，鸦片横行。但为了加强对广州湾租界的控制和掠夺，法国殖民者加强了对湛江港的建设和管理。一是宣布湛江港为无关税的自由贸易港；二是建立灯塔，导航灯桩、浮标和无线电通信站，改善港口的航行条件和导航通信能力，还建筑了栈桥码头和堤岸码头，修筑了与港口相连的公路；三是设立了船舶停泊所的港务管理机关。以上措施，促进了湛江港的发展，尤其是抗战爆发后，使湛江港一跃成为我国西南沿海出入口的商业重镇和粤西航运中心。[①] 但是另一方面，基于多方面的原因[②]，相对于港口发展需要来说，法国殖民者对湛江港的建设显得微不足道，加上湛江港以及周边经济腹地的工业、商业都不发达，因而港口发展缓慢。日本占领湛江港后，实行封锁、控制、禁运，直接导致了湛江港建设的中断，使湛江港日益衰退。

抗日战争胜利后，国民党政府收回广州湾，并改名为湛江市，宣布开放湛江为通商口岸，设置了航政管理机构，成立了广州航政局湛江办事处。[③] 但湛江港的发展并无起色，主要原因是湛江市的工商业濒临破产，市场萧条；港口泥沙不断淤积，水浅导致船只停泊困难；内战爆发，国民党政府无心也无力经营。因此，在国民党政府的管理下，虽然在1947年湛江港进入短暂的发展时期，但旋即在1948年湛江港又进入衰退期。[④]

---

① 沈荣嵩：《法国统治时期的广州湾港》，中国人民政治协商会议广东省湛江市委员会文史资料研究委员会编：《湛江文史资料》第五辑，1986年，第154页。

② 第一，受到两次世界大战的影响，法国本土曾经被德国占领，对湛江港的投资经营受到影响；第二，中国轰轰烈烈的民主革命运动使法国殖民者对时局感到不放心，不敢轻易投资；第三，湛江人民的激烈反抗。参见沈荣嵩：《湛江港发展回顾》，中国人民政治协商会议湛江市委员会文史资料研究委员会编：《湛江港口》，《湛江文史资料》第十四辑，1995年2月，第39页。

③ 吴均：《1945—1949年湛江市的航运概述》，中国人民政治协商会议湛江市委员会文史资料研究委员会编：《湛江文史资料》第六辑，1987年，第87页。

④ 邱炳权：《湛江港埠的变迁与发展》，中国人民政治协商会议湛江市委员会学习文史委员会编：《湛江文史》第十九辑，2000年，第98页。

在湛江港建设方面，基于湛江港优越的自然地理环境和重要的战略地位，国民党政府制定了规模庞大的建港规划，企图依靠美国的支持建设湛江港。国民党政府的建港计划分三期进行：第一期，展筑原西营码头，使之达到能够直接靠卸3000吨级船舶的能力，在西营避风塘南端另筑一座长700公尺突堤式万吨级新码头；第二期工程，从西营旧码头向北展筑堤岸码头，浚深码头水道，在东营兴建由廉江到东营铁路支线，建筑堤岸码头，浚深航道，使之可停靠2万到5万吨级船舶六艘；第三期工程，从西营码头向北扩建堤岸码头并疏浚码头水深，又向南扩建筑堤岸码头，东营码头向北展筑；与此同时，还计划把特呈岛到北涯一段划为军港区。[①] 由于国民党反动派发动全面内战，只留下一份"湘黔铁路来湛段粤境工程处"制订的《湛江建港计划》，[②] 湛江港的建设停留在纸面上，来不及实施就垮台了。

二、中华人民共和国成立后到改革开放前湛江港的建设和发展

中华人民共和国成立后湛江港才开始真正的建设和发展，湛江新港是中华人民共和国成立后在短时期内建设起来的第一个海港。中华人民共和国成立后百业待兴，需要加快建设的项目和地区很多，但对于建设一个湛江新港非常迫切，湛江新港直接由中央人民政府政务院决定建设，决策层级之高，建设速度之快，不到一年的时间便宣告建成，这是史无前例的。根据有关学者分析，中央决定建设湛江新港，主要基于以下几个方面的原因。一是湛江港有建设一个新兴港的自然地理优势。湛江港是一天然深水港湾，周围有南三岛，东海岛、硇洲岛等岛屿环卫，形成天然屏障，港湾内水域宽广，水深浪静，泥沙淤积少，航道水深从15米到40米不等。[③] 得天独厚的自然条件，既有利于深水港的建设，也有利于建成之后的生产。二是湛江港具有区位优

---

① 吴均：《1945—1949年湛江市的航运概述》，中国人民政治协商会议湛江市委员会文史资料研究委员会编：《湛江文史资料》第六辑，1987年，第93页。

② 邱炳权：《发挥地缘优势，加速港口建设——湛江港口群发展概略》，中国人民政治协商会议湛江市委员会文史资料研究委员会编：《湛江港口》，《湛江文史资料》第十四辑，1995年2月，第2页。

③ 邱炳权：《湛江港埠的变迁与发展》，中国人民政治协商会议湛江市委员会学习文史委员会编：《湛江文史》第十九辑，2000年，第99页。

势。湛江港位于广东省雷州半岛东岸，地处广东、广西、海南的交汇点，对外是我国通往东南亚、大洋洲和欧洲海上航程最短的港口，有利于发展对外贸易；对内经济腹地广阔，黎湛铁路通车后，湛江港的经济腹地包括广东西部、广西、云南、贵州、四川和湖南的大部分，海南岛的矿产、食盐、木材以及从国外进口的物资都可由湛江港运往内地，有利于开展国内经济交流。[①]三是有利于打破帝国主义和国民党反动派对我国沿海的经济封锁、禁运。朝鲜战争后，以美国为首的西方帝国主义国家和台湾国民党反动当局对我国大陆采取极端敌视政策，政治上遏制、军事上包围、经济上封锁，企图扼杀新生的人民政权，在斗争激烈的沿海地区如台湾海峡及其周边，难以进行港口基础设施建设。汕头港在20世纪50年代就因为国民党反动统治当局的封锁、轰炸而无法进行港口建设。因此，一方面，在较为远离斗争的海南、广东、广西三省（自治区）交汇处建设湛江新港是一个合理的选择。另一方面，建设湛江港有利于打破美帝国主义和台湾国民党反动当局对我国大陆沿海地区的经济封锁和中断我国南北海运，从陆路开辟我国南北经济交流的新通道。四是有利于国防建设。建设湛江新港一方面加强对外贸易和对内交流，尽快发展经济，本身就有利于国防建设；另一方面，在建设湛江商港的同时，还决定建设湛江军港，预留了军港建设区域，划定东营（麻斜）及其附近特呈岛，西营（霞山）水牛头至赤坎砖瓦厂沿岸，郊区石坑村西南丘陵地带等为军港预留区域，西营旧栈桥以南，西太公路以东划为商港区域。[②]

在上述大环境下，1953年12月，中央人民政府决定在湛江港湾建设现代化的湛江新港，1955年7月，国务院第14次全体会议通过了《关于建设湛江港的决定》，将湛江新港建设作为重点项目列入国家"一五"计划。该《决定》的主要内容：第一，确定湛江市总体规划的原则，首先是满足军港需

---

① 邱铭：《回顾五十年代的湛江港》，中国人民政治协商会议湛江市委员会文史资料研究委员会编：《湛江文史资料》第六辑，1987年，第80页。

② 沈荣嵩：《湛江港发展回顾》，中国人民政治协商会议湛江市委员会文史资料研究委员会编：《湛江港口》，《湛江文史资料》第十四辑，1995年2月，第40页；邱铭：《回顾五十年代的湛江港》，中国人民政治协商会议湛江市委员会文史资料研究委员会编：《湛江文史资料》第六辑，1987年，第80页。

要，其次是满足商港需要，然后才满足其他需要；第二，商港规划分三期施工完成，第一期为1955年到1957年，计划年吞吐量达到160万吨，第二期为1958年到1962年，计划年吞吐量达到240万吨，第三期规划为1963年以后，计划年吞吐量达到460万吨。[①] 1955年7月底正式开始第一期工程，建设过程不到一年，1956年5月1日湛江港第一作业区码头竣工投产。1958年10月建成2.5万吨级油码头，形成第二作业区。[②]

1959—1961年三年困难时期，湛江港建设基本处于停顿状态，三年困难时期结束经济形势好转后，1968年3月即在调顺岛新建万吨级出口援外物资专用码头和矿厂专用码头各一座，形成第三作业区，1970年5月建成，[③] 第三作业区是一个以装卸铁矿石、非金属矿、煤炭等为重点的散装货码头，占地面积80万平方米，港口面积59万平方米。[④]

20世纪70年代，在中央政府和地方政府的支持下，为推动四个现代化的快速发展，加强港口建设的薄弱环节，湛江市停建或缓建了一批其他工程，调集人马全力投入港口建设。[⑤] 1973年到1976年，虽然有政治上的干扰，但是湛江港码头建设成就巨大，一共建成一座5万吨级油码头，两座万吨级矿砂码头和两座千吨级供油码头，三年建港新形成的港口通过能力达到520万吨，还建设了配套设施和设备，浚深了航道，5万吨级船舶可以满载乘潮进出，提高了港口的生产能力。[⑥] 1976年开始筹建湛江内港，后改名霞海港。[②] 此外，在码头建设方面，陈正祥撰写的《广东地志》记载，湛江港还主要有东营深

① 邱铭：《回顾五十年代的湛江港》，中国人民政治协商会议湛江市委员会文史资料研究委员会编：《湛江文史资料》第六辑，1987年，第81页。

② 邱铭：《回顾五十年代的湛江港》，中国人民政治协商会议湛江市委员会文史资料研究委员会编：《湛江文史资料》第六辑，1987年，第76页。

③ 邱铭：《回顾五十年代的湛江港》，中国人民政治协商会议湛江市委员会文史资料研究委员会编：《湛江文史资料》第六辑，1987年，第76页。

④ 《湛江市地名志》编纂委员会编：《湛江市地名志》，广东地图出版社1989年版，第285页。

⑤ 沈荣嵩：《湛江港发展回顾》，中国人民政治协商会议湛江市委员会文史资料研究委员会编：《湛江港口》，《湛江文史资料》第十四辑，1995年2月，第43页。

⑥ 沈荣嵩：《湛江港发展回顾》，中国人民政治协商会议湛江市委员会文史资料研究委员会编：《湛江港口》，《湛江文史资料》第十四辑，1995年2月，第44页。

⑦ 王绚、李在洲：《新兴的霞海港》，中国人民政治协商会议湛江市委员会文史资料研究委员会编：《湛江港口》，《湛江文史资料》第十四辑，1995年2月，第78页。

水码头（长390米，可停泊万吨级船只两艘）、西营深水港码头（其中1号码头可停泊5000吨级船只，2号码头长800米，可停泊8000吨级船只五艘）、油轮码头（可停泊2.5万吨级油轮一艘），各码头共设有各式起重机十台，皮带运输机三台，输油管一条，共有八座仓库、十一座储油池，新港的码头操作，已经完全机械化。

除了港口硬件设施建设外，湛江港还建立起了初步的管理制度，将原来1950年12月成立的广州区港务管理局湛江分局改为湛江港务管理局，提升了湛江港的层级，整顿了码头秩序，改变了旧有的生产关系，发挥了码头工人的生产积极性。同时，港口生产也由人力为主转变为半机械化、机械化为主。湛江港的经济腹地也得到拓展，1954年10月开工新建黎湛铁路，1955年7月开始通车。从此，一方面，湛江的商业腹地不再限于雷州一带，而是伸展到我国整个西南地区，于是在对外贸易的地位日渐重要。另一方面，在当时财力、技术人才极端匮乏的情况下培养了大批筑路建港的人才，为湛江港的进一步发展打下了坚实的基础。

三、改革开放以来湛江港的建设

20世纪70年代末80年代初，湛江港建设进入一个新的发展阶段。霞海港区在湛江市霞海村、网寮村东侧海岸，距离赤坎6公里，港口海岸线长600米，占海滩32.84万平方米，1977年筹建，1979年动工建港。[①] 霞海港是湛江开发区的专用码头，又是国家一类口岸和对外贸易口岸之一，1982年建成第一期工程桩基梁板式顺岸码头1000吨级泊位三个，年设计吞吐量40万吨，1983年投产，第二期工程建设深水万吨级集装箱码头，年吞吐量预计达到150万吨，1985年经国务院批准，湛江港成为国家一类口岸，对外籍船舶开放，1986年11月正式对外开放。[②] 1983年底在调顺岛第三作业区建成3.5万吨级磷

---

① 《湛江市地名志》编纂委员会编：《湛江市地名志》，广东地图出版社1989年版，第285页
② 王绚、李在洲：《新兴的霞海港》，中国人民政治协商会议湛江市委员会文史资料研究委员会编：《湛江港口》，《湛江文史资料》第十四辑，1995年2月，第78页；《湛江市地名志》编纂委员会编：《湛江市地名志》，广东地图出版社1989年版，第285页。

矿码头一座。① 1985年12月，第一作业区南一期工程竣工投产，建成六个万吨级深水泊位，其中3.5万吨级散粮泊位一个，杂货泊位五个，新增通过能力185万吨，同时，建成一座新型客运站，在第一作业区北突堤建成两个5000吨级客货两用泊位，新增通过能力40万吨。②

截至20世纪80年代末，湛江港共有四个作业区，生产性泊位21个，其中万吨级以上泊位十五个（包含5万吨级油码头一座），码头岸线长3700米，铁路专线74公里，各种装卸机械630多台，全港机械化作业比重达到85%以上，仓库十六座，面积18.5万平方米，油罐43座，容积14万立方米，堆场38个面积32万平方米，有作业船三十艘，供应船十一艘，与世界五大洲七十多个国家和地区有商船来往，港口通过能力为1410万吨，1985年货物吞吐量1230多万吨，在我国十大港口中位列第七。③

进入20世纪90年代后，在邓小平南方谈话的鼓舞下，湛江市提出了"大港口、大工业、大市场、大发展"的经济发展战略方针，进一步提升了湛江港在地区经济发展中的地位和影响，也加大了港口建设力度。1992年湛江港开始筹建第二期扩建工程，计划建两个万吨级码头，其中一个为集装箱码头，目前先筹建两个5000吨级泊位。④ 1994年底，第一作业区南二期工程建设的五个万吨级深水泊位投产，新增通过能力200万吨。第五作业区一期工程建设两个5000吨级泊位一个和一个万吨级泊位，二期工程建设三个万吨级泊位，年通过能力100万吨。⑤ 具有建设成国际特大水港的优越条件的东海岛的建设也提上日程，湛江港在东海岛建设一大批深水泊位，规划一期工程建一个20万吨级码头、三个1.5万吨级码头，二期工程建四个1.5万吨级码头，三期

① 《湛江市地名志》编纂委员会编：《湛江市地名志》，广东地图出版社1989年版，第285页。
② 沈荣嵩：《湛江港发展回顾》，中国人民政治协商会议湛江市委员会文史资料研究委员会编：《湛江港口》，《湛江文史资料》第十四辑，1995年2月，第46页。
③ 《湛江市地名志》编纂委员会编：《湛江市地名志》，广东地图出版社1989年版，第285页。
④ 王绚、李在洲：《新兴的霞海港》，中国人民政治协商会议湛江市委员会文史资料研究委员会编：《湛江港口》，《湛江文史资料》第十四辑，1995年2月，第79页。
⑤ 沈荣嵩：《湛江港发展回顾》，中国人民政治协商会议湛江市委员会文史资料研究委员会编：《湛江港口》，《湛江文史资料》第十四辑，1995年2月，第46页。

工程建一个5万吨级码头和一个1.5万吨级码头。① 在上述建设的基础上，湛江港制定了"九五"期间发展规划，决定实施三大战略工程，一是建设10万吨航道工程，首期工程1999年开工，2000年10月竣工；二是扩建15万吨级原油码头，计划"十五"初期动工；三是改建15万吨级矿砂码头，三大工程建成将对粤西经济和湛江港的发展产生非常深远的影响。② 总的来说，经过从改革开放到20世纪末的建设，湛江港拥有生产性泊位31个，其中万吨以上的泊位24个，五个装卸作业区，成为多功能综合性的现代化港口，承担100多个货种的装卸和中转任务，辐射国内20多个省市，与100多个国家和地区通航。③

进入21世纪后的"十五"时期，湛江港继续重点实施三大战略工程，而且建设规模逐步加码。2002年4月完成10万吨级航道建设二期工程，成为华南地区最深的航道，④ 紧接着湛江港决定继续浚深航道至25万吨级，2004年11月开工建设，2005年10月完工。2000年7月开工建设30万吨级原油码头，2003年12月建成投产，成为全国最大的陆岸原油码头。2004年底20万吨级铁矿石码头竣工，2005年投入运行。至此，在湛江港提出六大发展战略（大型化、深水化战略，前港后厂后库战略，集散地战略，相关多元化战略，服务品牌战略，新型国企战略）的指引下，三大战略工程全部完成。湛江港拥有华南沿海最深的航道、最大的原油码头和铁矿石码头，建成在华南地区深具影响的临港工业项目和大型物流中心，港口通过能力、装卸效率、专业化水平和经济效益大幅度提高，湛江港吞吐能力可达4000多万吨，湛江港新增吞吐能力相当于已有的31个生产性泊位实际通过能力的总和，等于再造一个湛江

---

① 沈荣嵩：《湛江港发展回顾》，中国人民政治协商会议湛江市委员会文史资料研究委员会编：《湛江港口》，《湛江文史资料》第十四辑，1995年2月，第48页。

② 刘一荣：《应关注湛江港的铁路问题》，《中国港口》，2001年第4期，第18—19页；关振兴、沈荣嵩：《湛江港面向二十一世纪的市场定位》，《珠江水运》，2000年第2期，第18—20页；沈荣嵩：《湛江港面向21世纪的市场定位》，《中国港口》，1999年第11期，第22—23页。

③ 邱炳权：《湛江港埠的变迁与发展》，中国人民政治协商会议湛江市委员会学习文史委员会编：《湛江文史》第十九辑，2000年，第100页。

④ 子青：《湛江港成为华南地区最大港口》，《国际商报》，2002年5月11日。

港。① 截至"十五"末，湛江港已建成生产性泊位32个，其中万吨级以上泊位25个，年吞吐能力3000多万吨，拥有四个港务分公司，一个船舶服务分公司（控股湛江港股份有限公司），与中海集团合作经营湛江港中海集装箱码头有限公司，如今的湛江港已成为我国华南、西南、中部地区重要的出海通道和水陆运输主枢纽港。②

在"十五"成绩的基础上，湛江港又向更高的目标冲击，规划在"十一五"期间继续开发建设新港区，改造提升老港区码头等级，使湛江港成为华南乃至东南亚最大的石油、铁矿石、粮食和化肥等大宗货物集散地、中转地和贸易中心，打造我国南方亿吨大港及区域性、国际性枢纽港，③ 确立湛江港成为我国西南沿海和环北部湾国际航运中心的地位。④ 为此，湛江将投资超过100亿元建设港口码头、航道工程，重点建设湛江港30万吨级航道、宝满港区集装箱码头等"八大工程"。⑤ 2007年，30万吨级航道工程获得国家立项批复，宝满港区集装箱码头一期工程开工建设，东海岛港区起步工程、霞山港区成品油码头工程前期工作完成。⑥ 2008年8月，湛江港30万吨级航道工程初步设计获得审查通过，工程位于湛江港湾内和南三岛东侧水域，由外航道和内航道组成，外航道包括龙腾航道外段和内段，内航道包括南三岛西航道、石头角航道和东头山航道，是当时亚洲最深的人工航道。⑦ 2008年11月，湛江港启动霞山港区大型散货码头工程、东海岛港区通用杂货码头工程和调顺岛港区300个泊位技改工程等三大工程。⑧ 2008年湛江港成为全国

---

① 尹凡、邓旭：《湛江港为建设南方大港而奋斗》，《中国港口》，2001年第10期，第13页；《迎着新世纪的曙光迈向辉煌——全国十大港口之一的湛江港》，《水运管理》，2001年第11期，第42页；戴岚：《湛江港——构筑大西南黄金通道》，《人民日报》海外版，2002年12月31日。

② 张筱敏、王娟、邓旭、陈彬、吴丽清：《建设南方大港发展湛江经济》，《广东建设报》，2004年7月13日。

③ 湛江港集团有限公司企业文化中心：《奋进亿吨目标建设南方大港》，《南方日报》，2006年4月28日。

④ 罗艾桦：《湛江港4年跨越6个千万吨》，《人民日报》，2008年1月1日。

⑤ 《湛江港奋进亿吨大港指日可待》，《南方日报》，2007年12月16日。

⑥ 罗艾桦：《湛江港4年跨越6个千万吨》，《人民日报》，2008年1月1日。

⑦ 陈红阳：《30万吨级航道初步设计通过审查》，《湛江日报》，2008年8月11日。

⑧ 许妍敏：《湛江港建设迎来新的发展机遇》，《广东建设报》，2008年11月18日。

第15个亿吨大港，实现了亿吨大港目标。2009年起3年内投入124亿元，继续加快港口建设和功能完善，实现港口、临港产业、现代物流、城市建设"四位一体"，其中2009年投资30亿元，实施港口6大重点建设项目，包括完成霞山港区成品油码头建设和调顺岛港区泊位改造工程，加快宝满集装箱码头一期、东海岛港区杂货码头、霞山港区大型散货码头等项目建设。[①] 2009年9月，湛江港提出建设40万吨级航道建议。2010年12月底，湛江港调顺港区新建30万吨级油码头工程暨300#码头（第300号码头）技改工程试投产，标志着湛江港从此拥有了华南最大的两座30万吨级陆岸式油码头和一座15万吨级煤炭专业码头。[②]

四、"21世纪海上丝绸之路"建设与湛江港腾飞的新契机

"十二五"期间，湛江港获得了更大的发展。湛江港建设将以加快深水码头和深水航道建设为重点，以优化泊位结构、提升港口功能为目标，进一步加大港口建设，加快开发建设霞山港区、宝满港区、东海岛港区三大港区。根据规划，"十二五"期间湛江港将完成总投资超过130亿元，建成东海岛中科合资广东炼化一体化项目配套码头、霞山港区30万吨级散货码头、宝满集装箱码头一期工程等，争取开工并完成湛江钢铁厂项目配套码头、东海岛港区通用杂货码头（迁建）工程、东海岛港区液化石油气（LPG）搬迁项目配套码头工程以及40万吨级航道工程、亚士德航道一期工程、湛江港锚地改扩建工程等。[③]

2014年10月，国务院批复同意湛江港口岸扩大开放，宝满港区和东海岛港区2个港区共获批44400米岸线，29个泊位。其中，宝满港区获批岸线10290米，共2个泊位；东海岛港区获批岸线34110米，共27个泊位。自此，连同原有的一类口岸霞山、霞海、调顺和南油4个港区，湛江港形成了六大港区的新

---

① 麦文伟：《湛江港124亿元投资将掀开港口新篇章》，《中国国门时报》，2009年3月4日。
② 陈红阳：《湛江港新建30万吨级油码头300#码头技改工程试投产》，《湛江日报》，2010年12月27日。
③ 龙巍：《湛江港打造区域性国际航运中心》，《中国水运报》，2011年12月9日。

格局。① 湛江港还设立保税物流中心（B型）。2014年底，湛江港再创新高，港口吞吐量突破2亿吨大关，仅用6年时间港口吞吐量翻了一番。

自从2013年10月习近平总书记提出建设"21世纪海上丝绸之路"以来，湛江港决心主动作为。湛江港集团负责人认为，湛江港将站在2亿吨的新历史起点上，抓好生产经营，加快港口建设，提升港口功能，扩大对外开放，力争用3~5年的时间实现年货物吞吐量突破3亿吨，为服务西部大开发和粤西振兴发展、实现湛江"蓝色崛起"做出新的更大的贡献。② 湛江港一是认识到"21世纪海上丝绸之路"建设是继设立首批经济特区和加入WTO之后的实现湛江港发展、腾飞的又一次机遇。《推动共建丝绸之路经济带和21世纪海上丝绸之路的愿景与行动》将湛江港列为加强建设的15个沿海城市的港口之一，是"排头兵和主力军"，湛江港再次被推到改革开放的前沿阵地。二是为湛江港的发展定下了新的目标，计划2015年港口吞吐量要达到2.3亿吨，2017年要突破3亿吨。三是在已有的建设基础上，湛江港提出了重点措施和建设项目，主要是40万吨级深水航道的建设和深水码头建设。湛江港认识到，建设重点在港口，但航道通过能力是港口的生命线，十余年来湛江港在航道建设方面成绩巨大，从最初的建设10万吨级航道升级到25万吨级，再到30万吨级，虽然已经成为亚洲最深的深水航道，但仍然不能满足港口生产的需要，导致众多大型船舶不得不前往其他港口。而且随着大型船舶的增多，湛江港认识到加快建设更深航道的重要性，建设40万吨级深水航道虽然在2009年就已经提出，在2010年也被列入广东省、湛江市2010年重点建设前期预备项目，列入广东省委、省政府《关于促进粤西地区振兴发展的指导意见》和市委、市政府《关于苦干兴市奋力争当粤西地区振兴发展龙头的决定》实施方案，③ 但一直未有实质性进展。2015年在"21世纪海上丝绸之路"建设的推动下，湛江港深水航道建设终于迈出了实质性步伐，将40万吨级深水航道建设作为推动湛江港快速发展的重大措施。《湛江日报》报道，按照

① 龙巍：《湛江港口岸扩大开放》，《中国水运报》，2014年10月13日。

② 路玉萍：《湛江港年货物吞吐量突破2亿吨》，《湛江日报》，2014年12月30日。

③ 陈红阳：《力争世界顶级深水航道早日开建》，《湛江日报》，2010年3月28日。

深水深用的原则，计划在"十三五"前半段建成全国首个40万吨级航道，大力发展散货和集装箱业务。2016年，40万吨级深水航道建设被列入交通部"十三五"规划。2016年4月开始动工兴建东海岛港区首个公共深水码头是湛江港建设的另一个大动作，标志着湛江港集团霞山港区、调顺岛港区、宝满港区和东海岛港区四个专业港区并驾齐驱。① 四是整合湛江港、湛江市乃至经济腹地现有资源。《湛江日报》报道，湛江港在物流、招商引资、无水港建设、信息共享等方面实现了取长补短、优势互补，为企业提供便捷、高效的港口物流服务，助推了港口经济和县域经济共同发展，特别是开通保税物流中心（B型），为广大的外贸型企业"走出去"提供了更好条件。2015年8月，湛江港开通了从湛江到贵州的直达集装箱专列，开启了"贵州—湛江港—东盟"的集装箱海铁联运物流模式，实现物流环节的无缝连接，为企业节省了费用和时间。五是发起建立国际港口联盟，成员囊括广州、深圳、汕头、珠海、北部湾港以及国内、东南亚、欧洲等地的主要港口，通过联盟的方式加强港口合作。六是大力发展跨境电商、"互联网+"业务，湛江市积极申请成为国家跨境电商示范市，积极引进制造、科技研发、生活消费领域的"互联网+"企业。

五、湛江港发展的思考

（一）优越的自然地理条件和发扬艰苦奋斗的精神

如前面所述，湛江港优越的自然地理条件是全国少有的。湾内有南三岛、特呈岛、东头山岛、东海岛和硇洲岛的环绕，形成天然屏障，掩护条件好。湾内水深浪静，海岸类型属于台地溺谷式海湾，海岸线比较平缓稳定，沿岸无大河流入，泥沙来源少，落潮流速大于涨潮流速。可见，湛江港素以"大、深、阔、掩护好"闻名，具备建设一流国际深水大港的自然条件，海域宽阔，水深浪静，终年不冻，湾内天然岸线长241公里，是世界第一大港鹿

---

① 路玉萍：《湛江港东海岛港区首个公共码头开建》，《湛江日报》，2016年4月28日。

特丹港的3倍。[①] 而且，湛江港经济腹地广阔，位于广东、广西、海南的中心地带，经济腹地囊括我国大西南地区，甚至包括我国中南地区。虽然目前大西南地区经济较东部地区落后，但一旦大西南地区实现经济腾飞，对湛江港的发展影响不可低估，因此，未来湛江港发展潜力巨大。

同时，湛江港的建设和发展又是湛江乃至全国人民发扬艰苦奋斗精神的结果，是集中力量办大事的体现。这在20世纪50年代到70年代体现得尤为明显，当时湛江及西南地区乃至全国经济不发达，财力困难，技术力量不足，人才匮乏，人民生活困难，外有敌对势力封锁、禁运，甚至面临战争威胁，其间国内还有政治动荡，湛江港建设之艰难可见一斑。但中央政府和领导人高瞻远瞩，及时作出了建设湛江港的决策，是与党和国家领导人的关怀指导支持分不开的，凝聚着他们的汗水和心血。[②] 地方政府积极配合支持，积极筹集人力物力，重视人才培养，建设者们和全国人民齐心协力，将一个自然港建设成了一个现代化港口。20世纪70年代成为湛江港建设的飞跃发展年代。[③] 湛江港的建设若没有人民群众发扬艰苦奋斗的精神是难以想象的。

（二）大项目带动

湛江港水域深宽、浪静的地理条件使之适合建设大项目，尤其是自然水深超过40米使湛江港具备建设特大型港口的条件，是今日湛江港能够快速发展的基础。1970年就已建成两个万吨级泊位，此后，万吨级、3.5万吨级、5万吨级、10万吨级甚至更大吨位的码头不断涌现。最为有名的是，20世纪90年代后期，湛江港进行了三大工程建设，包括10万吨级航道工程、30万吨级油码头技改工程和15万吨级矿石码头技改工程，相当于再造一个湛江港，是典型的以大项目带动湛江港发展的例子。而且根据实际发展需要，10万吨级航道工程不断加码，从10万吨级浚深到25万吨级，随后发展到30万吨级，到目

---

① 戴岚：《湛江港——构筑大西南黄金通道》，《人民日报》海外版，2002年12月31日。
② 邱炳权：《湛江港埠的变迁与发展》，中国人民政治协商会议湛江市委员会学习文史委员会编：《湛江文史》第十九辑，2000年，第102页。
③ 沈荣嵩：《湛江港发展回顾》，中国人民政治协商会议湛江市委员会文史资料研究委员会编：《湛江港口》，《湛江文史资料》第十四辑，1995年2月，第43页。

前已确定继续浚深到40万吨级，15万吨级矿石码头也被提升为20万吨级、25万吨级。

三大战略工程且建且升级，以及其他项目的改扩建，带动了湛江港的飞速发展，不但港口吞吐量大增，再造了一个湛江港，而且为客户节省了大量的物流成本，有利于招商引资，推动了湛江港周边产业、设施、交通的发展。湛江港三大工程建设吸引了俄罗斯塔氏集团在港区兴建的液化氨储罐区，我国与委内瑞拉合作的奥里乳化油项目也在湛江港撒下了种子，中油燃料股份有限公司与湛江港合作兴建大型储罐区，大连华农集团在湛江港建设制油厂，中石化集团也以巨资收购，等等。正是由于三大工程建设创造了湛江港承接重化工业转移的运输条件，湛江港成为上海期货交易所燃料油最大的实物交割库，为中国在国际油品市场上争取"话语权"做出了重大贡献。①

在对外交通方面，湛江港与柳州铁路局联合开通铁矿石班车，满足了西南及内地钢铁厂的生产需要；开通了湛江港至蛇口、赤湾港的集装箱外贸快线，缩短了货物运期，降低了运输成本；2007年3月，湛江港集装箱码头开辟了湛江港首条外贸直航航线，即"湛江—香港—海防"周班航线；2009年4月开通湛江到新加坡的集装箱班轮直航航线，彻底改变没有国际集装箱直航航线的服务格局；2011年7月，湛江港开通"洋埔—广州—湛江"外贸内支线集装箱同船运输业务，意味着今后船舶进出湛江港将完全实现"零等候"；2013年8月，湛江港中远内贸南北直航干线开通，使湛江港告别了充当珠三角内贸集装箱"喂给港"角色的历史；2015年8月，湛江港开启了"贵州—湛江港—东盟"的集装箱海铁联运物流模式。到2014年底，湛江港集装箱航线由原来的4条拓展到12条；内贸航线达到8条；基本覆盖沿海港口的主要地区，形成以湛江为中转的区域性枢纽港；外贸航线已开拓到6条，包括日韩方向，从湛江到中国香港地区、日本、韩国为一条线，从湛江到越南、新加坡等东南亚国家为一条线。②

---

① 陈红阳：《湛江港谋划建设40万吨级航道》，《中国交通报》，2010年1月5日。
② 肖胤：《湛江再次启航新起点》，《湛江日报》，2014年12月30日。

此外，湛江港还建设了一批大型基础设施项目，包括海湾大桥、广湛高速公路、渝湛高速公路、粤海铁路、洛湛铁路等，大大扩展了湛江港的经济腹地，进一步提高了港口货物吞吐能力。

正是包括"三大工程"在内的大项目带动，为航运企业降低了运输成本，适应了全球经济快速发展而引致的国际航运船舶日趋大型化的需要，极大地提升了湛江港的地位和核心竞争力，改变了湛江港的市场格局，促使港口经济走上了跨越式发展的快车道。[①]

（三）明确的港口发展战略、定位推动

湛江港自然条件好，适合建成深水大港。是20世纪50年代在周恩来总理直接关怀下建设的新中国的第一座现代化大港，20世纪60年代，曾与广州，汕头形成三足鼎立的格局，20世纪70年代初就建成了万吨级港口，到20世纪80年代就成为全国十大港口之一，是1984年被国务院批准为全国第一批沿海开放14座城市之一，20世纪90年代初湛江港吞吐量已达1589万吨，与世界各地80多个国家和地区通航，年进出港船舶2000多艘。[②] 然而，在此后的发展中，湛江港一直停滞不前，港口吞吐量原地徘徊，一路跌落到全国排名十多位，20世纪90年代中后期港口生产竟然低于全国沿海港口的平均水平，与全国沿海主要港口吞吐量增长很快的形势形成鲜明对比。究其原因，在于湛江港定位不清晰，发展战略不明确。湛江港集团董事长张翼认为，长期以来，湛江没有意识到自己的港口优势，抱着金娃娃讨饭，在2000年以前从未提过港口战略，没有定位，何谈发展？[③] 曾有一段时期，一批又一批客户前来湛江找发展"窗口"，当地干部却把他们往蔗林果园虾池边带，令湛江一次又一次失去快速发展的机遇。[④]

21世纪初湛江港奋起直追，首先是定位湛江港地位，明确港口发展战略。认识到了湛江港的战略地位，湛江港务局局长梁建伟认为，湛江地处我

① 郑乃清：《发挥港口优势打造南方大港》，《民营经济报》，2007年1月9日。
② 肖胤：《50年后湛江人重新发现湛江港》，《湛江日报》，2014年11月27日。
③ 肖胤：《50年后湛江人重新发现湛江港》，《湛江日报》，2014年11月27日。
④ 李薇：《湛江港第二次起跑》，《中国水运报》，2002年8月21日。

国大陆的最南端，是我国南大门的战略要塞，是我国西南出海主通道和沿海对外贸易的主枢纽港，是我国华南沿海最大的干散货和石油集散地，通过分析湛江及其经济腹地行业布局、发展水平，定位湛江港为国际性、区域性大型物流中心，在这个定位下，确定湛江港的经济发展目标（重返全国十大港口行列）和发展战略（六大发展战略：大型化、深水化战略，前港后厂后库战略，集散地战略，相关多元化战略，服务品牌战略，新型国企战略）。[②] 随着湛江港的快速发展，2005年修编《湛江港总体规划》，对港口进行重新定位，进一步强化湛江港作为我国综合运输主枢纽港和中西部地区出海主通道的地位，[③] 成为我国南方亿吨大港及区域性、国际性枢纽港。[④]

通过明确港口定位和制定相应的发展战略，进入21世纪后湛江港迎来新的发展阶段，发展速度越来越快，2004年到2008年湛江港每年货物吞吐量增长都超过1000万吨，2008年成为亿吨大港，六年后的2014年达到2亿吨。在新的形势下，湛江港提出了新的发展目标，湛江港集团董事长张翼提出湛江港要向第三代港口发展，要使湛江港成为开放、互通互联的枢纽，不限于为本地区服务，面对更广阔空间，吸引生产要素集聚，[⑤] 为服务西部大开发和粤西振兴发展、实现湛江"蓝色崛起"做出新的更大的贡献。[⑥]

第三节　汕头港

一、汕头港基础设施建设历程

汕头港是百年老港，是我国的25个国家级主要港口之一，也是广东省5个

---

① 梁建伟：《湛江港近期经济发展目标和发展战略》，《中国港口》，2002年第12期，第10-11页。
② 吴丽清：《打造南方亿吨大港——湛江港建设发展纪事》，《中国远洋航务公告》，2005年第2期，第63-65页。
③ 朱宗文：《湛江港图谋能源港"老大"》，《中国矿业报》，2006年6月1日。
④ 肖胤：《50年后湛江人重新发现湛江港》，《湛江日报》，2014年11月27日。
⑤ 路玉萍：《湛江港年货物吞吐量突破2亿吨》，《湛江日报》，2014年12月30日。

枢纽港之一。汕头市共有海岸线289公里，其中适宜建港的天然深水岸线达28公里，可建5万吨级至10万吨级、30万吨级泊位50多个，完全有进入亿吨港行列的潜力。① 而且，汕头历来是广东东部、江西南部、福建西南部等地区的出海门户和货物集散地，是这些地区之间的交通枢纽，有"粤东之门户，华南之要冲"的美誉。

汕头港所在地古代是一片大海，由于韩江上游泥沙冲积，逐渐形成韩江三角洲，元朝时期已经形成渔村，明朝初期已经有对外贸易，此后称"沙汕坪"，1717年改称沙汕头，汕头名字由此而来。汤静等学者指出，汕头作为广东东部地区中心城市，地处"大珠三角"和"泛珠三角"经济圈内，拥有亚太地缘门户的独特区位优势，既是粤东、赣东南、闽西南三大地区的商品集散地，也是长三角地区、珠三角地区和海峡西岸经济带等各地区之间的关键节点，汕头港作为广东五大枢纽港之一，是珠江三角洲地区港口群最为重要的一处枢纽港，扼韩江、榕江、练江的出海口，临近西太平洋这一国际黄金航道。汕头港东南面临海，港内水域宽阔，停泊区中心水深12米，位于福州到广州黄金海岸的中间，西南方向距香港179海里，距广州295海里，北面距厦门131海里。② 汕头港地处亚热带，受大陆气候和海洋气候的共同影响，气候温和，夏无酷暑，冬无严寒，是个天然良港。③ 汕头港港界水域面积32平方公里，港内大小岛屿五座，其中妈屿岛为第一大岛，面积14公顷，是汕头港的门户，也是历代海防要地。①

民国时期汕头港经历过一段较快的发展时期，20世纪20年代后期，汕头港对外货物流通密切，带动了汕头的对外贸易，港口吞吐量曾居全国第三位，推动汕头成为中国东南沿海地区的中心城市。② 1933年，汕头市共有商行3441家，这一年，汕头港进出轮船2681艘，港口吞吐量675万多吨，占全国

---

① 刘伟：《以汕头港为龙头港组建粤东组合港》，《汕头日报》2008年8月4日。

② 吴郁文、郭映明：《汕头港的发展与汕头城市建设的关系》，《华南师范大学学报》，1985年第2期，第35—42页。

③ 汕头港建设史编委会：《汕头港建设史》，汕头港建设史编委会出版，1998年，第2页。

④ 陆集源：《汕头港今昔》，《珠江水运》，1999年第6期，第16—17页。

⑤ 武勇：《汕头港带动当地经济发展》，《中国社会科学报》，2017年4月21日。

港口货运量的8.67%，仅次于上海、广州，居全国第三位。[①]

　　尽管如此，汕头港仍然较落后，基础设施建设基本处于自然状态，西方列强及我国招商局在汕头港先后建了六个极其简陋的木栈桥趸船码头和两个油码头，以最少的投资获取最大的利润。[②] 孙中山先生十分关心汕头港建设，在其《建国方略》中，将汕头港列为将要建设的九个三等港之一，认为"汕头在韩江口，广东省极东之处。以移民海外之关系，汕头与厦门极相类似，以其亦供大量之移民于东南亚细亚及马来群岛也。故其与南洋来往船客之频繁，亦不亚厦门。以海港论，汕头大不如厦门，以其入口通路之浅也。然以内地水运论，则汕头为较胜，以用浅水船则韩江可航行者数百英里也。围汕头之地，农产极盛，在南方海岸能追随广州河汉者，独此地耳。韩江上一段，煤铁矿极富。汕头通海之路，只需少加范围浚渫之功，易成为一地方良港也"。[③] 在其第四计划第二部"东南铁路系统"中，孙中山先生还提出建设与汕头港有密切关系的铁路线：一是汕头至常德线，从汕头市经潮州、梅县、株洲、长沙至湖南常德市；二是建昌沅州线，此线与汕头常德线交汇于江西；三是厦门建昌线，该线与建昌沅州线相交；四是温州辰州线，与汕头常德线在长沙联结；五是东方大港广州线，与建昌沅州线、厦门建昌线相交于建昌；六是福州武昌线，该线经建昌与其他线相连；七是南昌韶州线，与建昌沅州线相交于江西吉安；八是南京嘉应线，经建昌与其他诸线相通；九是东方南方两大港间海岸线，与其他线相交均可达汕头港。这个建设计划的实施能使潮汕与兴梅地区以及闽、粤、赣、湘、浙各省连接起来，构成我国东南片交通大网络，能使汕头港成为以上各省对外贸易的重要门户，对汕头乃至潮汕地区的建设和经济发展具有十分重要的意义。[④] 但由于众所周知的原因，民国时期内乱不止，外敌入侵，经济萧条，民生凋敝，孙中山先生的建港计划只能停留在纸面上。

---

① 黄增章：《民国广东商业史》，广东人民出版社2006年版，第220页。
② 汕头港建设史编委会：《汕头港建设史》，汕头港建设史编委会出版，1998年，第5页。
③ 孙中山：《建国方略》，第三计划中第四"建设沿海商埠及渔业港"部分，1917—1919年。
④ 陆集源：《孙中山关心汕头港开发建设》，《珠江水运》，1998年第5期，第31页。

中华人民共和国成立初期，由于汕头港地处国防前线和历史的原因，港口建设仍然滞后。[①] 汕头解放后，政府收回港口管理权，实行一系列民主改革措施，并逐渐对破旧码头和配套设施进行改造。但由于国家"一穷二白"，经济贫困，科技落后，汕头经济发展缓慢，汕头港的面貌不可能产生大的变化，直到20世纪70年代，中国经济有所复苏，国家开始重视港口建设。[②]

具体来说，中华人民共和国成立初期，汕头港基于军事斗争的需要，港口重大基础设施建设自然难以进行，港口建设主要集中在制度建设方面。如建立新的管理规章制度和导航通信设施，强制对外轮引航，加强港口的管理，维护国家主权尊严。1951年5月，汕头航政局制定了《汕头港务暂行章程》。1959年1月，实行新制订的《汕头港港章》。1958年，海军航保部出版发行了《汕头港及其附近海域图》，为进出港船舶和港口建设提供了资料依据。[③] 与此同时，随着两岸军事斗争的缓和，为发展的需要，20世纪50年代末也进行了一些简易设施的建设。先后建立了一批助航设施，包括信号台和信号杆、潮水记录站、浮标、海岸电台等，有利于夜航作业，还开始填海建堆场，改造旧仓库，建造新仓库，1956年到1958年，共建新仓库14间，总面积4423平方米，扩大了货物堆放场地。[④] 随后，为改善港口作业，港口周边设施也逐步建立。20世纪60年代后开始增置船舶机械，淘汰木驳船，添置铁驳船，建设船舶修造厂，自行设计并制造拖轮、客轮、货轮，还建设供油供电设施，改善港区生产和照明用电。[⑤] 但由于"文革"的影响，建设3000吨级码头的建设方案被搁置。总体来说，自从1949年10月汕头解放到20世纪70年代的20多年中，汕头港经历了医治战争创伤、反击台湾当局的封锁轰炸、"大跃进"、国民经济调整等历史时期，尽管港口基础设施建设滞后，但生产仍在继续发展，港口货物吞吐量从1950年的24.7万吨增加到1972年的157.6

---

① 汕头港建设史编委会：《汕头港建设史》，1998年，第5页。
② 张元芳：《与时俱进的汕头港》，《珠江水运》，2003年第1期，第28—29页。
③ 汕头港建设史编委会：《汕头港建设史》，1998年，第24—25页。
④ 汕头港建设史编委会：《汕头港建设史》，1998年，第28页。
⑤ 汕头港建设史编委会：《汕头港建设史》，1998年，第34页。

万吨。[①] 但是，中华人民共和国成立后较长一段时间内海上受到帝国主义的经济封锁，鹰厦铁路修建后，一部分外贸出口物资转走上海港，一部分则从公路运往深圳出口香港地区，致使汕头港外贸货运量不大，1981年外贸货运量只占港口吞吐量的30%。[②]

20世纪70年代以后，汕头港建设开始步入正轨，掀起了建设码头的高潮。1972年初，汕头港规划建设首个3000吨级客货泊位码头及其相应的配套设施，在次年年底竣工并投产，开始了汕头港建设发展史上新的一页。1973年，汕头港再次规划建设两个5000吨级泊位，分别在1975年底和1976年年中建成，码头机械设备和配套设施也从无到有逐渐完善。1979年3月，建成一个5000吨级珠池码头，年通过能力20万吨。1979年底，汕头港建成具规模的外轮航修站，汕头港港口吞吐量175.5万吨。[③] 总的来说，到20世纪80年代初，汕头港经过三十多年的建设，泊位码头的通过能力由原来的48万吨提高到150万吨，港口库场堆存能力远不能满足需要，1980年只有约55万吨，港口吞吐量210万吨，而且输入量远大于输出量，这种不平衡现象还有继续扩大的趋势，说明汕头港腹地经济不够发达，没有多少货源能向区外提供。[④]

随着汕头经济特区的设立，汕头港建设进入新的阶段，兴起了码头建设的高潮。1983年6月开始建设汕头港客运码头和客运站，1984年底码头竣工，1985年11月客运站建设完成。1982年5月，交通部召开湛江港、汕头港扩建工程可行性研究报告审查会议，决定在汕头港建设煤炭、粮食、杂货三个中级泊位，1984年3月开始施工建设5000吨级煤码头，码头水工工程1985年9月竣工。1984年12月动工建设粮食、杂货码头两个大中型建设项目，1988年6月竣工，大大改善了汕头港粮食、杂货的装卸条件，对提高装卸效率，加速货物周转，促进商品流通起了很大的作用。[⑤] 还着手扩建1973年建成的3000

---

① 汕头港建设史编委会：《汕头港建设史》，1998年，第34页。
② 吴郁文、郭映明：《汕头港的发展与汕头城市建设的关系》，《华南师范大学学报》，1985年第2期，第38-45页。
③ 张元芳：《与时俱进的汕头港》，《珠江水运》，2003年第1期，第28-29页。
④ 吴郁文、郭映明：《汕头港的发展与汕头城市建设的关系》，《华南师范大学学报》，1985年第2期，第38-45页。
⑤ 汕头港建设史编委会：《汕头港建设史》，汕头港建设史编委会出版，1998年，第66页。

吨级码头，1984年12月决定将其改扩建为两个中级杂货泊位，1987年11月开工建设，1988年12月底完工。[①] 为了适应改革开放后沿海经济高速发展的形势，本着谁投资、谁受益的原则，汕头港支持地方和货主自建码头，掀起了多方投资建设港口的热潮，20世纪80年代，建成了一批中小型码头泊位，提升了港口通过能力，促进了地方经济的发展。[②] 其中包括：西堤客运码头、马山油码头、永泰码头、特区龙华码头、东区粮食码头、西堤码头、渔港码头、西堤客运轮渡码头、大华水产码头、冷冻厂码头等。由于汕头港无深水码头，1984年9月，汕头港决定在饶平县柘林湾建设两个1.6万吨级海轮过驳锚地（该锚地于1994年3月移交给潮州市管理使用），[③] 1986年9月开始建设，1987年5月竣工，缓解了汕头港压船压港状况，加快了货物的转运，降低了物耗，节约了中转运费，社会效益显著。[④]

到20世纪90年代，汕头港迎来了前所未有的建设高潮，这主要表现在集中力量建设深水港区。1990年7月，汕头深水港一期工程开工建设。1993年4月开始疏浚内外航道，1994年11月汕头港7.95公里长的外导流防沙堤工程竣工，外航道经过挖泥疏浚，水位由原来的4.7米增加到8米，1993年12月17日万吨轮"富华"号装载7000吨货物顺利驶进汕头港，改写了汕头港只能进5000吨货轮的历史。[⑤] 一期工程的一个重要项目是1990年8月汕头港马山港区开工建设的3.5万吨级煤码头，设计年吞吐能力为410万吨，1995年11月煤码头工程竣工。1992年7月开工建设一期工程的另一个项目是1993年3月在珠池港区北岸开始建设一个2万吨级和一个1.5万吨级的多用途、杂货泊位，以及驳船码头、工作码头等配套项目，500吨级船舶位四个，1000吨级重件码头两个，等等，[⑥] 该工程1996年5月建成。1994年4月开工建设的汕头国际集装箱码头，

① 汕头港建设史编委会：《汕头港建设史》，汕头港建设史编委会出版，1998年，第69页。
② 汕头港建设史编委会：《汕头港建设史》，汕头港建设史编委会出版，1998年，第70页。
③ 陆集源：《今日汕头港》，《交通世界》，1995年第1期，第21—22页。
④ 汕头港建设史编委会：《汕头港建设史》，1998年，第74页。
⑤ 陆集源：《再创辉煌——汕头港十五年的足迹》，《交通企业管理》，1994年第8期，第15—16页。
⑥ 陆集源：《今日汕头港》，《交通世界》，1995年第1期，第21—22页；陆集源：《经历辉煌二十年的汕头港》，《中国港口》，1998年第6期，第17页。

年通过量40万标准箱，总投资9000万美元，规模为2.5万吨级全集装箱码头泊位两个以及相应配套的库场和机械设备，工程于1998年竣工。[①]

进入21世纪后，汕头港建设向更深一步发展。2001年10月动工建设珠池港区二期工程，规模为5个深水多用途泊位（两个2万吨级泊位、两个1.5万吨级泊位和一个1万吨级泊位），年通过能力为240万吨。[②] 珠池、马山两港区共投资19.5亿，建成了1万吨级至3.5万级码头泊位10个，年综合通过能力达1090万吨，港区面积达2平方千米，拥有现代化的机械设备和先进的仓储设施。[③] 总体来说，自2003年5月汕头市第八次党代会到2006年底，汕头市港口规划和基础设施建设取得重大进展，完成了《汕头港总体规划》《汕头港广澳港区总体规划》等的编制，完成港口投资19.3亿元，建成珠池港区二期工程5个万吨级以上泊位、加德士海洋燃气能源公司6.4万吨级LPG泊位，还有南澳前江湾战备码头工程、南澳对台开发基地码头工程等，广澳港区一期工程两个5万吨级码头正在抓紧加快建设，其间新增码头泊位五个，新增通过能力560万吨（其中集装箱5万标准箱），完成了汕头港主航道及外拦门沙整治二期工程项目，航道可满足3万吨级船舶进出港要求，提高了汕头港的通航能力。[④] 截至2006年，汕头港已经拥有500吨级以上的生产性泊位82个，码头岸线总长达8471米，其中5000吨级泊位23个、10000吨级泊位3个、10000吨级以上泊位10个，总设计能力为2456万吨/年。[⑤] 到2007年，全市有500吨以上泊位85个，通过能力2621万吨，其中已有万吨级深水泊位16个。[⑥] 至2008年全港年综合吞吐能力达到2518万吨，比改革开放前增加15倍。[⑦]

---

① 陆集源：《再创辉煌——汕头港十五年的足迹》，《交通企业管理》，1994年第8期，第15-16页；汕头港建设史编委会：《汕头港建设史》，1998年，第129页。

② 钟立：《汕头港新增5个万吨级泊位》，《中国水运报》，2004年9月3日；温锡通：《崛起的汕头港》，《港口科技动态》，2006年第1期，第2-5页。

③ 温锡通：《崛起的汕头港》，《港口科技动态》，2006年第1期，第2-5页。

④ 林馥盛：《汕头港"胃口"大增》，《汕头日报》，2006年12月22日。

⑤ 吴宏彪：《努力把汕头港做大做强》，《中国港口》，2006年第10期，第19-20页。

⑥ 谷少传、周国和：《汕头港在机遇和挑战中加速前进》，《深圳特区报》，2007年4月4日。

⑦ 陆集源：《改革开放30年的汕头港》，《中国港口》2008年第10期，第15-16页。

至2011年底，汕头港货物吞吐量已达4005万吨。[①] 2012年全市港口货物吞吐量达4562.8万吨，比增13.9%；港口集装箱吞吐量达125万标准箱，比增13.6%，两个指标增速均高于全国、全省平均水平。2012年竣工投入使用的项目包括广澳港区5万吨集装箱码头泊位2个、海门华能煤炭中转基地15万吨和7万吨码头泊位各一个；广澳港区和海门港区分别建成5万吨级和10万吨级航道各一条，大大提升了汕头港的通过能力。同时，作为国家交通运输部和广东省重点项目的广澳港区防波堤工程以及粤东唯一煤炭中转基地工程，2012年全面开工建设。2013年开工建设的重点项目还有广澳港区2万吨级石化码头、10万吨级集装箱码头。到"十二五"末，全市港口500吨级以上生产泊位87个，其中万吨级以上泊位19个，年设计通过能力4035万吨，其中集装箱年通过能力76万标准箱。[②] 此外，为把汕头港建成广东东部地区交通航运中心，"十二五"期间，加快了汕头港经济腹地交通建设，规划建设了汕揭、汕湛、潮惠、揭惠、潮汕环线5条高速公路和厦深高铁联络线，进一步便利对外通道，拓展汕头港口经济腹地，为"十三五"全面加快港口建设奠定了坚实基础，[③] 尤为重要的是，汕头港一直把广澳港区建设作为港口基础设施建设的重点。广澳港区在汕头市濠江区东南端的广澳湾，从20世纪80年代就已经开始规划建设广澳港区，20世纪90年代开始建设。1994年到1996年，两年不到的时间建成一个2万吨级多用途泊位和一个一千吨级驳船泊位，[④] 1995年10月开建2万吨级码头前沿港池，1998年6月竣工。2006年到2010年，即"十一五"期间，汕头港全力推进广澳港区等重点港区的建设，形成了一批项目加快前期工作、一批项目开工建设、一批项目投入使用的项目梯队局面，完成广澳港区防波堤工程前期工作，2009年2月开工建设广澳港区5万吨级深水航道，2011年5月完成，2011年广澳港区一期工程建成投入使用，加快5万吨级石化码头、10万吨级集装箱码头和粤东煤炭中转基地等一批重点项目

① 许崇馥：《汕头港实现又好又快发展的阻碍与对策》，《中国港口》，2012年第5期，第23—25页。
② 林馥盛：《2020年汕头港吞吐量将达1.4亿吨》，《汕头日报》，2014年10月11日。
③ 陈冬琪：《争取国家在政策资金上支持汕头港建设》，《汕头日报》2016年3月11日。
④ 汕头港建设史编委会：《汕头港建设史》，汕头港建设史编委会出版，1998年，第121页。

的前期工作，港口通过能力由2518万吨提高到3244万吨，泊位总数由82个增加到86个，万吨级以上深水泊位由16个增加到18个。[①] 到2011年，广澳港区基础设施建设快步推进，5万吨级航道和5万吨级集装箱泊位建成，可以满足停靠5万吨级集装箱船舶的需要，结束了粤东长期以来只能停靠2万至3万吨级集装箱船舶的历史。[②]

到"十二五"期间，广澳港区已建成1万～6万吨级码头6个和5万吨级航道一条，并已开通地中海、中东、东南亚、越南、日本等国际集装箱班轮航线。[③] "十二五"期间，广澳港区在建的项目包括2012年5月开工建设的跨"十一五"和"十二五"规划的重点项目和"广东省新十项工程项目"的防波堤工程，总长8055.9米，是华南地区最长最深最大的防波堤；2015年9月开工建设的两个10万吨级集装箱泊位和一个1万吨级集装箱泊位，计划2018年4月投入试运营。[④]

二、汕头港的发展特征与展望

（一）基础设施建设规划科学，层层推进

中华人民共和国成立后，汕头人们接手的是千疮百孔的汕头港，如前所述，汕头港基础设施基本处于自然状态，只有六个极其简陋的木栈桥趸船码头和两个油码头。新中国成立初期到20世纪70年代初，由于两岸关系、国际国内政治形势等原因，也由于经济、科技落后，除了一些如浮标、电台、仓库等简易设施之外，汕头港的基础设施建设基本保持停滞状态。20世纪70年代以后，汕头港开始步入码头建设的新时期，整个20世纪70年代一共建设了三座码头，同时在制度上恢复和健全了企业规章制度，企业运行逐步走上正轨。20世纪70年代末80年代初，随着我国改革开放的进行，汕头港建设

① 林馥盛：《汕头港去年吞吐量3510万吨》，《汕头日报》，2011年1月8日；王俊峰等：《将汕头港建成国际性枢纽港口》，《南方日报》，2015年9月15日。
② 林馥盛：《世界航运巨头相继进驻》，《汕头日报》，2011年8月14日。
③ 王俊峰等：《将汕头港建成国际性枢纽港口》，《南方日报》，2015年9月15日。
④ 王俊峰等：《将汕头港建成国际性枢纽港口》，《南方日报》，2015年9月15日。

迎来新的机遇。除了建设煤炭、粮食、杂货三个中级泊位外，还建了众多的专业码头，柘林湾过驳锚地的建设，便利了汕头经济的发展。20世纪90年代以后，汕头港建设迎来新的高潮，重点建设深水港区，包括三大项目即外导流防沙堤工程、3.5万吨级煤码头一个和2万吨级与1.5万吨级码头各一个、2.5万吨级国际集装箱码头，标志着汕头港码头建设进入万吨级阶段。进入21世纪之后，码头建设开始越过5万吨级的门槛，而且码头泊位越来越多，"十二五"期间开始出现超过10万吨级的码头竣工并投入运营，到"十二五"末，万吨级以上泊位达到19个。管理方面，汕头港实施政企分开，实行"一城一港一政"，强化政府对港口经济的宏观调控，创造公平竞争的港口经营环境，先后出台30多项改革措施，建立健全60多项规章制度，精简优化机构，理顺关系，逐步建立与现代港口企业制度相适应的管理体系。[①]

21世纪以来，汕头港基础设施建设进入新的阶段，具体表现为分期建设，规划性、科学性、前瞻性越来越强，出现了如前所述的项目梯队局面，而且，码头吨位越来越大，这些既是经济发展的需要，又是科学规划的结果。进入21世纪不久，汕头港编制了《汕头港总体规划》《汕头港广澳港区总体规划》，有力地指导了汕头港和广澳港区的建设发展。2007年6月，国务院批准同意广东省汕头港口岸广澳港区对外开放，极大地推动了汕头港的发展，也是汕头港将广澳港区作为今后重点发展港区的巨大动力，广澳港区岸线被列为《广东省港口布局规划》的重点岸线。[②] 2007年9月，汕头市委九届三次全体（扩大）会议出台《汕头市"十年大发展"战略规划纲要》，明确提出要把汕头港打造成东南沿海深水大港，形成区域交通航运中心，建设区域主枢纽港，全力开发建设以广澳港区、海门港区为龙头的深水港区，前五年重点建设汕头港广澳港区、海门港区，货物吞吐能力达到5000万吨、集装箱年吞吐能力达到120万标准箱以上，后五年继续完善广澳港区、海门港区，适时启动烟墩湾港区建设，港口货物吞吐能力达到1亿吨、集装箱

---

① 温锡通：《增创新优势，更上一层楼——汕头港世纪之交的回顾和展望》，《中国港口》，2001年第2期，第13—14页。

② 林馥盛：《国务院正式批复同意汕头港广澳港区对外开放》，《汕头日报》，2007年6月20日。

年吞吐能力达到300万标准箱以上，把汕头港建成适应到港船舶大型化、专业化，大中小各种泊位齐全、功能配套，集疏运体系便捷的现代化、多功能、综合性深水大港。①

2009年5月，国务院发布《关于支持福建省加快建设海西经济区的若干意见》，支持建设海西经济体。该经济体是以福建为主体，范围涵盖浙江南部、广东北部和江西部分地区，与珠江三角洲和长江三角洲两个经济区衔接，依托福州、厦门、泉州、温州、汕头五大城市所形成的对外开放、协调发展、全面繁荣的经济综合体。其战略定位之一为服务周边地区，发展新的对外开放综合通道，从服务、引导和促进区域经济协调发展出发，大力加强基础设施建设，构建以铁路、高速公路、海空港为主骨架主枢纽的海峡西岸现代化综合交通网络，使之成为服务周边地区发展、拓展两岸交流合作的综合通道。② 2014年7月，《汕头港总体规划（2012—2030年）》获批，根据规划，汕头港划分为榕江港区、老港区、珠池港区、马山港区、堤内港区、田心港区、南澳港区、广澳港区和海门港区，形成"一港九区"的规划发展格局。其中，老港区、珠池港区和马山港区已基本建设完成，珠池港区是目前汕头港深水泊位最多、规模最大的大型现代化港区；堤内港区、田心港区、南澳港区、榕江港区规划为预留发展港区；广澳港区和海门港区是规划期重点发展港区。广澳港区远期规划陆域面积23.8平方公里，可布置5000吨到30万吨级大型泊位75个；近、中期规划陆域港区面积13.6平方公里，规划布置39个深水泊位。海门港区规划陆域面积约990万平方米，规划布置34个深水泊位。③ 2016年5月，广东省发改委、交通运输厅组织编制《粤东港口群发展规划（2016—2030）》正式实施，明确汕头港为国家沿海主要港口和公共物流枢纽港，是广东参与21世纪海上丝绸之路建设的海上合作战略支点和海上通道重要支点之一，汕头港广澳港区为粤东港口群的核心港区和粤东公共物

---

① 方一庆、程满清：《汕头"十年大发展"豪迈开步》，《南方日报》，2007年9月28日。

② 《国务院关于支持福建省加快建设海峡西岸经济区的若干意见》，中国政府网，2009年5月14日，http://www.gov.cn/zwgk/2009-05/14/content_1314194.htm。

③ 《"汕头港总体规划（2012-2030年）"获批》，广东省交通运输厅，2014年8月1日，http://zwgk.gd.gov.cn/006939844/201506/t20150602_583914.html。

流枢纽港区。① 无疑，中央、省、市对汕头港未来的发展规划将极大地促进其发展。

（二）汕头港发展的新契机

汕头港具有良好的区位优势，位于珠三角、长三角两大经济区中间位置，丰富的华侨资源及华侨经济文化合作试验区的建设经验、传统客户主要是东南亚国家等因素，为汕头港迎来新的发展机遇。

汕头港的规划和建设不断迈上新的台阶。汕头市把汕头港港口建设作为全市的"头号工程"，全面开展汕头港的基础设施建设。2016年，全面启动广澳港区二期两个10万吨级集装箱码头工程等项目建设，广澳港区大型深水防波堤、10万吨级航道等配套项目正在加快推进，正在逐步打开港口大建设局面。② 同时，加紧完善规划编制工作，优化完善《广澳港区控制性详细规划》，谋划建设国际性大港，全力打造区域交通航运中心；出台《关于扶持汕头港集装箱运输发展的若干意见》，连续3年安排2000万元奖励新增近洋、远洋集装箱班轮航线（港澳台航线除外）、中转箱，以及进出广澳港区的拖车。③ 2016年5月编制的《粤东港口群发展规划（2016—2030）》决定在汕头周边地区形成"一核二重"分港区格局，在货物吞吐量、集装箱吞吐量和泊位通过能力等方面，制定2020年、2030年的发展目标。2017年3月，广东省铁路建设投资集团决定投资建设总投资约33亿元的汕头疏港铁路，以便进一步完善汕头港集疏运体系，提升汕头港区域中心港的地位。④

2016年，汕头市对汕头港的建设提出了新的规划。十二届全国人大四次会议期间，汕头市全国人大代表向大会提交了《关于支持汕头港建设的建议》，提出"十三五"期间广澳港区重点建设三期工程，拟建七个5万到15万

---

① 刘伟：《汕头港广澳港区明确为粤东港口群唯一核心港区》，《港口经济》，2016年第10期，第53页。
② 陈冬琪：《争取国家在政策资金上支持汕头港建设》，《汕头日报》2016年3月11日。
③ 魏盼生：《汕头港全速"向外"迈向深水大港》，《汕头日报》2016年1月14日。
④ 魏盼生：《投资约33亿疏港铁路今年开建，纳入国家铁路项目、完善汕头港集团疏运体系》，《汕头日报》，2017年3月10日。

吨级公用物流泊位，包括三个5万到10万吨级多用途泊位，三个10万吨级集装箱泊位，以及一个15万吨级散杂货泊位，总投资约100亿元，并希望国家在建设资金、政策方面给予扶持，更好地服务腹地经济，发挥汕头港的辐射带动作用。[①]

第四节　钦州港

钦州港位于北部湾北岸、钦州湾中部，背靠大西南，面向北部湾和东南亚，地理位置优越，是广西沿海三港（北海港、钦州港、防城港）的中心门户，[②] 有一港联五南（大西南、东南亚、越南、南宁、海南）之称，是我国对外开放连接印支和东南亚市场的要冲。[③] 钦州湾三面环陆，南面朝向大海，港湾呈葫芦状，地形隐蔽，水深浪静，避风条件好，泥沙不易淤积，港区水深最深达20多米，是我国西南海岸上的天然深水良港。[④]

一、钦州港港口建设成就巨大

钦州港是我国在20世纪90年代才开始建设的一个新兴港口，虽然如此，在钦州湾建设港口的设想却很早就得到了关注。早在20世纪20年代，孙中山先生在其《建国方略》中设想把拟议中的钦州港作为"南方大港"的二等大港来加以建设。[⑤] 然而，直到20世纪90年代，钦州港仍未建设开发。仅北海航运公司在龙门港设港务站，有码头一座，涨潮时可停靠400～500吨的船只

---

① 陈冬琪：《争取国家在政策资金上支持汕头港建设》，《汕头日报》，2016年3月11日。
② 董小玲：《钦州港发展形势分析》，《武汉交通科技大学学报》，1996年第1期，第63-65页。
③ 郭红强：《奋发进取创奇迹：钦州港的崛起——访广西钦州市市长刘嘉森》，《技术经济信息》，1996年第11期，第21-23页。
④ 莫永楷：《钦州港建港条件分析与发展战略研究》，《广西师院学报（自然科学版）》，1995年第2期，第6-11页。
⑤ 孙中山：《建国方略》，第三计划中第四"建设沿海商埠及渔业港"部分，1917—1919年。

3艘，年吞吐总量仅几十万吨。[①] 由于经济发展的需要、国际环境的变化以及深水大港在经济发展中的重要性等，钦州港的开发建设提上了议事日程。

1992年初，中央政府提出"要充分发挥广西作为西南地区出海通道的作用"，建设大西南通道。经国家交通三航院现阶段勘测设计，该港可建5个作业区、1万至15万吨级的深水泊位28个，建成后年吞吐量可达1亿吨，大西南及广西南宁方向的货物从钦州港出海，比从广州出海缩短731公里，比从北海、防城港出海也分别近了110公里和65公里。广西迅速调整发展战略，拨专款3500万元，重点建设开发钦州港。钦州地区也确立"建设钦州港，以港兴钦"的发展战略，自筹建港资金1.15亿元，其中包括当地干部群众捐资2300万元，全力投入建港。[②] 1992年8月开工建设，1994年1月钦州港两个万吨级码头正式投入使用，标志着钦州港的建设进入新的历史时期，结束了钦州有海无港的历史。1994年6月14日，国务院批准钦州港设立一类口岸，修建了进港一级公路。1995年7月，疏浚了万吨级航道并通过国家验收，还兴建了沙坪港及钦州港进港铁路，建设5个业主专用码头。[③] 1997年3月，两个万吨级码头通过国家验收。1997年6月，钦州口岸正式对外开放，结束了钦州"有港无关"的历史。1998年，已建成或在建的千吨级和万吨级泊位16个，已签协议准备建设的泊位22个。2000年9月，由广西壮族自治区支持的耗资1.51亿元的钦州港3万吨级进港航道扩建工程动工建设，2000年12月，钦州港二期工程两个5万吨级泊位也开工建设，这是钦州港第一个正式列入国家计划并争取外国政府贷款成功的项目。截至2000年，钦州港的码头建设已初具规模，建成了4个1万至3万吨码头泊位和3个2000吨至5000吨泊位，年吞吐能力达到300万吨；在建的深能5万吨级石油码头及红河水泥公司3万吨级专用码头等4个1万至5万吨级码头一旦建成，将使钦州港吞吐能力高达700万吨。[④] 2001年12月，钦州

① 彭永岸：《钦州港的环境条件和开发设想》，《地域研究与开发》，1993年第4期，第25—28页。

② 邓群：《孙中山先生梦圆时，广西钦州港万吨码头建成启用》，《中国行政管理》，1994年第3期，第25—26页。

③ 郭红强：《奋发进取创奇迹：钦州港的崛起——访广西钦州市市长刘嘉森》，《技术经济信息》，1996年第11期，第25—26页。

④ 马仕本：《钦州港瞄准临海工业》，《珠江水运》，2000年第2期，第36页。

港勒沟铁路专用线建成并投入运营。到2003年底，钦州港已建成投产的码头有钦州港一期工程万吨级泊位2个，中石化3万吨级油气泊位1个，广明万吨级油气泊位1个，国星5000吨级液化气泊位1个，中山港务2000吨到3000吨级泊位各2个；在建码头有钦州港二期工程5万吨级通用泊位2个，华润红水河码头5万吨级泊位1个，宏基码头5万吨级油气泊位1个，天昌码头5万吨级油气泊位1个，天盛码头7万吨级矿石泊位1个，还有在建的3万吨级的航道。① 计划建设的码头有钦州港三期工程5万吨级集装箱泊位1个、5万吨级散货泊位2个（水工部分按10万吨级设计）；海鑫集团钢铁厂15万吨级矿石泊位2个、1万到4万吨级泊位5个，钦州电厂10万吨级散货泊位1个，金光集团工业园项目配套2万吨级泊位10个，广西东油公司10万吨级码头1个，还计划建10万吨级深水航道。② 2006年底，天盛码头7万吨级矿石泊位建成投产。截至2007年，已建成投产泊位18个，其中万吨级以上7个，大型油气码头和7万吨煤码头等大型专业化码头相继投入使用，30万吨级油码头建设正加快推进。③ 2007年5月开始建设位于钦州港东港区内的大榄坪南作业区1~2号10万吨级集装箱泊位，2008年6月，钦州港至大榄坪铁路项目开工。2008年11月，经过将近五年的建设，2004年2月开工建设的钦州港10万吨级航道扩建工程Ⅰ、Ⅱ、Ⅲ标段顺利竣工，具备了通航条件。2008年12月，中国石油广西石化公司10万吨级原油码头竣工。到2008年，全长约31千米、宽160米、深13米的10万吨级深水航道建成，建成码头泊位26个，其中万吨级以上泊位11个，港口吞吐能力达到2400多万吨。④ 2009年9月，钦州港大榄坪1~2号10万吨级集装箱泊位建成，至此，钦州港已建成万吨级泊位13个，同时开工建设30万吨级航道工程。同时，2009年8月，钦州保税港区3~8号10万吨级多用途泊位开工建设。总体来说，"十一五"期间，钦州港港口基础设施建设力度空前，开发区共投入资金86亿元用于港口建设，⑤ 重点推进30万吨级航道、金鼓江航道建

① 《广西钦州港简介》，《世界海运》，2004年第1期，第56页。
② 《广西钦州港简介》，《世界海运》，2004年第1期，第56页。
③ 刘媛媛：《广西钦州港扩建航道预计年底完成》，《西部时报》，2007年4月3日。
④ 《钦州港：全力打造广西北部湾经济区核心工业区》，《经理日报》，2008年8月15日。
⑤ 王剑兰：《钦州港：阔步跨越发展最前列》，《经理日报》，2011年9月15日。

设，拓宽10万吨级航道，开工建设30万吨级油码头，加快推进30万吨码头以及10多个10万吨级泊位建设，建成投产的集装箱、煤炭、件杂货、散货、滚装、油气等泊位52个，其中万吨级至10万吨级泊位15个，建成万吨级、3万吨级航道和10万吨级航道。①

2010年3月，广西发布《广西北部湾港总体规划》，宣布整合防城港、钦州港和北海港三个港口资源，统称广西北部湾港，标志着泛北部湾区域国际航运中心的规划建设进入一个新的历史时期。2010年11月，国务院批准钦州港经济开发区升级为国家级经济技术开发区，是1996年6月成立省级钦州港经济开发区以来的重大成就。与此同时，国务院还批准钦州港口岸扩大开放，新增6个作业区即金鼓江作业区、大榄坪作业区、大榄坪南作业区、大环作业区、三墩作业区、三墩外港作业区；新增开放岸线28公里；新增开放泊位98个，其中包括30万吨级泊位1个。② 此外，扩大开放口岸，为"十二五"期间钦州港的继续发展提供广阔空间。2010年12月，钦州港30万吨石油减载平台码头工程开工建设，设计平台总长542米，两侧可停泊30万吨原油船。③ 2011年3月，钦州港10万吨水厂投产。2012年7月，自2009年9月起开工历时三年建设的钦州港30万吨级航道工程4标段完工并于9月通过验收，这是继2008年11月钦州港10万吨级航道扩建工程Ⅰ、Ⅱ、Ⅲ标段竣工后钦州港深水航道建设的又一重大成就。"十二五"期间，钦州港继续大力推进港口基础设施建设，进一步提高港口通航能力，加快推动10万吨级航道拓宽工程，加快钦州港大榄坪南作业区3~8号泊位集装箱化改造工程，大榄坪作业区12~13号泊位、勒沟作业区13~14号泊位工程，均达码头、国投钦州煤炭码头工程等重点项目。④ 至"十二五"末，钦州港已建成码头泊位83个，其中10万吨级以上泊位10多个，10万吨级航道拓宽工程、金鼓江航道和30万吨级主航道及深水支

---

① 徐海丽：《建设南方亿吨大港》，《科技日报》，2011年4月8日。
② 谢柱军：《钦州港口岸扩大开放与钦州市"五大方略"的关系》，《钦州日报》，2010年12月16日。
③ 田时胜：《我国最高最重圆筒在钦州港浇筑成功》，《钦州日报》，2010年12月21日。
④ 王湖禄：《钦州港集装箱吞吐量雄居广西第一》，《钦州日报》，2016年1月11日。

航道、30万吨级油码头等重点工程相继竣工投入使用。[①] 2015年，钦州港港口货物吞吐量达到6510.2万吨，集装箱吞吐量94.2万标准箱，同比逆势增长34.2%，集装箱吞吐量连续六年位居广西沿海港口第一，钦州港成为北部湾集装箱干线枢纽港的地位得到进一步巩固。[②] 钦州港"十二五"建设的巨大成绩为"十三五"的发展打下了坚实的基础。

二、以港兴市，以市促港，建立临海工业是钦州港发展的主要动力

众所周知，港口不仅是船只停靠点，还是交通枢纽，是公路、铁路、海路的联结点，交通转换中心，是人员、信息、资金、技术流动的节点，是物流中心、货物聚集和疏运点，更是产业集群集聚地，所以，港口在优化资源配置、促进国际国内贸易、带动地区经济发展方面作用重大。钦州建港，不是为建港而建港，而是为了促进城市经济、区域经济的发展。因而，钦州建港伊始就伴随着大规模的港口周边交通设施建设、产业集群建设。可以说，没有这些交通设施和产业集群建设，就没有钦州港的发展。钦州港初创之时，就有学者认为，建设钦州港，有利于形成多层次的北部湾经济圈，内层以钦州港、北海港和防城港三足鼎立的港口开放地区，中层与广东的雷州半岛和海南岛三边组成的历史上就有的钦—雷—琼三角地带，外层以钦州港及防城港、北海港为一方，以海南省的洋浦港为一方，以越南的海防港为一方组成国际性的"金三角"，如此，可将各方资源优势互补，形成北部湾经济圈。[③]

为此，20世纪90年代初钦州港初创时，即有计划有步骤地发展钦州港工业和交通设施，建设疏港铁路和口岸、港监、海关、商检等港口码头配套设施，加快招商引资步伐，结合项目建设，促进临海工业发展，形成大港口、大工业、大城市的格局，把钦州湾建设成集工业、农业、商贸、高科技为

---

① 卢庆毅：《攻坚克难磅礴前行》，《钦州日报》，2016年2月27日。
② 卢庆毅：《攻坚克难磅礴前行》，《钦州日报》，2016年2月27日。
③ 彭永岸：《钦州港的环境条件和开发设想》，《地域研究与开发》，1993年第4期，第25-28页。

一体的国际商埠。① 因此，钦州港建设的同时，建设了钦州港进港铁路，加紧建设一些重点工程如（黎）塘—（钦）州铁路、钦（州）—防（城港）和钦（州）—南（宁）高速公路、钦（州）—（灵）山一级公路等。建港头十年，钦州市以港口为依托，建设钦州港经济开发区，大力进行基础设施建设，建成了码头、仓储、公路、铁路、供水、通信等一批基础设施项目，以优惠的政策吸引了国内外客商。② 2004年下半年，钦州港又陆续开工建设"四路一网"（疏港大道、果鹰大道、5号路、1号路南段和污水管网）工程，2008年全面竣工。③ 紧接着，钦州港至六景高速公路开工建设，进一步完善了广西沿海高速公路网，有力地促进了钦州港的发展。"十二五"期间，钦州港陆海集疏运网络基本形成，"四铁两高"的交通路网已实现无缝对接，形成了辐射周边、腹地和海铁联运带动沿线的良好态势。④

在招商引资方面，钦州港大力"筑巢引凤"，推出优惠政策，吸引海内外客商投资。1996年，财政部投资的糖仓首先落户钦州港，1997年又有颂谦、地矿、广源、嘉伟等一批公司建码头和鑫港、边港等公司设油脂仓储。⑤到1998年，华联公司、国家物资储备局、广西国际信托公司等码头项目陆续动工，泰国汇商控股有限公司中外合资桑黛化工公司、香港宝顺船务公司等进入钦州港，钦州钢铁厂一期工程、中外合资亿港钦州仓储有限公司的棕榈油加工厂、广西国家食糖储备仓、5万吨聚苯乙烯工程等或进行前期准备工作或已经开工。⑥ 1999年4月，钦州市市长黄名汉认为，以港兴市要抓好四项工程，包括龙头工程、配套工程、效益工程、工业园，其中抓好工业园建设就是要尽快形成港口经济，要以港兴市，以港口的发展带动钦州市的经济

① 邓群：《孙中山先生梦圆时，广西钦州港万吨码头建成启用》，《中国行政管理》，1994年第3期，第25-26页；董小玲：《钦州港发展形势分析》，《武汉交通科技大学学报》，1996年第1期，第63-65页。

② 刘昆：《钦州港初步建成南方重要港口》，《光明日报》，2003年1月4日。

③ 卢庆毅：《钦州港"四路一网"工程建设全面竣工》，《钦州日报》，2008年9月4日。

④ 卢庆毅：《攻坚克难磅礴前行》，《钦州日报》，2016年2月27日。

⑤ 王明俊、许顺涛：《未来大港不是梦》，《中国海洋报》，2002年5月28日。

⑥ 马仕本：《钦州港展开大规模建设》，《珠江水运》，1998年第8期，第12页。

发展。[①] 1999年6月，第一个临港工业企业广西明鑫磷化工有限公司落户钦州港经济开发区。进入21世纪后尤其是中国加入WTO、中国东盟自由贸易区的建立和国家西部大开发战略的实施，钦州港迎来了新的发展机遇，一批临海工业项目落户钦州港，包括木薯综合利用开发示范工程、田东沥青油技改工程、燃煤发电厂等一批工业项目。[②] 建港头十年，钦州港开发区在建工业项目11个，已竣工或部分竣工投产的工业企业有宏基润滑油厂等7个，25万吨吉运粮油综合加工项目、50万吨沥青厂和广西大型临海工业园区路网工程、年产酒精50万吨的广西木薯综合加工示范工程、钦州大型有色金属综合加工项目等一批重大项目相继开工。[③] 到2006年，钦州港已成功引进70多家企业，其中"前港后厂"式的临港工业企业30多家。[④] 2007年，钦州港开发区引进项目14个，中石油、中石化、国投电力、壳牌公司、中化国际、印尼金光、（中国）台湾正新、香港华润、中国外运、中房地产、中国海运等大企业集团进驻钦州港经济开发区，临海工业已基本形成石化、林浆纸一体化、能源、冶金、粮油加工五大支柱产业。[⑤] 截至2008年，共有26户工业项目落户开发区，已建成投产的工业项目有东油沥青、国投钦州燃煤电厂、新天德能源、大洋粮油等18个，在建工业项目8个，其中中石油1000万吨炼油项目、金桂林浆纸一体化工程、钦州燃煤电厂3个为国家级重大项目。[⑥] 就数量来说，到2013年底，钦州市共引进100多个临港工业企业。[⑦] 至"十二五"末，钦州港区落地和即将落地的重点临港工业项目总投资超过1500亿元，开发区初步形成了石油化工、装备制造、现代物流、能源工业、粮油加工业和林浆纸业的特色鲜明的六大主导产业体系。[⑧] "十三五"规划开局良好，2016年一季

---

① 杨首宪：《钦州市长谈钦州港建设》，《珠江水运》，1999年第7期，第40—41页。
② 王明俊、许顺涛：《未来大港不是梦》，《中国海洋报》，2002年5月28日。
③ 何翠芬：《钦州：正在崛起的临海工业城市》，《广西经贸》，2003年第2期，第11—13页。
④ 颜士友、昌慧东、吴弋、王波：《民资建港看钦州》，《连云港日报》，2006年4月13日。
⑤ 王剑兰：《更好更快地发展港口大工业——访钦州港经济开发区副主任沈少红》，《经理日报》，2008年4月30日。
⑥ 《钦州港：全力打造广西北部湾经济区核心工业区》，《经理日报》，2008年8月15日。
⑦ 卢庆毅：《钦州港海阔凭鱼跃》，《钦州日报》，2014年12月2日。
⑧ 卢庆毅：《攻坚克难磅礴前行》，《钦州日报》，2016年2月27日。

度，钦州港开发区开工项目10个，此外2016年3月新签约4个项目，其中包括宏大双氧水、力山油酸及下游产品深加工、天盛码头配套加气站3个超亿元项目。[①]

钦州港还致力于打造成为中国南方主要的锰矿集散地，"十一五"末期成为全国锰矿进口第一大港，成为我国最大的锰矿进口口岸和新的锰矿集散中心，澳大利亚必和必拓（BHP Billito）公司、新加坡澳锰（OM）公司、法国埃赫曼（Eramet）集团的康密劳（Comilog）公司、澳大利亚联合矿业（CML）公司、巴西淡水河谷（CVRD）公司、亚洲矿业（AML）公司等全球矿业巨头和六大主流锰矿供货商云集钦州港，国内企业不断从钦州港进口原料锰矿，钦州港已成为我国重要的锰矿集散中心市场，钦州港进口锰矿成交价成了国内锰矿行业市场的指导价。[②] 2012年，国投钦州电厂二期工程开工建设，澄星集团钦州磷化工产业园项目启动，建设全国最大磷化工基地起步。经过多年的招商引资及大项目的拉动，钦州市尤其是钦州港成为汇集发展要素的产业"洼地"，长期以来，钦州有两个梦想，一个是"石油梦"，一个是"装备制造梦"，[③] 2014年8月，广西石化公司含硫原油加工配套工程全面建成投产。到此，以中石油项目为依托的钦州港36平方公里的石化产业园发展迅猛，落户园区的规模以上石化企业项目36个，总投资达472亿元，成为广西北部湾经济区首个产能跨入千亿元的产业园区，[④] 可以说，"石油梦"已经实现，钦州港成为西南最大的石化基地。"装备制造梦"，也正在逐步实现，2013年"中船集团"超过100亿元的大型海工修造基地项目敲定，年产值达400亿元的汽车制造项目进展顺利，[⑤] 钦州步入现代装备制造业时代。

---

① 黄富：《钦州港招商引资迈好第一步》，《钦州日报》，2016年3月9日。
② 卢庆毅：《钦州港成为全国锰矿进口第一大港》，《钦州日报》，2010年8月17日。
③ 韦义华：《钦州港：从小渔村到大港口》，《钦州日报》，2013年4月10日。
④ 卢庆毅：《钦州港海阔凭鱼跃》，《钦州日报》，2014年12月2日。
⑤ 韦义华：《钦州港：从小渔村到大港口》，《钦州日报》，2013年4月10日。

三、科学规划和定位为钦州港建设发展指明了方向

钦州港初创前后，有关钦州港发展规划和定位讨论较多，如学界认为，任何一个发达的国家和地区都是充分利用其优越自然环境发展起来的，包括日本、亚洲四小龙等都是利用港口资源丰富的条件，发展临海型的工业，带动本国各行业的飞速发展，[①] 因此，钦州港要利用优势建立临海工业，事实上，钦州港建港伊始也是沿这条路走的。1993年，钦州确立了"建设钦州港，以港兴钦"的发展战略。1994年，钦州改为地级市，提出了"以港兴市"的口号。1997年6月，钦州港一类口岸正式对外开放。1999年11月，钦州市把钦州港定位为临海工业港，提出了加快临海工业发展的基本工作思路，制定"以港兴市，以市促港，项目支撑，开放带动，建设临海工业城市"的发展战略，更加明确了钦州港的发展方向。而且，根据广西重新编制的《广西南北钦防沿海经济区发展规划纲要》，把北海、钦州、防城港作为一个大港规划，对三个港口进行分工，明确指出钦州是临海工业城市，要把钦州建设成为新兴的工业基地。[②] 2004年上半年，历时13年，四易其稿的《钦州港总体规划》编制完成，规划钦州港港口岸线总长近68公里，按区域分为钦州港中区、东区、西区、南区和大风江岸线共五个区，可规划布置1万～30万吨级泊位约200个，港口远期吞吐能力可达亿吨以上。[③]

2008年1月，国家批准实施《广西北部湾经济区发展规划》，根据空间布局和岸线分区，把北部湾划分为五个功能组团，分别是南宁组团、钦（州）防（城港）组团、北海组团、铁山港（龙潭）组团、东兴（凭祥）组团，其中指出钦州市重点建设钦州主城区、钦州港区和三娘湾滨海区，钦（州）防（城港）主要包括钦州、防城港市区及临海工业区及沿海相关地区，发挥深水大港优势，建设保税港区，发展临海重化工业和港口物流，成为利用两个

---

① 李小钊：《广西钦州港亟待投资开发》，《海洋与海岸带开发》，1993年第3期，第46—49页。
② 马仕本：《钦州港瞄准临海工业》，《珠江水运》，2000年第2期，第36页。
③ 田时胜、梁忠建：《钦州港远期吞吐能力可达亿吨》，《中国水运报》，2004年3月26日。

市场、两种资源的加工制造基地和物流基地。^① 在《广西北部湾经济区发展规划》指导下，钦州市全面贯彻实施"以港兴工，三化互动"，按照"高起点谋事，高效率办事，高质量成事"的工作要求，突出工作重点，全力抓好重大项目建设、保税港区的配套建设等，努力实现开发区经济社会的又好又快发展。^② 2008年5月，钦州港大榄坪设立我国西部沿海第一个保税港区，成为面向国际开放开发的区域性航运中心、物流中心和出口加工基地。

2010年5月，广西发布《广西北部湾港总体规划》，宣布整合防城港、钦州港和北海港三个港口资源，统称广西北部湾港，确立了广西北部湾港"一港、三域、八区、多港点"的港口布局体系，将北部湾港定位为我国西南沿海地区港口群和西南出海大通道的重要组成部分，国家综合运输体系的重要枢纽，服务"三南"（西南、华南和中南）的泛北部湾区域国际航运中心；使广西北部湾经济区发展成为国际区域经济合作新高地，我国沿海经济发展新一极的核心战略资源；是广西及"三南"地区对外开放、参与经济全球化、全面实现小康社会的重要平台，是建设中国—东盟自由贸易区的重要支撑。《广西北部湾港总体规划》将钦州港定位为临港工业开发和保税物流服务为主的地区性重要港口，近期主要依托临港工业开发和港区保税功能拓展，形成以能源、原材料等大宗物资和集装箱运输为主的规模化、集约化港区，远期将发展成为集装箱干线港，为广西重化工业产业带的重要支撑，为西南地区利用国际国内两个市场、两种资源服务。^③ 2010年11月，中央政府批准同意钦州港经济开发区升级为国家级经济技术开发区，正式跻身"国家队"。

2011年，钦州市提出了"十二五"发展的指导思想和战略任务，即明确"一个目标"、实施"五大方略"、推进"十大工程"，一个目标即"三枢纽一新城"，把钦州建设成为区域性国际航运物流枢纽、产业合作枢纽、市场交易枢纽和宜商宜居海湾新城；"五大方略"即"建大港、兴产业、造新

① 《广西北部湾经济区发展规划》，2008年1月，http://gx.people.com.cn/n/2015/0522/c371361-24965939.html。
② 张如月：《以港兴工托出钦州明天的辉煌》，《钦州日报》，2008年3月27日。
③ 冯梓剑：《广西北部湾港横空出世》，《南宁日报》，2010年5月6日。

城、强科教、惠民生"其中"建大港、兴产业、造新城"是钦州发展的三大引擎；"十大工程"紧扣"五大方略"，以抓工程的形式推进工作任务落实。[1] 2011年秋，钦州市第四次党代会提出建设"区域性国际航运物流枢纽、产业合作枢纽、市场交易枢纽、宜商宜居海湾新城"。[2]

通过以上梳理，中央、自治区、市对钦州港发展的规划和定位是环环相扣，逐步推进的。建港初期，并未明确定位钦州港发展目标，因为钦州港当时处于初创阶段，未来发展尚未可知。而且，从钦州市的角度来看，建设钦州港的目的是为了发展钦州市，钦州港初创阶段是服务于钦州市经济发展的。到20世纪末，钦州港的建设定位仍然没有超出促进钦州市发展的范畴，但已经把钦州港建设提升到与钦州市发展同等位置，即"港兴市，市促港"，提升了钦州港建设在钦州市发展中的地位。而且，重新编制《广西南北钦防沿海经济区发展规划纲要》明确指出钦州是临海工业城市，要把钦州建设成为新兴的工业基地，也在一定程度上说明钦州港建设要为钦州市发展目标服务。正因为如此，这一阶段钦州港建设主要是港口基础设施的建设，重点是建设码头、疏浚航道。

在钦州港港口基础设施建设的基础上，工业园区、保税港区的建设，优惠政策的推行，吸引了国内外大公司、大项目落户钦州港，实现了钦州港建设"临海工业港"的目标。在此背景下，2008年1月开始实施的《广西北部湾经济区发展规划》将钦州港定位为加工制造基地和物流基地，说明钦州港的建设开始超出促进钦州市发展的范畴，放眼广西北部湾沿海地区。2010年5月发布的《广西北部湾港总体规划》，将"三港合一"的北部湾港定位为国家综合运输体系的重要枢纽、泛北部湾区域国际航运中心、对外开放及参与经济全球化的重要平台、建设中国—东盟自由贸易区的重要支撑，接着提出了经过简化的"三枢纽"定位即区域性国际航运物流枢纽、产业合作枢纽、市场交易枢纽。说明钦州港的定位已经完全越出了广西的范畴，放眼国际国内

---

① 《张晓钦：建大港、兴产业、造新城》，2011年1月20日，http://roll.sohu.com/20110120/n302338941.shtml。

② 蔡银菊：《龙腾钦州港——钦州港二十年发展纪实》，《钦州日报》，2012年9月21日。

两个市场，大大提升了钦州港的建设和发展空间，由内生型港口向外向型港口转型。钦州港规划和定位的提升，既是对钦州港以往建设成绩的肯定，又是为钦州港未来发展设立新的更远大的目标。因此，钦州港才能在短短20余年的时间里得到迅速发展。

四、积极参与"21世纪海上丝绸之路"建设

《推动共建丝绸之路经济带和21世纪海上丝绸之路的愿景与行动》提到西南地区时提出发挥广西与东盟国家陆海相邻的独特优势，加快北部湾经济区和珠江—西江经济带开放发展，构建面向东盟区域的国际通道，打造西南、中南地区开放发展新的战略支点，形成21世纪海上丝绸之路与丝绸之路经济带有机衔接的重要门户。可看出，广西地区港口在加速区域开放方面意义重大。虽然钦州港未列入要重点加强建设的沿海城市港口之列，但这并不妨碍钦州港积极发展与东南亚各国港口的合作。据有关统计，截至2012年，钦州港有22家企业有国际贸易往来，与钦州港有贸易往来的国家和地区主要有东盟、南美洲、大洋洲、中东、西欧等，进口货种以石油液化气、原油、锰矿、木薯干头、大豆、棕榈油、无烟煤、机械等为主，主要出口的货种有高碳锰矿、磷酸、酒精、金属锰锭、机械等。①

事实上，加强与东南亚各国港口的合作一直是钦州港的重点发展方向，钦州港建港以来一直积极地引进国内外大企业和大项目投资落户，积极发展与东南亚各国港口的业务往来。如酒精厂所使用的原料木薯有一部分是从越南进口，产品也主要输往国外市场。②另外，钦州港已成为锰矿集散地，进口锰矿主要来自澳大利亚、巴西、南非、印度、印度尼西亚、越南、马来西亚、泰国、加纳、加蓬等国家，主要发往中国西南各省区的工厂提炼加工。③

2009年2月，钦州港为提升竞争力、培育航线，采取补贴的方式开通到

---

① 蔡银菊：《龙腾钦州港——钦州港二十年发展纪实》，《钦州日报》，2012年9月21日。
② 颜士友、昌慧东、吴弋、王波：《民资建港看钦州》，《连云港日报》，2006年4月13日。
③ 周化虹：《钦州港成为锰矿集散地》，《钦州日报》，2009年10月13日。

香港集装箱定期班轮航线，由原来不定期的每周一班增加到每周五个定期航班，使钦州港至香港的物流周期由原来的8到10天缩短到1.4天，[①] 通过香港中转到达世界各地港口。2010年1月，钦州港开通集装箱班轮南北直航首航，标志着钦州港集装箱运输向规模化、现代化迈出重要一步。[②] 2010年8月，钦州港开通首条通往东盟国家的直达航线，即钦州港—越南海防港外贸集装箱航线开通，将运输时间缩短一半以上，是钦州港建设国际航运中心、物流中心和出口加工基地的重要里程碑。为开通更多的外贸航线，广西为从钦州港到东盟国家港口到航线提供补贴。2013年2月，钦州港开通到新加坡港的国际直航集装箱航线，3月，钦州港开通到泰国曼谷港直航航线，还开通到中国台湾高雄港航线，提高了港口的吞吐量。截至2013年底，钦州港开通外贸航线7条，内贸航线10条，[③] 到2014年外贸内贸航线达到22条，2015年钦州港共开通运营内外贸集装箱班轮直航23条。在持续努力之下，2011年钦州港成为全国进口锰矿量第一大港，主要来自澳大利亚、南非、马来西亚、加蓬、保加利亚等10多个国家，涵盖世界主流锰矿产地；2012年、2013年钦州港连续两年成为全国海上过驳原油第一大港，进口原油主要来自澳大利亚、阿尔及利亚、叙利亚、刚果、安哥拉、越南、苏丹、加蓬、俄罗斯等国家。[④]

钦州港积极将自身的发展与"21世纪海上丝绸之路"建设紧密结合起来，重点建设中国—东盟港口城市合作网络钦州基地，构建以钦州为基地覆盖东盟国家47个港口城市的航线网络，加快钦州港与东盟国家主要港口城市互联互通，打造面向中国—东盟合作的区域性国际航运物流中心。在此背景下，2014年9月，钦州港与马来西亚关丹港、柬埔寨西哈努克自治港签约成为姐妹港。2015年9月，钦州港与老挝琅勃拉邦港达成了合作共识，共建中国—东盟港口城市合作网络。[⑤] 2014年10月，钦州港开通了钦州港—韩国—印尼—泰国—越南班轮航线，是钦州港开通的首条与东盟国家集装箱直航班轮

① 田时胜：《钦州港至香港集装箱定期班轮航线开通》，《钦州日报》，2009年2月24日。
② 田时胜：《钦州港集装箱运输迈向规模化现代化》，《钦州日报》，2010年1月26日。
③ 卢庆毅：《钦州港集装箱吞吐量飙升》，《钦州日报》，2013年10月8日。
④ 韦文波：《钦州港蝉联中国原油过驳第一港》，《钦州日报》，2014年1月27日。
⑤ 陆崇林：《推动钦州港与琅勃拉邦港缔结姊妹港》，《钦州日报》，2015年9月19日。

航线，缩短了交割时间，提高了效率，降低了成本。2015年2月，钦州港开通钦州港—盐田—蛇口—胡志明—洋浦—钦州港集装箱班轮航线，这是钦州港开通的第二条东南亚集装箱班轮航线。

总的来说，近年来钦州港积极增密与东南亚各国港口航班航线，打造港口联盟，加速海上互联互通，促进钦州港更好更快的发展，早日成为国家综合运输体系的重要枢纽和泛北部湾区或国际航运中心。

第五节　海口港

比起广州港、湛江港、汕头港等港口宏大的建设规模和在古代海上丝绸之路上的重要地位，海口港无论是古代发展演变，还是现代建设都稍显逊色，但这并不意味着海口港的未来发展无足轻重，尤其是对海南来说，随着经济的发展和国际旅游岛的建设，海口港的地位将愈来愈重要。

一、中华人民共和国成立前的海口港

海口市是海南岛最大的城市，是海南的政治、经济与文化中心，位于海南岛北端的南渡江口，是海南岛对外联系的主要通道。海口港最早因1858年《天津条约》被迫开放为通商口岸，1876年设立琼海关，西方列强船只往来海口，外贸日益发展。1926年海口设市。海南岛虽然在古代"海上丝绸之路"上发挥了重要的作用，但海口港在其中的影响甚小、地位较低，远不如广州港、湛江港等港口重要，即便如此，广州港、湛江港等港口在中华人民共和国成立前基本上处于自然状态，只进行过少量的现代化建设，何况地位不那么重要的海口港，更是完全的处于自然状态，虽有过建设，但无果而终，所谓的港口，仅仅用于停泊船只而已。

虽然海口港在古代海上丝绸之路上的地位和影响较弱，但由于海南岛是一个岛屿的地理位置特点，海口港作为海南岛对外联系的主要港口，对海南岛来说地位极其重要。陈正祥经过考察得出结论认为，海南岛所有各县货物基本上以海口港为出海口，使用帆船将货物运送到海口港，抗战前这些帆船达3000余艘，载重大概5吨到50吨不等，每年可运载货物5万多吨，然后使用50吨至500吨不等的容量较大的帆船从海口港往返越南、泰国和南洋其他各地，当时有这样的大帆船约100艘，依靠冬季的东北风，次年的西南季风往返。而且，来往海口港的轮船专航者甚少，大多数为中途经过之船，如往来于中国香港和越南海防、中国香港到新加坡、中国香港到泰国的航线，中途经过海口港停泊搭载乘客，其中以香港—海口—海防航线最多。①

然而，由于海口港泥沙淤积、航道狭窄，轮船无法进港，只能停在海面用小船接驳货物和人员进港，耗时费力，极不方便，严重影响了港口的效率和效益。随着海南经济的发展，海口港的客运、货运逐渐增多，海口港现状难以满足需求，改建、扩建港口提上日程。

清王朝覆亡后，海南地方当局曾打算建设海口港，聘请德国工程师实地勘测，但由于工程耗资巨大而未能进行。1928年，海南当局又制定了海口港改造计划，包括新建木船停泊点、建筑码头和购置起重机、建设道路和桥梁、挖深进港水道、建设验货厂和电灯厂等，同样因为经费问题而无法动工。1933年10月，海南成立"琼崖各界筹建海口港码头委员会"，该委员会采取派认码头股份（商业股、租额股、薪俸股、船只股、捐税股）的方式筹集建港资金，到1935年建成简陋的书场码头，但因为距离大轮船停泊之处尚远，又不得不另置小轮船和汽车以供转驳之用。② 1936年，也曾打算建设海口港，但被日本全面侵华打断。1939年2月，日军占领海南岛，海口港被日军用于运送军需物资，港口码头建设基本为零，甚至原有设施也被毁坏。抗战胜利后，国民党政府忙于内战，海口港仍然破败不堪，处于自然状态。

与广州港、湛江港等港口一样，海口港是孙中山先生《建国方略》中要建设的九个三等港之一，孙中山先生认为，海口港位于海南岛之北端，琼州海峡之边，与雷州半岛之海安相对。海口与厦门、汕头俱为条约港，巨额之移民赴南洋者，皆由此出。而海南固又甚富而未开发之地也。已耕作者仅有

---

① 黄启臣主编：《广东海上丝绸之路史》，广东经济出版社2003年版，第645页。
② 蒋祖缘主编：《广东航运史（近代部分）》，人民交通出版社1989年版，第249、第250页。

沿海一带地方，其中央尤为茂密之森林，黎人所居，其藏矿最富。如使全岛悉已开发，则海口一港，将为出入口货辐辏之区。海口港面极浅，即行小船，犹须下锚于数英里外之泊船地，此于载客、载货均大不便。所以海口港面必须改良。况此港面，又以供异日本陆及此岛铁路完成之后，两地往来接驳货仪之联络船码头之用也。[①] 虽然如此，如新中国成立前其他港口一样，由于政治、经济等方面的原因，孙中山先生描绘的港口建设愿景无法完成。

二、中华人民共和国成立后海口港的发展

1950年5月1日，海南岛解放。当时海口港分为内港和外港，外港即秀英港，也就是通常所说的海口港。由于海南岛经济发展较为落后，海口港的建设速度和规模与广州港、湛江港相比相对有限。《广东地志》记载，一开始仍然是因为南渡江淤塞，海口港港口水浅，较大轮船不能直接靠岸，客货上落全靠小船转驳，直到20世纪70年代末，海口港建设仍然不多，后来修建了一条小铁路、一座120米长的客货码头、一座300米长的重力式客货码头，水深6米，包括3个泊位，可同时停靠三艘3000吨级的客货轮船。到20世纪80年代中期，海口港已经建有码头7座，其中1984年新建的客运码头全长160米、水深6米、可靠泊3000吨到5000吨级客货轮一艘、年旅客通过能力12万人次，大大缓和了海口港客运紧张状况。[②] 与此同时，海南岛经济开始快速发展，中央领导多次视察海南，作出指示和决定，要求加快海南岛的开发建设，以海口和三亚为支点建成了海南岛的陆上公路网。经济发展也呈现加速趋势，海南岛已开放促发展，积极进行招商引资，橡胶、机械、电力、石油等门类逐步发展起来，建立了钢铁厂、机械厂、电机厂、造船厂等，经济建设有了一定的成就。

经济发展拉动了对港口的需求，海口港的大规模建设也逐渐提上日程。1984年，为改变海口港的落后状况，实行客货分流，提升海口港的生产效率，交通部决定投资942万元对海口港老港区进行挖潜改造，包括新建码头岸

---

① 孙中山：《建国方略》，第三计划中第四"建设沿海商埠及渔业港"部分，1917—1919年。
② 李瀛洲：《正在加快建设的海口港》，《航海》，1985年第5期，第16页。

线312米、仓库7000多平方米、客运联检楼9000多平方米，以及相应的堆场、机械、船舶、道路、环保等，到1985年底基本完成。[①] 此外，"六五"期间还确立了建设包括煤炭散货和普通件杂专用的两个5000吨级泊位的码头重点工程，投资6995万元，1985年3月动工，1986年4月，泊位主体工程建设完成并投产，1986年12月通过验收，每年为海口港增加货物通过能力55万吨。[②] 该项目的完成，极大地促进了海南建省办特区后经济的发展，出色地完成了生产运输任务。此后直到20世纪末，海口港有生产泊位15个，其中万吨级泊位3个，5000吨级泊位2个，3000吨级泊位3个，还有可以同时停靠10艘客滚船作业的轮渡码头。[③] 此外，海口港并未有大规模的基础设施建设，主要限于购置船舶、扩建轮渡码头、优化生产流程、加强现代化管理、进行体制机制改革等。

由于货物吞吐量、人员流通量大大超过港口原有设计能力，进入21世纪后，海口港基础设施建设迎来新的高潮。"十五"规划期间，2003年4月，中央和地方政府批准立项，决定建设海口港二期深水泊位工程，计划投资10亿元人民币新建六个深水泊位，分别是一个1.5万吨级的多用途泊位，两个2万吨级通用泊位，两个3.5万吨级集装箱专用泊位，一个3.5万吨级的国际客运兼通用泊位。[④] 2004年是海口港发展的一个重要转折期，10月，国务院批准扩大海口港开放，将海口港水域从秀英港向东扩至新港（含海甸港），向西扩至马村港，对外统称"海口港"，水域统称"海口港水域"，形成"一港多区"。[⑤]

由于海口港深水码头泊位等级较低，数量少，码头通过能力明显不足，不适应现代运输潮流的发展，港口发展与城市发展之间的矛盾也日益突出。

---

① 陈伟岗：《海口港老港区码头扩建改造工程基本完成》，《水运工程》，1986年第2期，第32页。

② 杜清茂、陈伟岗：《海口港两个五千吨级泊位简易投产》，《水运工程》，1986年第5期，第60页；韩升畴、陈伟岗：《海口港两个5000吨级泊位工程竣工》，《水运工程》，1987年第3期，第38页。

③ 曾涛：《浅议海口港建设物流中心的优势》，《中国港口》，2002年第11期，第39页。

④ 《海口港将建二期工程》，《珠江水运》，2002年第10期，第29页。

⑤ 杨春虹：《马村港新港有望对外轮开放》，《海南日报》，2004年12月30日。

海南省"十一五"规划要求开工建设海口港秀英港区二期、海口港新海港区汽车轮渡码头、海口港马村港区（一期、二期）。2006年8月，海南省"十一五"重点建设项目海口港二期工程正式开工建设，包括新建两个3万吨级（结构按5万吨级）、3个1.5万吨级和1个1万吨级集装箱泊位及相应的港口配套设施，其中一个泊位兼靠国际邮轮。[1] 2008年，海口港3万吨级航道竣工，同年12月，海口港二期深水泊位主体工程通过临时使用论证，2009年6月试运行，2013年4月正式对外启用，改变了海口港无专业国际邮轮泊位的历史，推动海口港迈向环北部湾集装箱中心枢纽。[2] 与此同时，2007年12月，海南省"十一五"规划重点建设项目海口港马村中心港区一期工程动工，工程计划分两期完成，一期工程建设规模为5个2万吨级散杂泊位，年设计吞吐量265万吨；二期扩建工程规模为4个5万吨级件杂泊位，年设计吞吐量为250万吨。[3] 2010年7月，历经两年多建设的马村港区扩建一期工程主体部分完工。2009年开始先后启动海口港5000吨级航道拓宽疏浚工程及海口新港航道疏浚工程。

进入"十二五"时期，海口港基础设施建设继续推进。海南省"十二五"规划要求重点推进马村港扩建二期工程、新海港区汽车客货滚装码头一期起步工程和国际邮轮母港建设。2011年，海口港新开工重点项目包括马村港区扩建二期工程、马村港区二期5万吨级航道及防波堤、新海港区汽车客货滚装码头一期航道防波堤、海口港3万吨级航道2011年度维护疏浚工程等。2012年3月，海南省"十二五"重点建设项目海口港新海港区客货滚装码头工程正式开工，总投资24亿元。该项目分两期建设，其中一期建设1个5000吨级汽车滚装泊位和9个3000吨级汽车滚装泊位，同时配套建设综合客运大楼等辅助生产和生活设施；二期建设8个5000吨到10000吨级的汽车滚装泊位，项目完工后，将建成18个3000吨到10000吨级泊位，年吞吐能力超过310万辆次和2000

---

① 卓上雄、王红生、吴运旺：《海口港二期工程动工，港区布局及功能开始调整》，《中国水运报》，2006年8月21日；谢向荣：《海口港秀英片区突出货运和商旅》，《海南日报》，2008年3月15日。

② 李坤东：《海口港二期深水码头对外启用》，《海南日报》，2013年4月2日。

③ 谭丽琳：《海口港中心港区建设拉开序幕》，《海南日报》，2007年12月21日。

万人次，成为海南岛运输中心和旅客集散中心。[①]

2012年6月，海南省与中交第四航务工程局签署了"海口港马村中心港区、新海港区汽车客货滚装码头投资及工程总承包项目"协议，采取"建设—移交"模式积极引进中交集团投资建设马村港扩建二期、三期、四期和新海港区汽车客货滚装码头一期、二期（分别建设10个和7个万吨级滚装泊位，码头岸线总长1225米，年设计通过能力合计为车辆270万辆车次、旅客1800万人次）等工程。[②]2015年12月，新海港区一期工程开始运营，主要包括十个万吨级滚装船泊位。同时，海口港马村港区三期工程开工，建设一个集装箱码头（包括两个5万吨级集装箱泊位，结构按可靠泊7万吨级集装箱船设计，以及1个1万吨级集装箱泊位和工作船码头一座等相关的配套设施）和一个散货码头。[③]2017年7月，新海港区汽车客货滚装码头二期工程基本完工，三期快船泊位工程正在全力推进。

三、海口港规划、定位的演变与海口港的发展

港口规划与定位体现了港口发展方向与目标，港口的规划与定位是在客观分析港口现状的基础上，发现自身优势和不足，找到具备科学性、可操作性的发展方式和路径，进而设定未来的发展目标。相对于国内其他大港来说，海口港作为规模、吞吐量及发展速度等方面都有限的港口，对港口未来发展进行科学规划和定位以促进发展尤为重要。简要回顾海口港在规划、定位方面的发展演变，有助于理解海口港的发展。

英法迫使清政府签署不平等的《天津条约》，将海口港列为"通商口岸"，开辟为商埠，这自然不是什么规划和定位，而是便利了西方殖民主义者的经济入侵。中华人民共和国成立后，在相当长的一段时间内，虽然海口港是海南岛货物、人员进出的主要通道，但是，海口港发展缓慢，基础设施

---

① 张中宝：《海口港新海港区客货滚装码头动工》，《海南日报》，2012年3月24日。
② 彭青林、张中宝：《"省队"与"国家队"合作打造北部湾亿吨大港，海口港马村及新海港区BT建设合同签约》，《海南日报》，2012年6月28日。
③ 黎光：《海口港马村港区三期工程开工》，《海口日报》，2015年12月27日。

建设薄弱，其主要原因之一应是海南岛经济发展落后，对港口的利用有限，港口基础设施建设缺乏应有的动力。

改革开放以后，海口港的发展进入新的阶段。1983年4月1日，中共中央、国务院批转了《关于加快海南岛开发建设问题讨论纪要》，海南地方政府积极招商引资，促进经济发展，取得了重大成绩，作为客货集疏的综合性港区，海口港建设提上日程，新建了海口港两个5000吨级泊位，为海南经济发展提供了有力的支撑。虽然如此，海口港发展仍然缓慢。1994年，海口港港口吞吐量为700万吨，2000年港口吞吐量为807万吨，六年时间只增加100余万吨，其间还出现连续三年亏损。海口港发展缓慢，有着多方面的原因，但缺乏科学规划和定位也应该是海口港发展滞后的重要因素，海口港虽是我国沿海25个港口之一，但实际上只是一个"运输中心"，主要提供船舶停靠、海运货物装卸、转运和仓储等服务。[①]

进入21世纪后，海口市总体规划中将海口港定位为以集装箱、国际客运和滚装轮渡船运输为主，杂件装卸为辅的现代化港口。基于此定位，"十五"规划期间，海口港确定了建设二期深水泊位工程和扩大海口港区域，形成"一港多区"，加快了海口港的发展。

2006年5月，海南省审查通过了《海口港总体布局规划》，将海口港定位为综合型多功能港口，认为海口港是海南的综合运输中心，是对外交通的主要口岸及能源、原材料的转运中心，是陆岛海峡运输的客货集散地、发展外向型经济、开发临海工业的重要依托，而且是国际集装箱运输的干线港和我国沿海的主枢纽港之一，港口选址、布局和规模从自然、环境、资源、空间的角度来考虑水域及岸线的开发利用，重视开发与保护环境的协调，力求做到污染控制基本达到"生态省"的要求。[②]《海口港总体布局规划》还对合并后的海口港各港区重新进行功能分区，其中秀英港区主要发展集装箱、商品汽车滚装运输和客运，兼顾大型邮轮停靠；海甸港区主要用作城市综合开发，为滨海旅游服务，建游艇休闲渔人码头和海上观光旅游娱乐中心；新海

---

① 高虹、谢曦：《海口港：港城结合分区发展》，《海南日报》，2006年9月8日。

② 赵颖全、陈涛：《海口港将建海南综合运输中心》，《中国水运报》，2006年5月31日。

港区主要建成过海公路及铁路轮渡主通道；马村港区建设成为海口港的综合性中心港区，以大中型集装箱运输为主，大宗散杂货运输为辅。① "十一五"期间，海口港虽然仍未摆脱"运输中心"的影子，在布局、功能等方面仍有不足，但已经迈出了新的步伐，在"三港合一"的背景下，"一港多区"与港区功能划分已经完成，推动以港带城、以城促港、港城共荣，海口发展进入提速阶段。2008年，海口港集装箱吞吐量超过31万标准箱，成为环北部湾率先突破30万大关的港口。2009年，海口港货物吞吐量为2967.9万吨，其中集装箱吞吐量为43.52万标准箱，创历史新高。② "十一五"规划结束之年的2010年，海口港货物吞吐量为3753万吨，集装箱吞吐量为61.3万标准箱，比起20世纪90年代末每年2万到3万标准箱的吞吐量，是一个巨大的进步。

海口市"十二五"规划提出，利用区位优势，实施港区功能分离，完善基础设施，增强海口港停泊和中转能力，将海口建成环北部湾区域的重要物流枢纽，其中把秀英港建设成国际邮轮母港；把新海港建设成客运和商品汽车运输滚装码头；把马村港建设成集装箱、大宗散货运输的重要港口，到2015年力争把海口港区建成亿吨大港。③ "十二五"开局之年的2011年海口港生产继续增长，货物吞吐量4524万吨，集装箱吞吐量达到80.8万标准箱，2012年则突破100万标准箱，2013年达到116万标准箱，2014年集装箱吞吐量完成134.66万标准箱，2015年货物吞吐量6543.7万吨，集装箱吞吐量127.13万吨，集装箱吞吐量一直居环北部湾各港之首。

海口市"十三五"规划提出，加快建设面向东南亚的航运枢纽和物流中心，努力将海口港打造成区域性航运枢纽。为此，海口市"十三五"规划提出，加强与周边国家和地区港口的对接，培育和加密沿海港口及东南亚的航线，扩大支线覆盖范围，大幅提高干线运输量。积极融入区域通关一体化，改善海口的通关、贸易便利条件，推进港区建设向纵深发展。继续深化海口

---

① 高虹、谢曦：《海口港：港城结合分区发展》，《海南日报》，2006年9月8日。
② 张中宝：《海口港货物吞吐量全省第一》，《海南日报》，2010年1月20日。
③ 《海口市国民经济和社会发展第十二个五年规划纲要》，2012年6月4日，http://www.haikou.gov.cn/zfdt/ztbd/2012nzt/sewghzt/xgfgjwd/201206/t20120604_496497.html。

港与湛江港、北部湾港的合作，充分发挥各自在腹地、区位、航线、政策和基础设施等方面的差异化优势，带动环北部湾资源的优化配置和合理流动；同时，建设临港产业园区，努力把海口港汽车口岸建设成环北部湾进口汽车集散基地；完成秀英港搬迁和新海港、马村港建设，推进港口资源整合，增强港口航运国际中转服务功能等，力争到"十三五"末货物年吞吐量达1.5亿吨，集装箱年吞吐能力达到240标准箱，中转比例提高到40%以上。①

正是因为有了定位和规划，有了发展目标，确定了发展路径，使海口港一举摆脱了21世纪之前的萎靡局面，实现了跨越式发展。

四、积极参与"21世纪海上丝绸之路"建设，推动海口港进一步发展

2013年10月3日，中国国家主席习近平在印度尼西亚发表题为《携手建设中国—东盟命运共同体》的演讲，认为东南亚地区自古以来就是"海上丝绸之路"的重要枢纽，提出加强与东南亚地区的海上合作，发展海洋合作伙伴关系，通过扩大同东盟国家各领域务实合作，互通有无、优势互补，同东盟国家共享机遇、共迎挑战，实现共同发展、共同繁荣。②2015年3月28日，国家发展改革委、外交部、商务部联合发布文件，提出充分发挥国内各地区比较优势，实行更加积极主动的开放战略，要加强15个沿海城市的港口建设，海口港为其中之一，③这为海口港带来新的发展机遇。

为此，"十二五"期间海口港积极调整发展战略，提高对外开放程度，加快港口基础设施建设，完善港口服务功能，贯彻海洋强省战略，做到以港兴市、港城共荣；坚持港产城联动发展，培育壮大临港工业、临港物流、临港保税，充分发挥港口辐射带动作用，推动港区腹地产业结构调整优化、转

---

① 《海口市国民经济和社会发展第十三个五年规划纲要》，2016年8月9日，http://plan.hainan.gov.cn/sfgw/fzgh/201608/1b534c93b59940c7b70e3810bee55e24.shtml。

② 《习近平在印度尼西亚国会的演讲（全文）》，2013年10月3日，http://www.gov.cn/ldhd/2013-10/03/content_2500118.htm。

③ 《推动共建丝绸之路经济带和21世纪海上丝绸之路的愿景与行动》，2015年3月28日，http://politics.people.com.cn/n/2015/0329/c1001-26765454.html。

型升级，促进陆海优势互补、良性互动和协调发展；加强口岸建设，秀英港通过国家核心口岸能力建设验收，邮轮边境游异地办证政策落地，加快邮轮母港建设，推动海口港成为汽车整车进口口岸等。海口市"十三五"规划提出加强港口对外互联互通基础设施建设，提升港口国内外中转服务功能，提高海口区域性交通枢纽地位，深化与东南亚国家和地区的务实合作，推动海口从地区门户发展成国家门户乃至国际门户。①

　　海口市"十三五"规划还提出要开辟水路航线，开辟海口—印尼雅加达航线、海口—泰国集装箱外贸直达航线等直通东南亚国家的航线。事实上，海口港早就在积极地开辟到东南亚与其他国家、地区的航线。到2000年的时候，海口港就已经运营海口到香港航线，货物经香港中转可发运台湾地区及世界各地，还有海口—蛇口—上海—青岛—天津等的国内国际集装箱航线；海口—湛江（转全国）铁路集装箱航线；海口—广州"椰香公主号"的车、客、集装箱滚装船航线，另外还有四艘集装箱班轮组成的总箱量超过1000标准箱的国内水路集装箱T形运输网络。② 2002年7月，海口港开通了海南第一条集装箱国际班轮航线，即海口—香港—高雄—志布志（日本）—小仓（日本）—广岛—海口航线，③ 不定期为海马汽车提供服务，2007年11月，海口港开通"海口—香港（中国）—越南"集装箱国际班轮航线，这是海口港开辟的第二条集装箱国际班轮航线，面向社会提供定期服务。④ 2011年，海口港新开通了海口—洋浦、防城、北海、水东、汕头、青岛、天津、营口等8条支干线，南沙—海口精品快航航线，且航班密度不断加密，进一步完善了海口港集装箱航线布局。⑤ 到2012年底，海口港集装箱已开通20多条内贸航线，覆盖华南、华东、华北、东北沿海主要港口及长江水系主要港口；两条外贸航线分别通过中国香港和越南胡志明市辐射到东亚、东南亚、西亚乃至欧

　　① 《海口市国民经济和社会发展第十三个五年规划纲要》，2016年8月9日，http://plan.hainan.gov.cn/sfgw/fzgh/201608/1b534c93b59940c7b70e3810bee55e24.shtml。
　　② 《海口集装箱公司》，《今日海南》，2000年第11期，第27页。
　　③ 曾涛：《浅议海口港建设物流中心的优势》，《中国港口》，2002年第11期，第39—40页。
　　④ 卓上雄：《海南首条集装箱国际定期班轮航线开通》，《海南日报》，2007年11月17日。
　　⑤ 张中宝：《海口港吞吐张大口 集装箱量环北部湾第一》，《海南日报》，2012年1月10日。

美地区，频频刷新年吞吐量历史最高纪录，奠定了海口港作为环北部湾集装箱枢纽港地位。[①]

近年来，海南省决心将海口港建设成为面向东南亚的航运枢纽、物流中心和出口加工中心，成为中国—东盟自由贸易区和泛北部湾区域重要国际航运中心和资源配置中心。[②] 同时，海口港充分利用区位优势，以港口作为海上互联互通的重点，推动中国—东盟港口群的建设。[③]《海南日报》报道，2015年以后，海南提出海南旅游特区和自由贸易园区建设"双轮驱动"的决策部署，以畅通海上通道为目标，大力建设海口港，提高了海口港的建设标准，推进基础设施的互联互通，要将海口港打造成全省现代化水平最高、吞吐能力最强的综合性枢纽港口。2015年9月，"厦门—海口"海上快线开通，开展两港互为中转的港口航运合作模式，海南货物经厦门辐射东北亚地区，厦门货物则通过海口港中转东南亚，降低了运输成本，缩短了运输时间。[④]

与此同时，海口港加快发展自己的港口"朋友圈"，致力于推进打造面向东南亚的环形集装箱的发展战略，以海口港为枢纽，将菲律宾、柬埔寨、印度尼西亚、泰国在内的相关国家通过航线串起来，大力培育国际集装箱航线，加快形成以海口为中心、背靠大陆、连接东南亚的国际集装箱中转枢纽港，努力将海口港从琼州门户打造成国家门户乃至国际门户。[⑤] 2015年11月，海口港和马来西亚巴生港签署合作备忘录，成为友好港，双方在港口研究、员工培训、信息交流、技术协助和双方运输往来、提升服务水平等方面开展多种形式的交流与合作，促进共同繁荣发展。[⑥] 据《海口日报》报道，2017年8月，海口港到柬埔寨西哈努克港直达航线开通。截至2017年8月，海

---

① 李坤东：《海口港集装箱年吞吐量突破百万标准箱》，《海南日报》，2012年12月22日。

② 杨春子：《海口港内贸给力，总理很欣慰》，《中国水运报》，2014年4月18日。

③ 杨春子：《海口港：辐射东南亚，打造新丝路》，《中国水运报》，2014年7月9日。

④ 邓海宁、罗利明：《厦门港和海口港打造互为中转的港口航运合作新模式，共同开拓航运市场，两港携手开辟"深蓝航线"》，《海南日报》，2015年9月8日。

⑤ 史发梅、陈彬：《密织外贸航线 深化国际合作——海口港加快形成国际集装箱中转枢纽港》，《海口日报》，2017年8月22日。

⑤ 陈敬儒：《马来西亚巴生港与海口港缔结为友好港》，《海口晚报》，2015年11月12日。

口港开通的内贸航线为36条，外贸航线连接的国家和地区包括中国香港、越南、泰国、菲律宾、印度尼西亚、柬埔寨。

与广东、广西沿海港口相比，海口港规模较小，在港口水深、航道通过能力、经济腹地范围等方面，都相对不占优势，经济发展水平相对落后，而且与广东、广西沿海港口尤其是在开展对外贸易方面存在着一定程度的竞争关系。尽管如此，进入21世纪以来，海口港抓住我国加入世界贸易组织（WTO）、中国—东盟自由贸易区建设、中越"两廊一圈"经济区建设、国际旅游岛建设上升为国家战略等所带来的机遇，进行科学规划和定位，找准发展路径，合理设立发展目标，港口建设取得了巨大的成绩。未来中国—东盟合作与国际旅游岛建设的升级，特别是随着海南自贸港建设的推进，必定会推动海口港建设成为面向东南亚的航运枢纽和物流中心。